中国物流与供应链专著系列
ZHONG GUO WU LIU YU GONG YING LIAN ZHUAN ZHU XI LIE

国家社会科学基金资助项目（项目编号：14BGL173）

产业转型升级背景下的物流园区创新发展理论方法及实证研究

陶经辉　等◎著

图书在版编目（CIP）数据

产业转型升级背景下的物流园区创新发展理论、方法及实证研究 / 陶经辉等著 . —北京：企业管理出版社，2021.4

ISBN 978-7-5164-2294-6

Ⅰ. ①产… Ⅱ. ①陶… Ⅲ. ①物流－工业园区－产业结构升级－研究－中国 Ⅳ. ① F259.22

中国版本图书馆 CIP 数据核字 (2020) 第 234607 号

书　　名：产业转型升级背景下的物流园区创新发展理论、方法及实证研究
作　　者：陶经辉 等
责任编辑：寇俊玲　刘玉双
书　　号：ISBN 978-7-5164-2294-6
出版发行：企业管理出版社
地　　址：北京市海淀区紫竹院南路 17 号　　邮编：100048
网　　址：http://www.emph.cn
电　　话：编辑部 (010) 68701661　发行部 (010) 68701816
电子信箱：1502219688@qq.com
印　　刷：北京虎彩文化传播有限公司
经　　销：新华书店
规　　格：700 毫米 × 1000 毫米　16 开本　17 印张　286 千字
版　　次：2021 年 4 月 第 1 版　2021 年 4 月 第 1 次印刷
定　　价：68.00 元

前 言

目前中国经济正处在转型升级的关键期，转型升级要求在促进新兴产业发展壮大的同时提高社会资源的利用率，推进我国经济向结构优化和提升发展质量的方向发展。物流园区是现代服务业中的重要节点，在促进农业、制造业和服务业发展中发挥着重要作用。物流园区在产业转型升级的带动下同样也面临着自身的转型升级问题，而物流园区的转型升级涉及诸如物流园区与产业园区的空间协同布局、物流园区的服务功能创新和物流园区的产权机制创新等一系列问题。本书旨在研究产业转型升级背景下物流园区创新发展的理论、方法和实证分析问题，包括在物流园区与产业园区之间的空间协同关系下合理确定物流园区选址和规模，创新物流金融等拓展物流园区增值服务的能力，按照建立现代企业制度的要求推进物流园区产权改革创新等问题。

在物流园区与产业园区的空间协同关系研究中，本书主要解决物流园区与产业园区的空间协同选址问题以及基于产业园区的物流园区规模确定方法问题。针对空间协同选址问题，本书提出了分两个阶段解决物流园区与产业园区的空间协同选址问题：在第一个阶段，通过构建综合评价模型，得到物流园区和产业园区的若干个备选建设地点；在第二个阶段，体现产业结构转型要求，本着总成本和碳排放最小化的原则构建多目标函数，通过设计引入带有精英策略的非支配排序遗传算法（NSGA－II）解决模型中的多目标优化问题，通过算法对模型进行求解，最终得出一系列 Pareto 最优解，同时获得了货物的最优分配方案。针对物流园区的规模确定问题，本书在出口基地模型基础上，通过对修正后的出口基地模型的理论分析与联动图形的表达，构建了物流园区与产业园区以及外部经济之间的联动关系表达式，推导了物流园区规模表达式。在此基础上，本书以南京都市圈中的生产服务型物流园区与工业园区为例进行了实证分析。

在物流园区的功能创新研究中，本书首先用相关数据对产业转型升级的现状进行描述，并对产业转型升级的趋势进行分析，然后选择了系统动力学模型研究物流园区与产业园区内在联动关系，通过系统动力学仿真模拟，验证了物流园区与产业园区在功能上存在着联动关系，产业园区的转型升级方向引导着物流园区服务功能创新发展趋势。在模型验证联动关系的基础上，本书建立了产业转型升级背景下物流园区功能创新模型，并依照我国对物流园区的统一分类，对每类物流园区的服务功能创新分别进行研究，最后选择南京都市圈中的实际物流园区为例，分析其服务功能现状，并研究其功能创新的具体路径。物流金融是物流园区功能的重要内容，本书在系统梳理产业转型升级理论和物流金融理论的基础上，对产业转型升级背景下物流园区开展物流金融业务模式进行探讨，通过Stackelberg博弈模型分析物流金融主要参与主体的均衡策略选择以及影响参与方决策的关键因素，并进一步提出了物流园区控制物流金融风险的对策。

在物流园区的产权机制研究中，本书利用相关数据分析了产业转型升级的五大趋势，并对三次产业与物流园区之间的关系进行了研究，在此基础上分析了产业转型升级与物流园区转型升级之间的关联性，并建立了两者之间的理论关系图。本书对物流园区产权结构的现存问题进行了分析，论证了物流园区产权改革的必要性。本书阐明了产权安排与委托—代理关系的逻辑关系以及物流园区产权改革与物流园区委托—代理问题的关系，并选择物流园区委托—代理关系问题，以Holmstrom提出的双边委托—代理理论模型为基础，研究了物流园区的委托—代理关系问题，并以南京都市圈中的B物流基地为例进行了实证分析。

本课题得到了国家社会科学基金项目“产业转型升级背景下的物流园区创新发展理论、方法及实证研究”（项目编号：14BGL173）的资助。

本书在写作过程中，参阅了大量的国内外文献，在此向有关文献的作者表示衷心感谢。书稿也反映了目前国内外在相关方面的研究动态，该领域的研究内容非常广泛，本书还有许多方面未涉及，期望在今后的研究中取得突破。

本书可作为物流管理、物流工程专业本科生参考教材，也可作为工商管理、管理科学与工程等方向的研究生教材，以及相关领域研究人员的参考书。

由于作者才疏学浅，书中难免有不当和错误之处，切望专家、学者和同仁不吝指正。

目　录

第1章　绪　论

1.1　研究背景

随着全球经济一体化发展及新一轮产业革命的兴起，世界各国抢占资源和市场的竞争日趋激烈。我国经济虽然多年来保持了快速增长，但目前存在经济结构不合理和产能过剩等一系列问题。只有积极推动产业转型升级，不断优化产业结构和提升产业发展质量，我国才能更快地从经济大国走向经济强国。

产业转型升级过程中，无论是制造业转型升级还是服务业转型升级，都在一定程度上影响着国家经济发展与繁荣。产业转型升级相应地带来相关产业或行业的转型升级，作为服务于产业园区的物流园区，也因此面临着转型升级的压力。推进物流园区转型升级不仅能使其更适应于产业园区的发展，也能在一定程度上促进产业园区的进一步转型升级，从而加快我国经济转型升级的步伐。而随着“一带一路”建设的进一步推进，物流园区的转型升级显得更为迫切。

中国物流与采购联合会、中国物流学会分别于2012年和2015年对全国物流园区（基地）进行调查，2012年的第三次调查结果显示，我国物流园区发展与当地经济发展阶段和水平具有明显的关联性。从地域来看，内陆地区物流园区的发展还处于初创期，表现出明显的土地招商特征，收入主要来源于库房/货场租金、办公楼租金等；而在经济发达的沿海地区，物流园区已经进入发展期，更加注重服务创新、管理创新，努力推进产业融合，提供产业链增值服务，以及更加注重差异化运营。2015年的第四次调查结果显示，在新增土地资源有限以及物流园区专业化程度不高两大因素的制约下，物流地产商加大了跨界合作力度，积极推进转型升级。同时，物流园区通过对物流、信息流、资金流的全面整合，不断创新运作模式。从园区主要业务功能来看，虽然仓储、运输、配送等传统业务功能仍然占主导地位，但能够提供流通加工、物流金融等业务的园区占比明显上升，尤其是提供物流金融服务功能的园区占比从 2012 年的 16% 上升到 2015 年的 36% 。虽然物业租赁和仓储保管仍然是大部分物流园区的主要收入来源，但拥有信息服务收入的物流园区占比已经提升到 59% ，拥有物流金融收入的物流园区占比达到了 29% ，说明物流园区增值服务呈现出快速发展的态势。

由此可见，国内物流园区发展转型升级态势明显，呈现出从土地招商的初级阶段向服务创新、管理创新的发展阶段过渡的趋势。目前部分地方政府在物流园区建设方面的思路开始由初期的规模导向转为效益导向。一些城市调整了物流园区发展规划，将规模小、分布散的物流园区重新规划为规模较大的物流园区，通过重组、共建等方式整合存量、优化增量，使物流园区由粗放式发展向内涵式发展转型。

国内学者针对产业转型升级背景下的物流园区创新发展理论和方法的研究成果还不多见，无法满足现阶段我国物流园区转型升级的现实需求。现实中的产业转型升级趋势倒逼物流园区发展进行一定程度的创新，同时，物流园区的创新发展也会在一定程度上直接或间接地影响着整个社会的产业转型升级。因此，产业转型升级背景下的物流园区创新发展理论和方法的研究以及实证分析具有重要的理论价值和实践意义。

1.2 研究目的和意义

本书研究目的主要是通过揭示产业转型升级与物流园区创新发展的联动关系，深入研究产业转型升级背景下的物流园区创新发展的理论和方法，主要涉及三大方面的内容：物流园区与产业园区的空间协同布局、物流园区的服务功能创新和物流园区的产权机制创新。本书的研究内容具有一定的理论意义和实践意义。

1. 理论意义

本书对物流园区选址与规模确定的研究建立在选址理论、规模理论、产业转型升级理论、产业集聚理论、空间分析理论、复杂理论和现代优化理论等相关理论基础上。选址问题和规模确定问题本身就涉及很多复杂的因素，选址方案和规模确定方案建立在对选址问题和规模确定问题进行系统分析的基础上，需要在选址模型和规模确定模型建立并求解后得出。物流园区选址和规模确定比其他类型的物流节点更为复杂，因为一方面物流园区建设成本高、投资巨大、回收周期长，在进行选址和规模确定时需要十分慎重；另一方面，物流园区的功能十分复杂，不仅要满足区域物流服务需求，而且涉及区域经济发展的多种因素，包括经济成本因素、产业发展因素、环境保护因素和地理环境因素等。本书在综合考量这些因素的条件下，建立了物流园区和产业园区协同布局的评价指标体系，并构建出产业转型升级背景下物流园区和产业园区协同布局相关模型，具有较强的理论意义。

本书对物流园区服务功能创新和产权机制创新问题进行研究，构建了产业园区与物流园区功能联动的系统动力学模型，从微观角度证实了二者在功能上的联动关系，运用定量化方法进行了研究，对揭示二者之间的联动关系有一定的理论意义。另外，本书基于“互联网＋”在物流园区服务功能方面提出了创新模式，在物流园区与产业园区联动理论研究方面有一定的创新意义。在物流园区服务功能创新方面，国内关于物流园区开展物流金融业务的理论研究相对较少，对产业转型升级背景下物流园区创新物流金融模式的研究成果也不多见。本书在国内外已有理论成果的基础上，结合我国物流金融以及物流园区开展物流金融的实际情况，探讨了我国物流金融以物流园区为主体的新型融资模式，不仅丰富了物流金融的理论体系，也为进一步深入展开相关理论研究提供了有益参考。在已有文献中，研究物流园区的产权改革问题的成果还不多见，具体提出产权改革的路径的文献不多，这方面的研究需要相关理论的支撑，因此，本书研究内容对我国物流园区的产权机制创新具有一定的理论意义。

2. 实践意义

一方面，本书在求解产业转型升级背景下物流园区和产业园区空间协同布局模型中，设计了相应的算法，并对生成的算例进行求解，得出了物流园区和产业园区的选址方案、运量分配方案和规模确定方案，为区域产业规划提供实践借鉴，具有较强的实践意义。

另一方面，本书以南京都市圈中的实际物流园区作为实例，进行物流园区服务功能的创新、产权机制创新以及规模确定方法创新等相关实例应用研究。一是在产业转型升级背景下物流园区服务功能创新模型的基础上，结合物流园区的现实状况，提出了六类服务功能创新内容，对物流园区的服务功能建设有着具体指导意义；二是对物流金融创新进行了研究，对物流园区利用物流金融提升其服务能力和竞争能力具有一定的实践指导意义；三是基于理论模型，结合南京都市圈相关实际数据所做的研究，对南京都市圈中物流园区规模确定具有实际指导意义；四是在产业转型升级的大趋势下，研究物流园区的市场化运作，对推动我国物流园区健康发展具有一定的实践指导意义。

1.3 主要研究内容

本书结合产业转型升级的发展现实，研究物流园区的创新发展理论和方法，并进行相关实证分析。主要内容是对产业转型升级背景下的物流园区与产业园区空间协同选址，面向产业园区的物流园区规模确定方法，产业转型升级背景下的物流园区服务功能创新以及产权改革创新等相关问题的研究。

1. 物流园区与产业园区空间协同选址

本书首先总结现有研究成果中存在的不足之处；其次对相关概念进行界定，明确了物流园区和产业园区之间的联动规律；最后通过定性和定量相结合的方式，对产业转型升级背景下物流园区和产业园区之间的协同选址问题进行求解。该部分的主要内容包括：一是对物流园区选址问题所涉及的相关理论进行阐述，并对物流园区选址模型的求解方法进行总结；二是对物流园区和产业园区的概念以及产业转型升级的概念与特征进行界定，在此基础上，进一步界定物流园区和产业园区之间的关系，最后对产业转型升级背景下物流园区和产业园区空间布局的联动规律进行总结归纳，为选址方案的设计奠定基础；三是考虑到物流园区选址问题涉及的因素众多，定量选址模型难以考虑到所有影响因素，因此在明确选址原则的条件下，通过物流园区选址评价指标体系的构建，对备选点进行初步筛选；四是在参数设计和假设条件的基础上构建了产业转型升级背景下物流园区和产业园区协同选址的多目标选址模型；五是设计了 NSGA - Ⅱ算法，并通过模拟数据进行求解，然后对结果进行详细的分析。

2. 面向产业园区的物流园区规模确定方法

本书构建了修正后的出口基地模型，并以南京都市圈为例进行实证研究，选用工业品物流总额作为物流园区的产出额，选用工业产业产出额作为工业园区的产出额，以 GDP 值作为外部经济的值，通过分析找出了三者之间的联动表达式，定量化地证明了随着经济发展阶段、市场化程度以及产业自身演变趋势的变化，区域物流园区与产业园区及区域经济发展的互动关系呈现阶段性变化的特征，在此基础上，得到了物流园区的规模确定模型。该部分的主要内容包括：一是通过相关文献综述，梳理出目前该领域研究的不足之处，并归纳和确定相关理论研究基础；二是在提出融入物流园区发展的出口基地累积增长模型的基础上，结合产业转型升级的特征，选取相关指标为主要研究对象，进一步对模型进行修正，定量化地研究我国物流园区与产业园区之间的融合、互动及其动态变化趋势，从而揭示我国物流园区与产业园区的联动关系并客观预测转型升级背景下的联动发展趋势；三是以南京都市圈为例进行实证分析，运用物流园区与产业园区相关指标的规模关联模型，确定南京都市圈的物流园区建设规模。

3. 物流园区服务功能创新

本书结合产业园区和物流园区的特性，构建了产业园区与物流园区功能联动的系统动力学模型，为研究产业园区和物流园区的联动关系提供了方法和路径。将理论模型应用于实际案例的分析研究，验证了模型的合理性。这部分内容主要包括：通过梳理有关产业转型升级的文献，总结出产业转型升级的内涵及途径，并通过数据计算，分析了我国产业转型升级的现状及发展趋势，在此基础上研究了产业转型升级对产业园区未来发展趋势的影响；为了验证产业园区与物流园区在微观功能上存在联动关系，构建了产业园区与物流园区功能联动的系统动力学模型，并通过数据仿真模拟验证了产业园区与物流园区在功能上具有一定的联动效应；在研究产业园区发展趋势的基础上，结合产业园区与物流园区之间的功能联动，研究了产业转型升级背景下物流园区功能创新模型；基于产业转型升级背景下物流园区服务功能创新模型，按照国家标准对物流园区类型的划分，针对每一类物流园区进行了功能创新研究；在物流园区服务功能现状及趋势分析的基础上，运用物流园区服务功能创新模型对现实中的物流园区服务功能创新进行了具体研究。

4. 物流园区开展物流金融模式创新

本书在系统地梳理有关产业转型升级和物流金融的理论的基础上，对产业转型升级背景下物流园区开展物流金融业务的模式进行探讨，并通过 Stackelberg 博弈模型分析物流金融主要参与主体的均衡策略选择以及影响参与方决策的关键因素，进一步提出物流园区发展物流金融的对策和建议。具体研究内容为：一是通过对产业转型升级相关理论的概述，总结归纳出产业转型升级的影响因素和路径；二是通过对物流金融相关理论的概述（包括物流金融的概念、参与主体、基本业务模式和拓展模式），并通过对比国内外物流金融业务情况以及分析我国物流园区开展物流金融的现状，总结出我国物流金融发展过程中存在的问题；三是产业转型升级与物流园区开展物流金融的关系论证，探讨了产业转型升级背景下物流园区转型升级的方向、产业转型升级对物流金融创新的影响、物流园区转型升级对物流金融创新的影响，以及物流金融在产业转型升级中的作用，并总结出产业转型升级与物流园区开展物流金融的关系图；四是物流园区开展物流金融的创新模式研究，结合物流金融的发展趋势以及产业转型背景下物流金融新的发展方向，提出了四种物流园区开展物流金融业务模式，对每种模式的选取背景、具体运作流程、特点以及风险进行了详细分析；五是研究了基于 Stackelberg 博弈模型的企业融资策略选择，分析了博弈论应用于物流园区开展物流金融分析的可行性，对物流金融博弈模型做出假设，构建物流园区开展物流金融的几种融资模式的博弈支付矩阵，通过模型分析求解 Stackelberg 博弈均衡解，即各参与主体的最优策略选择；六是物流园区开展物流金融的对策和建议，根据物流园区开展物流金融模式中的风险分析和博弈模型中影响各参与主体融资决策的关键因素分析，从金融模型构建、风险防控、信息披露与共享、风险共担、明确权责关系、设立奖惩机制、增强平台的盈利能力、规范操作流程、人员培训等方面提出了对策和建议。

5. 物流园区产权机制创新

物流园区产权机制创新的主要内容包括：一是分析三次产业、物流业、物流园区三者之间的关系以及我国产业转型升级与物流园区转型升级的趋势，总结产业转型升级与物流园区转型升级之间的相互影响；二是对物流园区产权机制的现存问题进行分析，并且从理论上分析物流园区产权、绩效和运营三者之间的关系，认为物流园区的产权制度改革是处于核心地位的一项任务，物流园区进行产权改革具有必要性；三是借鉴相关国有企业改革的经验并结合物流园区特性，提出物流园区产权制度改革的目标和方向选择、产权制度改革的最优路径，并在提出最优路径——股份制改革的基础上，研究股份制改革过程中的阶段性产权制度模式选择问题，从而建立物流园区产权制度改革的总体路径图；四是研究物流园区产权制度改革总体路径的中间阶段，即物流园区股份制改革阶段，提出要进行物流园区产权机制创新，首先需要对我国物流园区进行战略整合；五是参照国内外相关经验，提出中国物流园区产权机制创新的方向和最优路径，并总结物流园区产权机制创新总体路径；六是基于对产权制度与委托—代理关系的逻辑关系研究，以 Holmstrom

（1971）提出的双边委托—代理理论模型为基础研究物流园区的委托—代理关系问题，另外，为优化物流园区委托—代理关系，并顺利实现我国物流园区股份制改革过程中不同阶段的产权制度模式选择，提出五个改革措施；七是通过对物流园区产权制度的现状进行分析，将本书提出的物流园区产权制度改革的路径及相关措施运用到实际分析中。

1.4 研究技术路线

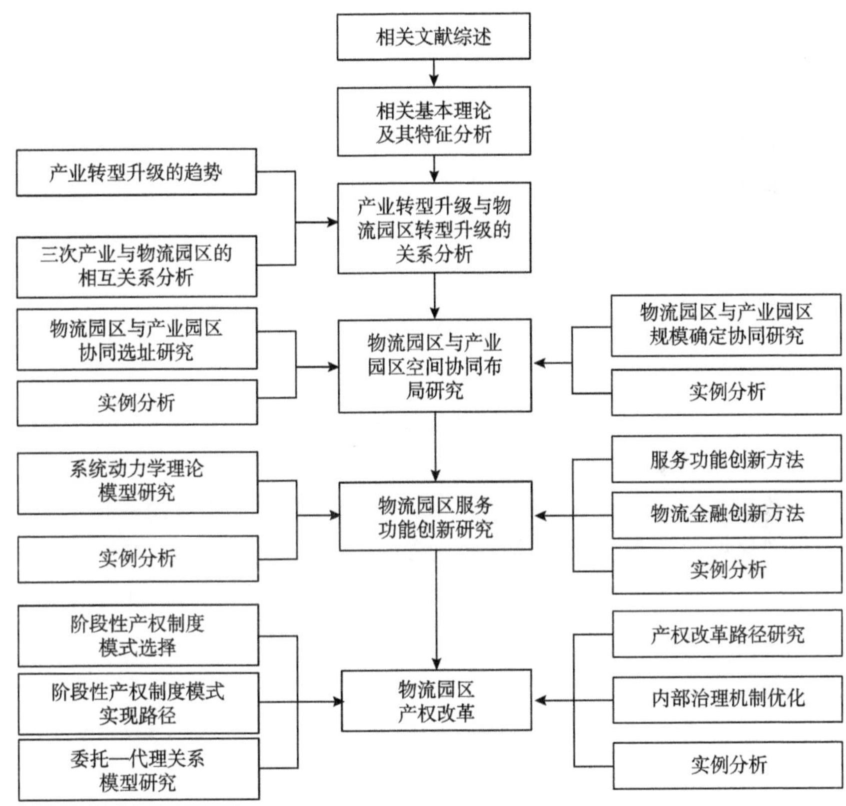

图1.1 本书研究技术路线图

1.5 主要创新点

1. 从协同选址的视角，构建物流园区和产业园区空间协同选址模型，并

设计了相应的求解算法

从物流园区的选址需要与产业园区的选址相协同的视角，研究物流园区的选址问题。增加绿色物流影响因素，构建物流园区与产业园区协同选址的多目标模型；针对 NP 难题，设计带有精英策略的非支配排序遗传算法（NSGA－II）对模型进行求解，同时生成货物分配方案。

2. 通过构建修正后的出口基地模型，建立物流园区的规模表达式

基于修正后的出口基地模型，论证了一些相关因素会影响产业园区出口增长率，并对区域外部经济增长起到一定的促进作用。在此基础上，构建了基于产业园区产出的物流园区规模表达式，选用工业品物流总额作为物流园区的产出额，选用工业产业产出额作为工业园区的产出额，以我国 GDP 值作为外部经济的值，通过分析找出了三者之间的联动系数和联动表达式，定量化地证明了随着经济发展阶段、市场化程度以及产业自身演变趋势的变化，我国物流园区与产业园区及经济发展的互动关系呈现阶段性变化的特征。

3. 构建了产业园区和物流园区功能联动的系统动力学模型，建立了产业转型升级背景下物流园区服务功能模型

运用系统动力学理论，通过因果反馈分析图确定了模型的界限，设计了系统流图，并构建了 ILSD 模型，在模型的仿真模拟过程中用 GDP、第三产业产值以及进口交易额和出口交易额四个状态变量的模拟值与真实值的误差值检验了模型的有效性。研究结果表明：产业园区的功能转型升级影响物流园区的功能转型升级，二者在功能上有较强的联动关系。物流园区在未来功能建设中将强化增值服务功能和配套服务功能，而弱化基本服务功能。

最后，通过对南京都市圈中实际物流园区的案例研究，应用理论指导现实中物流园区的功能创新，提出了该物流园区的功能创新路径。

4. 提出了产业转型升级背景下物流园区开展物流金融的创新模式

以物流园区为主体，结合物流金融现有的模式，设计了四种融资模式，详细阐述了每种模式的运作流程、特点和风险。针对四种模式，利用 Stackelberg 博弈模型研究了物流金融参与主体策略选择问题，得出融资模式中参与主体博弈的均衡状态，以及影响参与主体决策的关键因素，从数理分析角度论证了在信息完全的情况下，物流园区开展物流金融能够使各参与主体达到更优的经济状态，信息对称有利于提高融资效率。最后，根据各种模式中存在的风险和影响参与主体决策的关键因素，提出了物流园区开展物流金融的关键控制变量及对策。

5. 结合产业转型升级的背景，研究了物流园区的产权改革创新问题

选择物流园区产权改革过程中的委托—代理关系问题，以 Holmstrom（1971）提出的双边委托—代理理论模型为基础，进行拓展，基于物流园区代理方和委托方实现自身期望效用最大化的目标，构建了物流园区委托—代理关系模型。考虑到政府主导开发建设的物流园区所拥有的“政府”特性，在模型中设置了“物流园区社会效益”“物流园区经济效益”及“政府持有的物流园区股权比例”三个变量进行研究，对模型进行了分析和推导，基于模型推导结果得出了相关结论，并对物流园区产权改革进行了模式选择和路径分析。

第 2 章　文献综述

2.1　产业转型升级文献综述

2.1.1　产业转型升级基本理论

1. 产业转型升级概念界定

国内学者在产业转型升级概念界定问题上从多角度进行了深入研究，一部分学者从产业结构转型升级着手，另一部分学者基于传统产业向高新技术产业的演变来思考，也有一些学者从产业集群的角度切入。就产业结构角度而言，刘志彪、王建优等（2000）认为产业升级指产业由低技术水平、低附加值状态，向高新技术、高附加值状态的演变，涉及各产业间的资源转移、产业内低效企业与高效企业间的资源转移。朱卫平、陈林（2011）认为，产业由低技术水平、低附加价值状态向高新技术、高附加价值状态的演变趋势中，主要包括两种形态的资源配置变化趋势。高燕（2006）认为产业升级就是产业结构的升级，李江涛、孟元博（2008）认为，产业升级是一个比产业结构升级更高层次的概念，产业升级包括两个不同升级方向的、并列的产业发展内容，即产业结构升级和产业深化发展。从传统产业向高新技术产业演变进而引起产业转型升级角度，李寿德（2002）剖析了传统产业、高新技术产业各自的特征以及二者之间的关系，并在此基础上探析了运用高新技术改造传统产业的本质与实现方式。胡平、吴志平（2002）结合中国国情和国外运用高新技术改造传统产业的经验，为我国传统产业的高新技术改造提出建议。就产业集群的角度而言，曹群（2006）基于动态能力的观点来研究产业集群的升级，他认为，具有动态能力的产业集群要将识别能力、学习能力、网络能力和整合能力综合起来进行构建。洪增林、翟国涛等（2013）认为，产业转型指三次产业在国民经济中的主导作用发生决定性转变的过程或是生产要素的替代及其在变化环境下的一种重新组合，大体分为四类：产业关系转型、产业结构转型、产业布局重构以及产业组织变化。张德秀（2015）指出产业结构转型升级中的“转型”，其核心是转变经济增长的“类型”，即把高投入、高消耗、高污染、低产出、低质量、低效益转为低投入、低消耗、低污染、高产出、高质量、高效益，把粗放型转为集约型。

2. 产业转型升级评价指标

一些学者以产业转型升级的测量标准为核心展开了诸多研究。张秀生、陈先勇（2001）提出了通过产业调整援助政策，选择适当的支柱产业，推动城市结构转换，实现产业结构的顺利调整的方式，以及通过提高人口素质，改善生态环境，促进城市与区域产业结构合理化等多项措施实现产业结构调整的办法。庄志晖（2002）在总结前人观点的基础上，认为采用 Mansfield 模型评价新技术在企业内部的扩散效果时，还应将政策、经济等方面的变量因素纳入其中，通过充分利用各项有利条件，加快推进企业的技术升级。郝雅风（2005）以技术改造投资能否持续获利及持续发展两个关键点作为测量维度。王齐（2005）选择环境管制作为研究视角，针对技术创新和产业转型问题进行了研究，认为技术创新应从优化产品、实现环保、增加收益三方面推动产业转型，因此这三方面也是评价产业转型升级的重要指标。陈洪涛（2009）提出新兴产业的测量维度应包括技术创新素质和资源利用的充分程度，指出应重点测评资源利用率、技术创新能力和能否持续获利三部分内容，并分别提出了各部分内容的具体测量指标。多淑杰（2013）认为城镇化的速度和质量是衡量产业转型升级的两大指标，其立足中国城镇化发展实际，探讨城镇化对产业转型升级的作用机理，并通过实证分析得出，我国城镇化速度过快不利于地区产业转型升级，而城镇化质量提升对推动产业转型升级具有积极作用。谢伟峰（2014）构建了工业转型升级的测度指标体系，具体细分为工业发展、技术创新、产业结构优化、资源节约、工业化与信息化融合和对外开放等共计 6 个一级准则层，18 个二级指标，并提出了一系列加强金融发展，支持工业转型升级的对策和建议。

3. 产业转型升级影响因素

从现有文献研究成果分析，产业转型升级影响因素可以归纳为五个类别：①宏观政策与产业选择；②技术的更新换代；③企业内部动因；④政府的促进作用；⑤金融支持。

在宏观政策与产业选择方面，刘杨（2005）以大庆市的产业转型为例，运用层次分析法建立了主导产业选择的数学模型。刘娜娜（2015）就现代空港经济区的产业选择提出了几种模式，这为产业转型升级中确定主导产业提供了宝贵的借鉴。

在技术更新换代方面，陈畴镛、周青（2010）指出物联网技术不仅可以促进战略性新兴产业的形成，而且是改造提升传统产业、促进经济发展方式转变的重要手段。他们以农产品生产、物流和旅游三个领域为例，探讨传统产业应用物联网技术的发展模式，并提出了相应的政策建议。曹贤忠、曾刚（2014）在研究产业转型升级模式选择的过程中，强调了技术创新能力在产业转型升级模式评价指标体系中的重要作用。

在企业内部动因方面，荆帅（2014）探究了资源型产业转型升级的技术创新问题，强调了技术创新在产业转型升级中的重要作用，探索了技术创新对资源型经济产业转型的作用机理，并构建了相应的评价体系。

政府在产业转型中发挥着重要的促进作用，尤其在经济发展较为领先的国家和地区，政府促进传统企业转型升级的作用更为明显。张春野（2011）分析了我国资源型城市产业转型升级的路径中市场主导型和政府主导型等几种模式，探索了我国资源型城市产业转型升级的动力机制，通过对动力机制的作用机理分析，明确了政府职能的发挥在产业转型升级中的重要作用。康凌翔（2014）把地方政府不同的产业政策选择与其对企业参与产业转型升级行为的影响结合起来，以解释我国产业转型升级的效果。

在金融支持方面，司金銮（2001）在研究我国产业转型升级发展对策时，强调了构建银行风险资本体系对产业转型意义重大。王军（2012）提出，金融是现代经济的核心，产业结构优化升级离不开金融的协同发展，并分析了金融支持产业结构优化升级面临的问题，结合陕西实际，提出了金融支持陕西产业结构优化升级的对策和建议。高铂睿、李珊珊（2015）认为金融体系对产业转型的支持作用尤为重要，并运用 VAR（向量自回归）模型实证分析了广州市金融体系对产业转型升级的影响。

2.1.2 产业转型升级演变规律

1. 产业结构调整

在此方面，国外学者的研究重点主要是传统产业转型升级的必要性以及高新技术产业同步发展的关键性。1960 年以后，西方发达资本主义国家经济快速发展，产业结构也从劳动密集型向知识密集型和技术密集型转变，但是，传统产业仍是经济的中流砥柱，仍然占据着经济舞台的中心位置。所以，为了保证经济的持续发展，部分学者提出了传统产业转型升级的观点，引领运用高新技术改造升级传统产业的道路，意图使传统产业的生产现代化、科技化，随后又有学者提出了发展新兴产业、战略产业等策略。一些国外知名学者认为传统产业需要和高新技术产业同步发展。Michael Porter（2002）强调传统产业是发展高新技术产业的关键所在，Lexington（2002）赞同Porter的观点，认为在解决国家经济发展的基础就业问题时，传统产业的意义要远大于高新技术产业和新兴产业。Dallas（2002）在研究中国传统产业和高新技术产业发展问题时提出了中国政府应该重视传统产业的基础地位，以高新技术产业为导向，促进经济协调发展的观点。然而，一些学者并不认同，Osaka（2002）认为传统产业和新兴高新技术产业是不可分割、相互交融的共存体，Rui Zhang、Kai Sun（2012）强调了高新技术产业对中国产业发展的明显作用，并且主要探讨了科技研发对提高高新技术产业的生产率的重大影响。Peng Kuai、Wei Li（2015）运用系统动力学模型，分别从产业结构、产业规模和产业效率三个因素着手，探究了资源型城市产业结构调整的问题，并以临汾市为例进行探究，认为临汾市焦化、钢铁制造等重工业产业必须调整转向高新技术产业。

国内大多数学者形成了比较一致的观点，即产业转型升级具有从产品转型到工艺转型再到功能转型的演变趋势。毛蕴诗、汪建成（2007）提出了产品升级的概念，总结了以自主创新为导向从五个不同的方向进行的产品升级，包括升级替代跨国公司产品的产品升级、适应国际产业转移的产品升级、基于各行业边界模糊的产品升级、针对行业标准变化的产品升级和模仿创新的产品升级。梅丽霞、聂鸣和蔡铂（2005）提出要积极在全球价值链上从OEM（Original Equipment Manufacturing，原始设备制造）到ODM（Original Design Manufacturing，原始设计制造），再到OBM（Original Brand Manufacturing，原始品牌制造）逐步转变，从以低成本为导向到以创新为导向，逐步攀升至价值链的高端。唐海燕、程新章（2006）在前人基础上进一步概括总结，并从产品升级、工艺升级、功能升级等三个层次对温州打火机企业的升级过程进行研究。苏敬勤、刘静（2011）通过案例研究，提炼出企业在产品升级导向下的自主创新路径选择：①基于产品线延伸的产品升级；②基于客户需求的产品升级；③基于国产化项目的产品升级；④基于国家政策的产品升级；⑤基于技术合作的产品升级。张妍妍（2014）探讨了产品空间结构演化与产业升级的互动机理，并利用经济学、管理学和经济地理学中相关范畴和理论，进一步分析了如何通过产品空间网络重构加速产业升级，并提出了相应的促进产业转型升级的对策。

综上所述，许多学者认为产业转型升级是通过产品升级这一路径进行的，认为产品转型升级是产业转型升级的一个过程，他们的研究方法可以为研究产业转型升级理论提供思路和角度。

2. 企业转型升级

从现有的研究文献看，国外学者大多基于企业转型升级探讨产业转型升级，研究的出发点是企业转型的核心竞争力和动态能力。Schumpeter（1990）提出了在“企业家”与“创新”基础上的资本主义与市场经济，认为经济发展乃至于产业转型升级来自企业家把生产要素与生产条件的新组合引入生产体系中，这最早从企业角度探讨产业转型升级，此后更多的学者也关注了这一研究视角。Bell 和 Albu（1999）认为企业转型升级需要关注企业价值与其他企业难以复制的核心竞争力以及为最终消费者创造价值的能力。Humphrey 和 Schmitz（2004）明确提出了一种以企业为中心、由低级到高级的四层次升级分类方法，即流程升级、产品升级、功能升级以及链条升级。此后，Humphrey 和 Schmitz 又提出了可以对接各方面的价值链，实现价值增值，从全球价值链治理模式的影响、企业重组和升级、企业转型和升级的全球价值链角度来研究企业升级的机制和方法。Stefan Fiedler（2010）指出了管理阻力是影响企业转型的一个重要因素，管理阻力有着正面和负面双向影响，并且提出了如何利用管理阻力加快组织的转型。Yanki Hartijasti（2015）探究了企业文化转型给组织带来的深远影响，并指出印度尼西亚的企业文化转型有待深入，因为文化转型可以提高企业效率，促进产业转型。

综上所述，产业的转型升级离不开核心企业的转型升级，核心企业在转型升级的大背景下只有适应变化的环境的要求，保持自己难以复制的核心竞争力，才能带领所在行业乃至所在产业的转型升级。另外，企业的转型升级不是对原有发展模式的完全否定，一些传统企业可以考虑在专业化和精细化基础上对传统发展模式进行改造升级。

3. 产业集群发展

学者大多关注和研究基于 GVC 的产业集群升级的作用以及全球价值链治理模式下的企业转型和升级。在 GVC 理论中，由于国际分工的深化，传统产业升级已经难以完全概括 GVC 分工下的升级情况。Porter（1990）从国家要素结构特征角度对产业升级影响进行分析，认为当一个国家的人力资本和物质资本要素相对于劳动力要素比其他国家更加充裕时，该国就具有了发展资本和技术密集型产业的比较优势。Krugman（1995）指出区域分工和产业集聚是区域比较优势产生的原因，是促进区域产业升级、提高产业竞争力的重要途径。Gereffi（1999）认为产业升级是一个企业或经济体迈向更具获利能力的资本和技术密集型经济领域的过程。Gereffi 和 Memodovic（2003）指出 GVC 的地理分布呈现出大区域离散和小区域集聚的特点，发展中国家凭借地区比较优势加入 GVC 分工，更好地发展劳动密集型产业，极易在地区间形成产业集聚，而产业集聚随着区域产业的发展慢慢发展成为产业集群。由于目前处于全球化时代，要素全球化、竞争全球化等可以促成全球价值链治理模式基础上的产业集聚和企业集聚等，集聚效应可以促成产业链条上每个环节的转型升级，从而带动整个产业的转型升级。Tomoko Hashino 和 Keijiro Otsuka（2013）比较了发达国家中的日本与发展中国家产业集群的现状，为发展中国家发展产业集群进而推动产业转型升级提出了对策。Puyan Nie 和 Peng Sun（2015）认为产业集群的形成基于空间竞争和搜索成本，并且发现搜索成本是影响产业集群的一个非常重要的因素，这为产业集群以及产业转型升级理论研究增加了新的视角。

综上所述，产业集群理论认为随着区域产业的发展，产业集聚通过要素之间的流动会慢慢发展成为产业集群。产业集群首先要求在全球价值链治理模式的基础上进行产业集聚和企业集聚等，集聚效应可以促进产业链条上每个环节的转型升级，从而带动整个产业的转型升级。

2.1.3　产业联动

通过分析国内外相关文献，不难发现，将产业转型升级与物流园区服务功能创新结合起来进行研究的文献相对较少，而现实中产业转型升级促使物流园区服务功能进行一定程度的创新，同样，物流园区服务功能的创新在一定程度上也会直接或间接地影响着整个社会产业转型升级。在产业转型升级的大背景下，物流园区如何进行服务功能创新以适应社会发展的需要，这一问题具有重要的研究价值，因此本书将产业转型理论与现状、物流园区服务功能理论与现状以及联动理论与现状分别进行综述，以更好地服务于论文后续的撰写。

1. 国外产业联动的研究综述

国外学者 Porter（1990）将业务单元之间的关联分为有形关联、无形关联、竞争性关联，其中有形关联可进一步分为市场关联、生产关联、技术关联、基础设施关联。他指出，不同的产业关联形式可能会使企业产生不同的潜在竞争优势。Ichimur（2003）强调了高技术产业对相关产业的关联带动。一方面，高技术产业可以为关联产业提供技术支撑和技术服务，从而提高关联产业的市场开拓能力和竞争能力；另一方面，关联产业的发展能够为高技术产业的发展开拓空间。Gereffi（1999）指出地方生产网络应在同一价值链的各个环节和不同价值链中，通过与其他经济行为体的互动，嵌入全球价值链某个或某几个位置，利用一种价值活动与另一种价值活动之间的关系，创造、保持和捕捉更多的价值。Gereffi 的这种远见是区域产业联动理论最初的依据。学者 Schmitz（2004）明确指出区域产业联动是促进产业链升级、应对全球竞争压力和提升区域竞争力的有效途径。

由此可见，国外对产业联动的研究比较早，但都局限在理论研究层次上。

2. 国内产业联动的研究综述

（1）产业联动基本概念研究文献综述

国内相关的文献一般都在 2000 年以后，胡大立（2006）从产业协同的角度分析了产业之间的关联，并且指出了产业关联的影响因素涵盖了产业类型、企业规模、技术、地方政策、社会文化以及心理因素等方面。聂锐等（2008）认为产业联动是以产业关联为基础，位于产业链同一环节或不同环节的企业之间为了降低交易费用或减少经营风险而进行的产业协作活动。

在此基础上，很多学者又将目光放在了区域产业联动的角度。聂华林（2000）认为我国东西部产业之间存在着联动关系，区际产业转移为中西部产业结构调整和升级提供了契机。但是也有学者持反对意见，郑胜利（2002）指出，在短期内产业的区际重新布局会促进产业移入地区的经济发展，但就长期而言，欠发达地区由于自身的基础设施差、吸收能力弱、关联效应差等缺陷，承接的产业转移不能够真正植根当地。

此外，部分学者将目光转向区域物流产业联动的视角，研究物流产业与其他相关产业的联动，高更君等（2006）对长三角物流产业联动发展进行了研究，认为目前物流企业联动效果较差，主要是因为各地各自为政的思想意识以及基础设施薄弱、技术水平较低、产业结构趋同、信息化水平较低等现实障碍。程艳（2013）指出，物流产业是一个集协调性、复合性和整合性于一体的产业，在国民经济系统中与绝大部分产业部门均存在着产业关联。

由上述文献回顾可知，大多数学者认为现实中存在以产业关联为基础的产业联动关系，进而用这种理念深入探讨区域之间以及产业之间的联动现象，尤其是在近些年，部分学者将目光放到物流业与其他产业之间的联动上，这也为作者后文写作做了理论铺垫。

（2）产业联动研究方法文献综述

国内学者大多选择投入产出法进行产业关联的相关研究。中国投入产出学会课题组（2006）利用2002年中国投入产出表测算我国目前的产业关联现状及其特点，并对我国产业结构调整提出建议。王岳平（2007）利用投入产出分析技术以及中国投入产出表数据分析了国民经济中产业结构的关联特征。彭连清（2008）利用区域间投入产出表数据测算了我国八大区域之间的产业前、后向关联效应。程永伟、龚英（2014）基于垂直专业化理论和投入产出法建立了物流业与国民经济产业的供需联动发展模型，分析了全国八大经济区域物流业与相关产业的联动发展状况。

除了投入产出法，也有学者利用其他方法进行产业关联的研究。李国平（2001）利用经济联系量来衡量区域间经济联系强度，分析经济中心辐射潜能及其强弱的空间变化。车冰清（2009）运用三次产业相似系数、区位灰色关联和产业合作潜力模型，讨论了几大经济板块三次产业结构相似系数、灰色关联度。陈航（2009）应用系统动力学理论对港城互动关系进行实证探究，用复杂的系统动力学模型概括港口系统指标、城市系统指标等重要因素，并进行定量定性相结合的系统动力学研究，不仅验证了港城之间存在较强的联动关系，还预测了在港城联动关系下未来部分港口指标量以及部分城市指标量。

通过对上述具有代表性的文献的回顾，可知很多学者使用投入产出法进行产业联动的研究，这一方法已经比较成熟，以后的学者在此基础上进行了一定程度的创新。

部分学者应用系统动力学理论对物流业和港口产业进行了联动分析，这是一个很大的创新点，为本书后面使用系统动力学理论进行物流园区与产业园区之间的联动分析提供了宝贵的借鉴。

2.2　物流园区选址研究文献综述

2.2.1　选址研究文献综述

国内外学者对设施选址问题进行了大量研究，本书将设施选址问题分为基本选址问题和扩展选址问题，分别进行综述。

1. 基本选址问题

基本选址问题包括 P－中值选址问题、P－中心选址问题和覆盖选址问题，其中覆盖选址问题包括集合覆盖选址问题和最大覆盖选址问题。

（1）P－中值选址问题

P－中值选址问题指在 P 个备选位置中寻求最优解，最优解一般使得成本最小、时间最短、运输距离或加权距离最小、总运费最小等。这种目标通常在企业问题中应用，如工厂、仓库的选址等，所以又叫经济效益性目标。公共设施的选址也可以采用这个目标，如学校、图书馆、邮局的选址等。

Hakimi 于 1964 年首次提出网络上的 P－中值问题，指出对任一给定设施数 P，总存在至少一个最优解使得总距离最小。随后他给出了著名的定点最优性质：网络上的 P－中值问题至少有一个最优解完全由网络的顶点构成。这将网络选址问题一定程度上归结为离散选址问题，大大缩短了搜索时间。Goldman（1971）的研究发现若图 G 是一棵树，在树状网络寻找目标点的中值问题存在更为简便的方法。在一般图中，Kariv 和 Hakimi（1979）证明了绝对 P－中值问题是 NP 难题，但对树图却存在多项式算法，如 O（n^3p^2）算法、O（n^2p^2）算法。加里（1987）和 Daskin（1995）研究发现若 P 固定，P－中值问题可在多项式时间内求解。

由于 P－中值问题可写成整数线性规划的形式，故可利用整数规划、线性规划、松弛处理和分支定界处理，松弛算法又主要包括线性松弛算法和拉格朗日松弛算法。

国外一些学者运用拉格朗日松弛算法，通过次梯度法或利用求解对偶问题来定界，如 Beasley（1993）、Aykin（1994）、Holmberg（1999）等。Tansel 等（1983）介绍了求解 P－中值问题的对偶多阶段法、分支定界法、对偶定界法。部分学者综合利用了生成列、分支定界和启发式方法对 P－中值问题进行求解，如 Senne（2005）、Ceselli（2005）、Sergio Garcia 等（2012）、J. Puerto 等（2013）。另有学者采用启发式算法对 P－中值问题进行大量研究。启发式算法按照空间搜索方式的不同分为遗传算法、禁忌搜索算法、模拟退火算法、进化算法、蚁群算法和人工神经网络算法等。Daskin M. S.（1995）总结了网络和离散选址中的近视算法、交换启发式算法和邻域搜索算法等启发式算法和拉格朗日松弛算法。Hansen P. 和 Mladen（1997）对多种 P－中值选址问题求解方法进行综述，并利用可变邻域搜索方法对 P－中值问题进行求解。Hribar 等（1997）提出了动态规划的启发式算法。Rosing 等（1999）提出了一种 gamma 启发式算法。现代启发式算法也广泛应用于 P－中值选址，如 Osman（2003）、Correa（2004）和 Xiang Li（2011）等运用遗传算法对 P－中值问题求解，Rolland 等（1996）运用禁忌搜索算法求解，Murray 和 Church（1996）运用模拟退火算法对 P－中值问题求解，Merino 等（2003）运用神经网络算法求解。更有学者将几种启发式算法结合起来组成混合启发式算法用于解决此类问题，如 Zvi Drezner（2014）。

国内相关研究中，苏成等（2009）以全局费用的最小化为目标函数提出一种基于 P－中值选址的动态多副本放置算法，张彩庆等（2014）构建了基于 P－中值模型的静态选址方案和改进 P－中值的动态选址方案，并通过贪婪算法和枚举法进行实证。

（2）P－中心选址问题

P－中心选址问题是一种极小化极大问题，即在设施点给定的情况下，求解任一需求点到它最近设施之间的最小最大距离。

国外学者研究主要包括：Atsuo Suzuki 等（1996）建立了 P－中心选址模型，并针对方形区域 P－中心选址问题设计启发式算法求解，得到最优结果的上界；I. Averbakh 等（1997）研究了节点权重未知，但区间估计已知情况下 P－中心网络选址问题；Gunnar Andersson 等（1998）尝试将集结法应用于大规模网络选址问题中，又在此基础上建立了 P－中心和 P－中值网络选址模型；Sittipong Dantrakul 等（2014）将包含启动成本和运输成本在内的总成本最低作为目标函数，通过贪婪算法、P－中值算法和 P－中心算法进行求解，并通过实例进行验证。

国内学者蒋建林（2011）针对顶点 P－中心问题提出单亲遗传和模拟退火的混合算法，并通过数值试验证明该算法对于求解大规模顶点 P－中心问题的有效性。闫志远等（2013）提出一种并行分散搜索算法，对分散搜索框架中的解优化和解组合过程进行了并行化处理，从而提高解的质量和计算效率，他还应用模拟路网数据进行了相关试验。

（3）覆盖选址问题

覆盖选址问题可分为两类：集合覆盖问题和最大覆盖问题。

集合覆盖问题目标函数为求在给定时间内满足所有需求点，设施的最小建设成本。当单位建设成本相同时，最小建设成本也可表示为最小建设数量。

国外研究中，Murray 和 Ran Wei 针对选址问题中的几个覆盖问题建立了一种计算机模拟方法，此方法可降低方案的错误率，同时可应用于凸、非凸与非连续区域。Zhigang Ren 等（2010）建立一种基于蚁群优化算法的新算法，用以解决集合覆盖问题，并通过实例进行验证，显示出较好的效果。Nabin Sapkota 和 Charles H. Reilly（2011）在已知最优解和关联系数的条件下，描述了生成集合覆盖问题实例程序，并针对生成的实例进行了计算机验证，结果显示，随着关联性的增加，启发式算法的相对错误率与发现非最优解的可能性也随着增加，解的质量也受到限制数量的影响。Shengyin Li 和 Yongxi Huang（2014）考虑到车辆种类和多重偏差路径的影响，建立了多重路径加油站选址模型，并通过启发式算法进行求解。Carlotta Orsenigo（2014）利用包含次梯度优化的拉格朗日松弛算法解决路标选择的集合覆盖问题，目标函数为使总费用最小，显示出较好的结果。Sameh 等（2015）提出一种最先进的元启发式算法用以解决集合覆盖问题。

国内研究中，林俊龙等（2007）分析和比较了集合覆盖和禁忌搜索两种高效布局算法的优化性能和计算时间，在此基础上提出了一种新的 WCDMA 基站布局算法。毕娅等（2013）在供应链协同库存背景下研究了基于集合覆盖的有时间和容量限制的配送中心选址问题，建立了基于集合覆盖的有容量和时间限制的选址—分配系统的非线性规划模型，设计了基于遗传和粒子群算法（GA－PSO）的启发式算法，并通过实例验证。曹德胜等（2014）建立基于集合覆盖的雷达站选址双目标优化模型，设计遗传算法进行求解，并通过算例验证其稳定性。

决策者在没有足够的资源用于建设满足所有需求点所需的设施时，不得不在有限的资源条件下建设一定数量的设施以尽可能地满足需求点的需求，这便引出最大覆盖问题。国外相关的研究包括：Pirkul 和 Schilling（1991）对有容量限制的最大覆盖选址问题进行了研究；J. Spoerhase 等（2009）研究了单中心最大覆盖选址问题；Timothy 和 Murray（2009）在连续分布式需求区域内建立一个满足最大覆盖要求的单源选址模型，并利用 GIS 求解；Vladimir Marianov 和 H. A. Eiselt（2012）提出重合覆盖区可能会产生协同作用和排斥作用，认为在协同作用条件下应当扩大重合覆盖区，在排斥作用条件下应当缩小重合覆盖区，并通过商业软件对模型求解；Bhaswar B. Bhattacharya 等（2013）提出 K 中心的最大覆盖模型，目标是使 K 中心所服务的需求点总数最多。

国内学者研究包括：马云峰等（2006）在总的顾客对服务站响应速度的

满意程度最高的目标下建立了最大覆盖选址模型，然后给出基于拉格朗日松弛算法的启发式算法，并通过 MATLAB 进行编程求解；陈海涛（2010）运用最大覆盖模型对我国中西部地区主要炼油基地选址问题进行研究；陈明（2014）研究了一种考虑空间内需求连续分布的最大覆盖选址模型，并将代表对足够多次的部分覆盖进行部分考虑的一个参数引入模型中，进行空间分析和模型的仿真模拟运算。

2. 扩展选址问题

扩展选址问题是在基本选址问题中加入部分条件而产生，加入部分条件的目的主要是使学者所构建的选址模型更适应于各行各业的实际情况，从而保证选址模型的针对性和有效性。按照不同标准可以对设施扩展选址问题进行分类，主要包括以下几种：

①按照选址问题的目标函数是否单一，可分为单目标选址和多目标选址；

②按照备选设施数量的多少，可分为单中心选址和多中心选址；

③按照备选地点是否连续，分为连续型选址和离散型选址；

④按照选址问题的求解方法，可分为定量选址、定性选址和定量定性相结合选址；

⑤按照需求是否确定，可分为模糊需求选址和需求确定选址；

⑥按照选址问题涉及的时间点，可分为动态选址和静态选址。

一般情况下，设施选址问题的目标包括以下内容。

①总成本最小化：总成本包括固定成本和变动成本。固定成本包括设施建设费用、土地租用金和设备购置费等；变动成本包括运输成本、仓储成本、人员工资和原材料采购成本等。

②利润最大化：以商业为目的的设施选址，往往将利润最大化作为选址过程中主要的考量因素。

③服务水平最大化（时间最短化）：对于应急基础设施，如医院、公安局、消防局等，选址往往不能按照利润最大或者成本最小的原则，因为此类设施选址应当主要考虑的是用户在最短的时间内达到需求点。

④覆盖范围最大化：对于公共福利性基础设施，如养老院、孤儿院、社区体育场等，选址的主要目标是在尽量降低建址地数量或者建址地数量已知的前提下，尽可能扩大设施覆盖范围。

⑤环境污染程度最低：随着社会对环境保护问题的重视，以环境保护为导向的选址往往将废气排放量、资源消耗量等指标作为主要考量因素。

国外学者对设施选址问题进行了大量研究，有关单目标选址的研究较多集中在成本最小化的问题上（Vedat Verter，2002；Joaquin A. Pacheco，2005；Peter Schutz 等，2008；Zhishuang Yao 等，2010；Alexandra E. Duarte 等，2014；Sittipong Dantrakul 等，2014；Russell Halper 等，2015）。部分学者将设施选址的目标设定为最大化净利润（Yihua Li 等，2015），另有学者基于斯坦伯格博弈理论，以设施选址所获得的市场份额最大为目标进行研究（Ronald G. McGarvey 等，2005；Vladimir Marianov 等，2008；Tammy Drezner 等，2015），还有部分学者基于最小最大后悔值进行了研究（Igor Averbakh 等，2005；Vincenzo De Rosa 等，2014），也有一些学者基于设施最大覆盖范围进行了研究（Amit Kumar Vatsa 等，2015）。

一般情况下，设施选址方案应考虑到经济效益、环境效益和社会效益三个方面，单目标选址难以满足现实要求，因此国外学者利用多目标优化法对设施选址问题进行了大量研究，表 2.1 统计了近年国外学者对多目标选址进行的部分研究。绝大部分学者将成本因素作为选址的首要考量要素。值得注意的是，近年在定量研究领域，随着企业环保意识的加强以及寻求竞争优势的驱动，越来越多的学者将绿色目标作为设施选址和物流网络规划的重要目标，并展开较多的研究。

表 2.1　近年国外关于多目标选址及网络设计的研究（部分）

国外文献	目标			
	传统目标			绿色目标
	成本	服务	其他	
Ding，et al（2006）	√	√		
Altiparmark，et al（2006）	√	√	√	
Xu，et al（2008）	√	√		
Bachlaus，et al（2008）	√		√	
Quariguasi Frota Neto，et al（2008）	√			√
Pati，et al（2008）	√			√
Bojarski，et al（2009）			√	√
Bhattacharya，Bandyopadhyay（2010）	√			
Wang，et al（2011）	√			√
Harris，et al（2011b）	√			√

续表

国外文献	目标			
	传统目标			绿色目标
	成本	服务	其他	
Chibeles Martins, et al（2012）	√			√
You, et al（2012）	√		√	√
Cheshmehgaz, et al（2013）	√	√		
Hiremath, et al（2013）	√	√		
Irina Harris, et al（2014）	√			√
Vahid Hajipour, et al（2015）	√	√	√	

国内学者也对多目标选址进行了研究，最初对设施选址问题的研究多聚焦于单目标选址，但随着社会对环境保护的重视，越来越多的学者关注多目标选址，尤其是绿色选址问题。国内最早对多目标设施选址进行研究的是顾基发于1984年将多目标思想应用于工厂设施选址，随后，一些学者对多目标选址问题进行了进一步研究（庄世坚，1988；陈守煜等，1995；马良，1997&1998）。进入21世纪，对多目标选址问题的研究开始增多，国内出现大量的相关文献，不同学者在研究设施选址的过程中考虑不同的目标，如表2.2所示。国内学者在研究设施选址问题时主要考虑选址方案的经济因素、社会因素和环境因素，同时针对特殊的选址问题，如地震应急设施选址、危险品应急设施选址和废弃物处理设施选址等，也考虑到这三方面以外的其他因素。一般情况下，设施选址的主要目标是成本最小化或利润最大化，其次考虑到设施服务水平的要求及设施覆盖范围的要求。

表2.2　近年国内关于多目标选址及网络设计的研究（部分）

国内文献	目标			
	传统目标			绿色目标
	成本	服务水平	其他	
宋业新等（2002）	√	√		√
翁东风等（2004）	√	√	√	
陈志宗等（2006）	√	√		
何波等（2007）	√		√	
韩强（2007）	√	√		

续表

国内文献	目标			
	传统目标			绿色目标
	成本	服务水平	其他	
汤希峰等（2009）	√	√		
刘萌伟等（2010）	√	√		
李国旗等（2011）	√	√		
朱思峰等（2012）	√	√		
关菲等（2013）	√	√		
李双琳等（2013）		√	√	
丁于思等（2014）	√		√	
宋吉昌等（2015）	√	√		

2.2.2 选址模型综述

对选址问题进行定量研究的过程中往往需要根据问题描述合理构建选址模型，本书对学者的研究进行归纳，主要对重心法模型、Baumol – Wolfe 模型以及混合整数规划模型三类选址模型进行综述。

1. 重心法模型

重心法模型是一类经典的设施选址模型，其基本思想是取资源点和需求点的重心作为选址点。平面内存在诸多供给点和需求点，每一个供给点和需求点均具有各自的坐标位置和供给量/需求量，将供给量/需求量作为重量，利用重心法找出所有设施点的重心，即可将此重心设置为设施备选点。但重心只有一个，因此重心法只适用于单中心选址问题。通过重心法选出的重心所在位置可以处于平面任意位置，因此重心法也是一种连续选址方法。重心法模型属于单一设施连续选址性选址模型，国外学者利用重心法开展研究相对较早，单独利用重心法进行的研究较少，主要是将重心法和其他方法相结合进行研究（D. L. Olson 等，1992）。

国内学者单独采用重心法对设施选址问题进行了研究（鲁晓春，2000；康马尔丁・尼杂木丁，2014；沈默等，2015），由于运用重心法选出的地点有时会出现在难以建设的位置，部分学者将重心法与离散选址模型、位置度量法以及层次分析法等方法相结合，构造出改进的重心法对设施选址问题进行研究（谢静等，2007；杨茂盛等，2007；曹勇峰等，2012）。

2. Baumol－Wolfe 模型

Baumol－Wolfe 模型实际上是一种整数规划模型，模型的基本思想是考虑通过设施点的建立，用最少的总成本（运输成本、仓储成本和可变成本）来满足需求点的需求量，同时不超出资源供给点的供给量限制。杨茂盛和李霞（2007）在配送中心选址研究中利用 Baumol－Wolfe 模型，使用迭代法对模型进行求解，并通过实例验证，取得了较理想的结果。Baumol－Wolfe 模型具有的优点包括：①计算过程较为简单；②可以同时计算出配送中心的规模；③可以估算物流系统总的流通费用。存在的缺点包括：①没有考虑设施建设的固定成本；②根据模型求出的解不一定是最优解；③由于数据的不可获得性，配送中心的参数可能需要假设。

3. 混合整数规划模型

混合整数规划模型（Mixed Integer Linear Programming，MILP）是商业选址中最受欢迎的模型之一，其基本思想是将模型中涉及的某些变量设置为整数变量，将其他变量设置为连续变量。混合整数规划的一种特殊形式是0～1混合整数规划，在此类规划中，将选择变量，如“建址/不建址”“运送/不运送”等设置成0～1变量（0代表非变量，1代表是变量），同时将运送产品的数量、工厂的生产能力等作为连续变量。由于混合整数规划的实践性较强，国内外有大量的学者通过混合整数规划模型的构建解决物流中心、配送中心等设施的选址问题。

近年国外学者采用混合整数规划模型对设施选址问题进行了大量研究（Sanjay Dominik Jena 等，2016；Alfredo Moreno 等，2015；Gig Young 等，2014；Stefan Gollowitzer 等，2011）。Hamideh Etemadnia（2015）针对美国粮食生产与分配问题，在粮食供应链系统中为零售商设施选址建立了混合整数规划模型，通过情景研究对运输距离和仓库容量等影响因素进行灵敏度分析，检验了模型的有效性。部分学者将混合整数规划法和其他方法相结合，如 Yan He 等（2015）将混合整数规划模型和分支定界法、拉格朗日松弛法以及线性松弛法相结合，应用于联合运输的设施选址问题，产生了较好的效果。

2.2.3 模型求解方法综述

1. 三种选址方法

国内外学者对设施选址方法进行了大量研究，本书将选址方法分为三类：定性方法、定量方法和定性定量相结合的方法。

（1）定性方法

通过一系列定性分析方法从区域经济发展、产业状况、国家政策以及环境因素等方面对物流节点及层次进行研究，对物流园区的选址进行综合评判，并最终确定相对合理的位置。定性研究关注选址问题的战略层面，一般分为以下几个部分：①为商业企业的选址方案提供评价标准；②为区域工厂选址建立评价指标体系；③定性筛选备选方案；④评选最适当的选址地点。定性选址方法包括因素评分法、德尔菲法、AHP 法、模糊综合评价法和灰色关联分析法等（Reid、Sanders，2010）。

国外学者关于定性方法的研究较少，国内学者则利用定性方法对设施选址问题进行了一定的研究，部分学者将灰色综合评价应用于各类设施选址问题中（郜振华，2005；赵涛等，2010；郭永强等，2015），另有部分学者将 AHP 法应用于设施选址问题中（王威等，2005）。

部分学者综合运用多种定性方法求解选址问题，如张得志等（2005）将 AHP 法、灰色关联分析法和模糊德尔菲法相结合对物流园区选址问题进行求解，冯超等（2012）将德尔菲法和 AHP 法相结合求解电动汽车充电站选址问题，戴航等（2014）将 AHP 法和模糊综合评价法相结合求解物流园区选址问题，徐俊波等（2015）将 AHP 法和 TOPSIS 方法相结合求解电商企业配送中心选址问题等。

（2）定量方法

国内外学者利用定量方法对选址问题进行了研究，定量研究方法主要包括数学规划法、启发式算法等。按照问题的性质和处理方法可以将数学规划法划分为线性规划、非线性规划、动态规划、整数规划、混合整数规划等方法。按照空间搜索方式的不同可将启发式算法划分为遗传算法、禁忌搜索算法、模拟退火算法、进化算法、蚁群算法和人工神经网络等。国外学者 Jozef Kratica 等（2014）利用混合整数线性规划模型对多级无容量限制的设施选址问题进行求解，并对模型的有效性进行验证。部分学者利用线性规划法对各类设施选址问题进行了研究（Noor－E－Alam 等，2012；Jones 等，2006；Samarakoon 等，2001）。另有学者利用遗传算法对设施选址问题进行研究（Ehsan Ardjmand 等，2016；Mohammed Adel Abdelmegid 等，2015；Houda Derbel 等，2012；H. Topcuoglu 等，2005）。

国内部分学者利用线性规划方法对设施选址问题进行求解（韩济海，2012；宋洁等，2009），另有部分学者利用非线性规划方法对设施选址问题进行求解（孙会君等，2002；鲁志辉等，2009），也有部分学者利用动态规划方法对设施选址问题进行求解（王海灵，2013&2014；徐利民等，2003）。李梦觉等（2011）考虑到农产品的弱质性，以物流成本最小化为目标，构建了基于混合整数规划的农产品中心选址模型，并通过算例验证模型和算法的合理性和有效性。

国内关于遗传算法的研究已经较为成熟，姜大力等（2003）考虑易腐物品的特性建立了求解易腐物品配送中心选址问题的CAGA算法，将此算法和ALA算法相结合构成新型遗传算法，并通过算例验证算法的有效性。另有一些学者通过遗传算法对选址问题进行了广泛研究（王战权等，2001；刘萌伟，2010；李绍斌等，2015）。

（3）定性与定量相结合的方法

定性和定量的方法具有各自的优缺点，部分学者取长补短，运用定性定量相结合的方法进行研究。国外学者Dogan Ozgen等（2014）将线性规划法和模糊层次分析法相结合对多目标有容量限制的设施选址问题进行求解，该方法能够避免定性方法容易产生主观臆断的缺点，也能够获得定量方法的精确性优点。国内学者张燕等（2009）将模糊层次分析法和重心法相结合，首先运用重心法得出备选点的初始方案，然后利用层次分析法筛选出最佳方案，并通过算例进行验证。

2. 现有研究的不足

通过从选址问题的类型、选址模型和模型求解方法三个角度对选址问题研究文献进行综述，可发现现有研究存在的不足之处包括：

（1）选址目标方面

以往国内的物流园区选址规划更多地关注成本效益指标，较少关注环境保护因素，但近年来随着人们环境保护意识的加强，物流园区的规划与建设开始融入绿色物流的思想，综合考虑选址方案的经济效益和非经济效益，有利于推动产业的转型升级。

（2）研究背景方面

我国产业正处于转型升级的大背景下，物流园区属于物流业的范畴，物流业属于生产性服务业，其存在的价值和意义是为其他产业提供物流服务及增值服务，但目前我国产业发展面临着一些困难，成本优势正在逐渐丧失，人口红利也逐渐消失，产品同质化、科技含量低以及产品附加值不高等现象还比较突出。发达国家相继提出工业4.0、工业互联网等理念，重点发展智能化、高端化产品，与我国的中低端产品相比具有一定的技术优势，另外，东南亚发展中国家具备人工成本优势，所以当下我国产业面临着转型升级的关键期。在这种背景下，区域产业需要朝着结构优化、技术集约化、竞争力高端化、产业集聚化的方向发展，因此物流园区选址不仅需要考虑成本、利润等方面因素，还需要考虑如何促进物流业与其他产业之间的良性互动。

（3）概念界定方面

物流园区、物流中心和配送中心的概念容易混淆，目前对物流中心、配送中心、应急服务点等设施选址的研究成果较多。由于物流园区选址问题涉及的影响因素比较复杂，既有定性因素，也有定量因素，既有微观因素，也有宏观因素，既有经济因素，也有非经济因素，等等，因此本书综合考虑物流园区选址的各种因素，首先利用定性方法选择备选点，然后利用定量化模型和算法计算精确的建设地点。采用定性和定量相结合的方法更有利于解决复杂的物流园区选址问题。

2.3 物流园区规模确定问题研究文献综述

在物流园区的规模确定研究中，国外学者 Weber（1929）、Beckman 等（1956）和 Drezner（1995）对物流节点的规模进行了定量研究，他们结合整数规划模型建立了大型物流节点规模确定的数学模型，并进行了运输成本优化研究。Eiichi Taniguchi 等（1999）研究了物流园区的规模确定方法，着重运用排队论和非线性理论分析物流园区的理想规模和区位，在交通网现有条件下通过设计双层规划数学模型，为物流园区选址和规模确定提供了依据，并成功进行了实际应用。英国剑桥大学（2000）在跨国物流网络建模研究中对物流园区的数据进行评估和模拟计算，同时借助物流园区物流预测模型和货物供需模型进行演算，得出可靠数据支撑物流园区规模的研究。Pang 等（2006）从供应商、物流中心经营者和消费者三者博弈的视角下，建立模糊三级博弈模型，使用多层次规划的粒子群优化算法对商业物流中心的规模确定进行了研究。Simin Huang 等（2009）设计了一个配送中心的平面选址与规模确定问题，以进出境运输成本和配送中心建设成本的总和最小为目标，考虑关键因素建立非线性规划模型，并最终通过启发式算法进行了求解。Da Yang 等（2015）认为确定物流园区规模时，既要考虑当前的条件，也要考虑未来的条件，并重点研究了货运量、国内生产总值、技术水平和土地成本对物流园区规模的影响，通过设定不同的初始价值，确定区域发展对物流园区规模的需求。

随着我国经济的发展，物流园区发展迅速，对物流园区规模确定的相关研究也随之增多。

国内关于物流园区规模确定既有定性研究也有定量研究，牛慧恩等（2001）在物流用地和物流园区的研究中，总结了物流用地的类型，并进一步探讨物流园区的用地和空间特性。张锦（2004）提出物流作业量、作业效率和对时效的要求等因素会影响物流园区规模，认为物流需求量越大，物流节点的规模就越大，这为物流节点规模确定提供思路。张志哲（2004）通过对物流市场进行细分，确定了相应的物流量，从而得出物流园区的日处理能力，最后求得物流园区的面积。潘文安（2005）研究了单个物流园区的规模确定问题，对于规模确定的原则和程序提出了自己的见解，并且将物流园区配套设施的预留用地纳入了考虑范围。鞠颂东等（2007）对物流用地规模规划中，货运量、支柱产业产量数据的应用效果和物流量数据的应用效果做出了对比分析，提出了用经济发展水平指标约束物流园区用地规模的方法。李大颖（2007）认为对物流需求的关键因素尚处于定性认识的水平上，这是解决物流园区规模确定问题的关键点，同时认识到各个地区具体的经济布局和产业结构的特点导致其对物流设施的需求不同，他运用产业结构理论对物流园区规模与结构的确定进行了探索。张席洲（2007）在研究物流配送中心规模优化方法时，主要借助时空消耗理论将物流配送中心分为物流生产区、辅助生产区、办公生活区和发展预留用地四个功能区并分别进行细化量化，最终达到规模优化的目的。何国华（2008）具体说明了用于物流园区规模确定的参数法和类比法，并以哈尔滨物流园的规划为例做了进一步探讨。赵锋等（2008）借助实例，清晰地介绍了物流园区规模确定的框架，并用系统性原则与适度超前原则对规模确定计算过程中的经验参数提出了修正。曾海川等（2009）对物流设施用地规模进行了研究，先确定物流设施分类，然后运用规范经验值和城市货运量计算物流设施用地规模，并以武汉市为例做出预测和提出相应的建议。邓新峰（2010）运用 MSFLB 模型所包含的步骤和方法对平西物流园区进行理论应用研究，比较全面地调研物流园区市场环境，并用专家调查法了解其战略定位，详细阐述平西物流园的功能划分和布局规划。李箭飞等（2015）基于规划管理视角，通过文献梳理和案例研究，构建了选址要求、开发强度、用地比例、建筑及设施 4 大类 17 小类的物流项目用地规划指标体系。

关于物流园区规模的定量研究，李玉民等（2004）提出了一套区域物流园区规划建设规模确定方法，首先对经验计算公式中的各系数进行具体的测算，求得区域物流园区建设总规模，然后基于区域内各物流通道的需求，运用比例汇总和类比的方法进行区域内各物流园区的规模再规划。程世东等（2005）基于时空资源供需均衡的机理构建出预测物流园区规模的模型，其中分析了与物流园区模型相关的时空资源的影响因素，确定了相关的模型参数。岳意定等（2007）构建了一个基于模糊语言多属性群决策理论的物流园区规模确定模型，对专家评估矩阵进行集结，然后求得各个物流园区规模影响因素的权重向量，最终求得各物流园区的具体分摊规模。吴琳等（2009）提出了定性定量相结合的主体定位与多模型分析法，即主体定位分析和模型定量分析，来确定物流园区空间布局和用地模式，并以济南市峨眉片区为例进行了实证研究。冯广超（2009）将物流园区影响因素分为静态和动态两类，对静态因素进行量化处理，对动态因素借助排队论梳理随机性，并用改进的时空消耗法建立时空资源模型，最终确定物流中心各功能区的规模。徐春秋等（2011）提出了一种基于货运吞吐量的物流园区规模预测方法，主要利用灰色预测模型对货运吞吐量进行预测，进而设计出预测物流园区用地规模的计算公式。张艳霞等（2012）分析了城市物流结构，并总结出影响物流园区的三个主要因素，进一步提出了以全社会物流总量为基础的物流园区用地规模测算公式。程东全等（2012）考虑集装箱物流的特点，指出了港口物流园区建设规模的内涵、功能及其与港口之间的联系，并给出确定港口物流园区建设规模的计算方法。孙焰等（2014）对确定物流园区规模的三种方法，即参数法、时空消耗法和类比法，进行了深入对比研究及适当改进。邹欣等（2015）在对四川省货物运输量拟合后，采用三次指数平滑法预测 2020 年的物流量，最后通过改进参数法求得物流园区用地规模。唐小鸿等（2016）通过优化 BP 神经网络模型进行货运量预测，改进了基于全社会物流总量的物流园区用地规模测算公式，并以重庆市为例做了实例研究。

综上所述，在物流园区规模确定的研究中，一些学者注重计算方法的可操作性，因此在规模确定方法的设计上强调简单合理，但会使用一些主观性较强的因素；另一些学者在物流园区规模确定模型构建上强调尽量考虑更多的因素，因而构建的模型比较复杂，部分具体参数较难得到；还有一些学者构建的规模确定模型建立在物流需求量的预测基础上，这在方法上做了一定的创新，但由于预测方法的精度有待提高，而且模型中的一些参数很难确定，所以模型的实际操作性不是很强。

同时，通过梳理物流园区规模确定的研究文献，可以总结出现有物流园区规模确定的主要方法。国内确定物流园区规模的步骤大致可分为四步：一是确定影响物流量的主要因素，这些主要因素大致包括进出口贸易总额、国内生产总值、货运吞吐量和货物处理量等；二是根据相应的数学模型分析预测物流园区的物流总量；三是通过建立物流量与物流园区面积的关系模型，来测算物流园区的总体规模；四是根据相关经验，或者通过数理分析，进行单个具体物流园区的规模分配。

2.4 物流园区服务功能研究文献综述

2.4.1 国外物流园区服务功能的研究综述

通过对国外文献的梳理，我们发现国外学者对物流园区的服务功能的研究比较早，包括物流园区具体的服务功能、对物流园区服务功能的评价、物流园区服务功能的驱动因素、物流园区功能定位的方法以及其他相关方面的研究。

在物流园区的服务功能研究方面，Eiichi Taniguchi 和 Michihiko Noritake（1995）对物流园区的整体功能进行了研究，指出物流园区在缓解交通堵塞、节省能源、降低劳动成本等方面发挥着重要的作用，这些都体现了物流园区的服务功能。

在物流园区服务功能的驱动因素研究方面，Brian Slack（2000）认为物流市场需求、劳动力成本、交通设施等都是影响物流园区服务功能的因素。Soosay Claudine A. 和 Paul W.（2004）在对新加坡 10 家物流园区进行问卷调查的基础上，发现财务因素、客户需求、员工需求、产业领先度、运营绩效、竞争和投资者权益这 7 个因素对物流园区服务功能有重要影响，且影响程度依次减弱。

在物流园区功能定位的方法研究方面，Dubois 和 Prade（1999）为了克服德尔菲法（Delphi）存在的主观性较强的缺点，选取了二级模糊综合评价法进行研究，并对物流园区的服务功能进行了评价计算，这一方法开辟了物流园区服务功能评价研究的新思路。Bates 和 Granger（1997）在研究物流园区的功能定位过程中使用了组合预测法。Haezendonck（2006）则综合采用多样化分析法、转移分享分析法和产品组合分析法对物流园区的功能定位进行了研究，这在研究园区的规划和功能定位中起到了十分重要的作用。Liao C. N. 和 Kao H. P.（2014）综合使用质量功能开发、扩展的模糊层次分析法以及多目标规划三种方法研究如何对物流服务功能进行管理，以提高物流园区服务效率。

就其他方面的研究而言，Estomih（1995）对物流园区设施布局与服务功能之间的关系进行了研究，得出物流园区设施布局与物流园区服务功能之间存在双向影响的结论。Robinson（2002）在研究港口物流园区时发现，物流园区的服务功能的完善，能够强化自身与周边产业的联动关系。Kaynak K.（2014）在研究应急物流时发现，物流中心具备协调和分工的功能，能够提高应对自然灾害的能力，减少灾难带来的损失和伤害。同时，他在研究物流园区应急服务功能时运用了产业集群的理论，将相关产业与物流产业很好地关联到一起。

通过梳理发现，国外学者对物流园区的微观功能研究相对较少，而对物流园区的宏观问题研究较多。这些宏观问题主要包括应急功能研究、布局与功能关系研究、功能与产业联动等。

2.4.2 国内物流园区服务功能的研究综述

物流园区的功能定位是通过分析区域经济环境和产业格局，根据市场的需求，综合考虑区域内的物流现状、发展趋势及园区自身条件，确定园区的客户对象以及园区所能提供的物流服务。在物流园区的规划和设计中，需要把物流园区的功能定位放在首位来考虑，因为物流园区的建设和发展方向需要符合园区的功能定位，功能定位会影响园区的选址、规模确定、外部设施布置、内部设施建设。因此，一个科学而合理的功能定位会给物流园区将来长远的发展打下基础。综观国内学者对物流园区服务功能的研究，成果可分为以下几类。

1. 物流园区服务功能概念界定

国内学者对物流园区服务功能的研究晚于国外学者，且成果较少。范晓林（2011）指出现代物流业的服务主要包括两种方式，一是按照流通物资提供物流服务，二是按照流通环节提供物流服务，且在实践中后者更加明晰和便捷、有效。胡钊涵（2012）指出，物流园区的功能定位是物流园区规划的首要环节，物流园区功能定位能够直接影响物流园区的顺利运营和经济效益。

常多（2014）认为物流园区功能是物流园区在物流行业中所发挥的积极作用，这种作用是将整个物流园区的所有子系统的基本功能加以整合，使整体效果大于各子系统的效果之和。唐德才（2015）认为物流园区的功能区是为了实现物流园区信息平台运作、集中仓储、配送加工等功能而设立的场所，并指出功能区的确定主要包括功能区域数目、类型、承担的功能、服务的对象以及功能区域内部结构的确定。

综上所述，国内学者对物流园区服务功能的定义不统一，在参考前人研究文献的基础上，本书认为，为了满足物流园区的生产运营和园区外部的各种需求，可以将物流园区的功能进行分类，细化其各项微观服务功能，物流园区的功能一般分为基础服务功能、增值服务功能以及配套服务功能。

2. 物流园区具体服务功能

不同类型的物流园区具有不同的功能定位，目前，国内学者探讨物流园区的具体服务功能的文献不多。

苏玲利（2006）归纳了国际型、区域型以及城市型三种物流园区所对应的园区服务功能，具体说来包括存储、配载、运输方式转换、包装、拼装、组装加工、信息服务、报关报检以及保险金融等服务功能。毛丽娜（2006）指出物流园区功能包括基本功能、物流延伸服务和配套服务功能，其中基本功能又可分为综合功能、集中储存、集约功能、多式联运、信息交易、配送加工、辅助服务等，物流延伸服务功能可细分为需求预测、物流咨询培训、结算功能、物流技术开发与系统设计咨询、商品博览交易会展服务等，配套服务功能又可细分为报关功能、提供银行金融保险服务、货运代理、信息服务、提供基本生活配套服务等。李佳（2008）将物流园区服务功能分为基本服务功能、增值服务功能，其中基本功能涵盖了仓储、包装、流通加工、运输服务、配送、装卸搬运和信息服务等；增值功能涵盖结算、物流系统设计咨询、需求预测及配套服务等。王叶青（2010）研究了物流园区的微观业务功能，包括基本功能、延伸服务功能以及配套服务功能，其中基本功能包括运输、存储、包装、流通加工、装卸搬运、配送以及信息处理功能，延伸服务功能包括需求预测、物流系统设计咨询、结算以及物流教育与培训功能，配套服务功能包括金融配套服务，工商、税务、海关等服务，车辆辅助服务以及生活配套服务。孙久博（2011）在研究国内外临港物流园区的基础上，总结了临港物流园区的功能，认为临港物流园区是国际绿色物流场所、国际绿色物流枢纽节点、供应链节点能够提升港口竞争力，促进临港产业加速发展、减少能耗、保护环境。常多（2014）指出物流园区的服务功能包括基本服务功能和延伸服务功能，基本服务功能包括存储、运输配送、装卸搬运、包装、集散中转、流通加工以及信息处理；延伸服务功能包括结算功能、物流咨询培训服务、商贸会展培训、保税物流服务以及仓单质押功能等。

3. 物流园区服务功能影响因素

苏玲利（2006）在分析了物流需求的各种影响因素以及这些因素对物流园区的空间类型和功能定位的影响后得出结论：只有在确定物流园区的空间类型后，将之与物流需求的分析加以结合，才能较为准确地对物流园区功能进行定位。王影（2006）指出，特殊的物流需求特点、物流园区所处的交通条件和交通干线类型对物流园区的功能定位都有着较大的影响。李芏巍（2009）在物流园区的功能定位的研究中，认为功能定位需要考虑园区的地理位置、交通状况，本地区的产业发展状况、经济结构、流通业的发展状况，货物的流向和货物的负载结构等方面。叶菁（2009）对物流园区服务功能进行了较为系统的研究，认为影响物流园区服务功能的因素主要有 8 个，分别是生产力水平、产业结构、区域经济和政策环境、交通区位条件、消费水平及结构、在供应链中的位置、所服务行业商品的物流特性和人才技术条件。胡钊涵（2012）指出，合理的功能定位要结合物流需求分析、物流量预测以及物流园区空间类型等，因地制宜地进行合理规划。王凯风（2014）提出影响西部空港物流园区功能定位的相关因素包括政策和外部环境及西部区域经济状况两大类，其中西部区域经济状况又分为自然条件、产业结构、人才和技术条件以及基础设施建设等。

通过以上文献的回顾，我们发现，物流园区进行功能定位不仅受到自身性质的约束，更是受到很多外界因素的影响，诸如外部产业发展水平、外部需求等客观因素。要研究物流园区服务功能的定位，需要将物流园区与外部产业、外部需求等结合起来考虑，因为物流园区并不是一个独立的个体。

4. 物流园区服务功能研究方法

通过对国内相关文献的梳理，发现多数的学者在研究物流园区功能定位时使用定性的方法，定量的方法使用比较少。王继毅（2009）充分研究了国外港口物流中心运营模式，总结了地主型、合资型、独立型、联合型四种成功模式，对我国港口物流中心的功能定位和建设具有十分重要的理论意义。邓新峰、张喜（2010）运用德国弗劳恩霍夫物流研究院原创的 MSFLB 方法对物流园区服务功能进行了研究。朱苍晖（2013）运用改进的 SLP 方法对物流园区功能区布局规划进行了研究。常多（2014）运用模糊定量 SWOT 方法对郑州市物流园区的服务功能定位展开研究，通过构建物流园区延伸功能的三角模糊数判断矩阵，以郑州市 Z 物流园区项目作为实证研究对象，进行物流园区功能定位的分析。

综合国内学者对物流园区服务功能的内涵、具体服务功能、影响因素以及研究方法的研究，发现学者们对物流园区服务功能的研究为物流园区的建设和发展提供了相应的理论基础，从目前的研究情况看，对物流园区宏观空间布局规划研究和物流园区内部功能区域规划的研究成果都较为丰富，但在探讨物流园区的功能与定位方面，没有为物流园区的服务功能建立统一的规范和标准，这方面理论和实证研究不多。因此，如何确定物流园区的发展目标，因地制宜地对物流园区的发展进行服务功能设计，是物流园区建设和发展中需要研究的问题。

2.5 物流园区开展物流金融研究文献综述

2.5.1 物流金融的早期理论基础

1. 国外文献综述

国外学者对物流金融的研究较早，贯串整个物流发展全过程，美国、日本、加拿大等发达国家，拥有一套规范的物流金融体系，且通过实践不断发展、完善。

早在 1941 年，就有学者对物流金融做出了比较全面的分析，包括经济环境、融资模式、运作流程等。当时，物流金融服务的业务模式比较单一，学者们主要致力于对应收账款融资和存货质押融资两类运作模式的研究。Friedman（1942）、Albert（1948）、Raymand（1948）、Dunham（1949）、Eisenstadt（1966）都对应收账款融资模式、存货质押融资模式进行了研究，为后期的物流金融研究奠定了理论基础。但他们研究的重点不同，Friedman 主要是对两种模式运作流程进行阐述，Albert 和 Raymand 侧重于描述两种模式在实际操作过程中的区别，而 Eisenstadt 则致力于研究这两种模式之外的新运作流程。

在早期研究中，学者们主要着眼于供应链金融相关理论的研究，将核心企业及其上游和下游的企业作为主要研究对象，分析物流金融的重要作用，集成供应链上信息流，并嵌入成本分析管理等各种手段来实现融资成本和资金成本的系统性优化。Santomero（2000）提出金融与供应链的结合是提高价值的有效途径。Michael Lamoureux（2007）研究了在中小企业和核心企业发展过程中，供应链金融发挥的作用，深化了相关理论。

进入21世纪后，Sohal等（2002）、Drewin（2004）等分析了第三方物流企业融资问题，产生了新的构想，为现代意义的物流金融研究奠定了重要基础。Jonathan等（2009）认为第三方物流企业开展物流金融促进了服务对象经营资金的流通和生产效益的提高。随着理论研究的深化，学者们开始将目光转向供应链之外的第三方物流企业，以第三方物流企业为物流金融服务的核心，实现了供应链金融向现代意义的物流金融的转变。

2. 国内文献综述

我国对物流的概念和理论研究较晚，研究物流金融也相对较迟。最初，国内学者主要的探索对象是物资银行、仓单质押等。具有代表性的早期理论成果有：任文超提出物资银行理论，罗齐、朱道立提出融通仓理论以及邹小芃等首次提出物流金融概念。

陈淮在1987最早提出成立物资银行的构想，但这种物资银行与现代意义的物资银行差距很大。物流理论的发展，使物流金融的理念被广泛认知。张平祥、韩旭杰在1997年开始探索利用粮棉油货款开展仓单质押业务，但这种融资模式没有与物流相结合。任文超（1998）详细阐述了物资银行的概念和理论，他认为物资银行使物资实现良性流通，同时解决了企业间资金拖欠问题，最根本的价值是提供精细服务，使死的物资向活的资本转化。

物资银行理论为动产质押融资模式的提出奠定了基础。2002年罗齐、朱道立基于动产质押理论，首次提出融通仓的概念。融通仓主要服务于中小企业，以仓储商品作为融资信用支持，有两种运作模式，即金融机构授信额度、信用担保体系融资。融通仓理论的发展，在我国早期物流金融领域具有标志性意义，为此后学者的深入研究提供了重要的铺垫作用。

物流金融概念最早出现于2004年，由邹小芃、唐元琦提出，他们将物流金融定义为物流领域中的一种资金运动方式。这一概念被学术界广泛认可，物流金融成为新的重要研究方向。但邹小芃、唐元琦主要着眼于第三方物流企业，并没有考虑到物流企业与银行、中小企业三者的互利合作。

杨绍辉（2005）、王婵（2007）、闫俊宏（2007）、闫琨（2007）、冯瑶（2008）等对物流金融给出定义，但他们定义的角度有所不同。杨绍辉、王婵、闫俊宏是从供应链角度进行定义的，杨绍辉认为物流金融以为供应链上所有环节提供资金支持服务为目的，王婵认为要基于交易关系制定融资模式，使物流金融发挥金融产品和服务的双重功能，闫俊宏认为物流金融为供应链上游和下游的多个企业提供资金支持，使多方互利共赢。闫琨、冯瑶则着眼于银行在物流金融中的作用，强调发挥银行的主体作用。黄少卿、胡跃飞（2009）认为物流金融是由供应链管理中的财务管理发展而来的，从这个角度给出了物流金融的定义。

2.5.2 物流金融的运作模式

1. 国外文献综述

在西方发达国家，仓单和应收账款融资发展较早，其法律体系和操作流程也较成熟。公元前2400年左右的美索布达米亚地区的“谷物仓单”以及英国的“银矿仓单”模式是有史可考的关于物流与金融融合的最早形式。在20世纪初，银行以及期货等金融业务进一步发展，在沙皇俄国出现的“谷物抵押”贷款便是我们现在研究的物流金融的最初模式。而对于应收账款融资，早在1942年Friedman就提出了该模式，并对该模式的具体操作流程做了详尽描述。此后一些学者，诸如Albert、Raymand、Dunham、Eisenstadt等都对应收账款融资模式进行了深入研究。

对于动产质押融资模式的探究，大部分研究者聚焦在存货质押融资和预付账款质押融资两种模式上。存货质押融资模式的相关研究有：Eisenstadt（1966）深入分析和研究了美国的存货质押融资模式，他研究的主要内容集中在业务模式、仓储方式、监控方式以及法律环境等方面；Barnett（1997）研究了存货质押贷款模式的主体；Ben－Shahar和Feldman（2003）、Ribeir和Hodges（2004）等基于物流金融模式中存货质押的信贷合约设计的研究，分析了物流企业和金融机构两类主体间委托—代理关系中存在的信息不对称的问题；学者Leora Klapper（2004）则在其研究中详细分析了供应链上的各类中小型企业存货融资模式的运作和功能。预付账款质押融资模式的相关研究有：Fenmore（2007）把目光投向未来，探究了物流金融中的新事物——未来货权质押融资业务，他同时提出物流金融一体化可以更好地解决信用证下货权与货物分离监控现象导致的欺诈风险问题；Stulz和Johnson（1985）、Duffie和Singleton（1999）、Cossin和Hricko（2003）等人探索了未来货权标的商品的价格波动风险，提出基于定量模型的价值评估和质押率确定可以有效规避动产质押价格风险。

随着经济的不断发展，仓单融资、应收账款融资和动产质押融资等基础业务模式已不能满足物流金融发展需求，理论界开始把目光转向物流金融的模式创新，开始新的探求。Rutberg（2002）以 UPS 为例，对物流金融模式及其运行特征进行研究和改革创新，并做出大胆设想，列举出各种模式的主要特征。Weisun（2004）的主要研究成果是给出了第三方物流企业提供物流金融服务的创新模式，此外，他还从供应链视角探究了中小企业融资的商业模式。Fenmore（2004）、Srinivasa（2009）、Thangam（2009）等对供应链动产融资的物流金融创新模式进行了研究，提出利用核心企业的商流、信息流优势及持续信用保证，不仅有利于融资活动在供应链上下游进行封闭性操作，而且能有效地规避动产价值变化风险。

2. 国内文献综述

回顾早期国内物流金融模式的相关研究，学者们主要致力于融通仓、权利质押和流动货物质押等模式的研究。

2002 年，朱道立和罗齐正式明确了融通仓的概念以及具体的运作模式。他们指出概念中的“融”指金融，“通”指流通，而“仓”则指物流仓储。融通仓通过对物流、信息流和资金流的综合化管理与协调，以此来改善客户服务的质量，提升经营效率，降低运营成本和风险，优化资源配置，此模式使得供应链的整体绩效和竞争力得到了空前增强。朱道立教授认为作为综合性第三方物流企业的创新业务平台，融通仓为银企间的合作架构了新的桥梁，也为现代物流企业，特别是中小物流企业解决了融资难的问题。朱道立、石代伦和陈祥锋（2004）立足于动产管理、资产管理和风险管理将融通仓具体划分为三种特征各异的运作模式。唐少艺（2005）认为，在物流金融业务中，第三方物流供应商提供比较多的是融通仓业务以及代客结算业务，进一步细化，融通仓业务主要包括仓单质押业务和保兑仓业务两种模式，代客结算业务主要包括代收货款业务和垫付货款业务两种模式。郑鑫和蔡晓云（2006）指出融通仓是物流金融一种非常典型的运作模式，相关的中小企业、第三方物流公司和银行从中获益匪浅。

由于融资企业的资金大多被固定资产占用，如原材料、在产品和产成品等，企业无法及时付款或收到货款，容易出现资金周转困难。而且大多数中小企业的优质固定资产有限，利用固定资产融资的能力有限，这种状况催生了权利质押模式和流动货物质押模式。

早在 2003 年，学者于洋与冯耕中就构建了基于权利和流动货物质押的物资银行运作模式。闫俊宏（2007）、何涛、翟丽（2007）进一步研究了权利质押、流动货物质押融资的具体运作模式。闫俊宏提出将供应链金融分为存货融资、预付账款融资以及应收账款融资这三种主要模式。何涛、翟丽则主要分析了中小企业在运营过程中存在的资金缺口问题，并结合实例，探讨了与企业采购、运营以及销售各环节相适应的物流金融模式，最后研究总结出了应收账款模式、应付账款模式、动产质押模式三种模式的实际运用场合。随着权利质押模式和流动货物质押模式实践的发展，学者们进行了更加深入的探讨。赵道致、白马鹏（2008）为了研究如何进一步加快中小型物流企业的资金周转速度而对物流金融模式进行创新，提出了应收票据管理模式，并且详细分析了此模式的具体结构、关键流程和适用范围，研究发现此模式在中小型物流企业融资难问题解决上要优于直接贷款模式。郜振廷、于卓（2009）认为仓单质押业务不仅是传统储运向现代物流发展的延伸，也能较好地为企业提供所需的金融以及物流服务，因而具有广阔的应用前景。

此前，物流金融的参与主体主要是银行等金融单位和供应链上下游企业，涉及第三方物流企业的情况较为少见。物流金融模式运作过程中，依靠银行单方面力量进行信用评估、质押物管理以及风险控制等，难以保证相关业务的有效开展，所以学者们开始着眼于关于第三方物流企业在开展物流金融相关业务中的作用的研究。相关理论有：

何雨漩（2010）分析了第三方物流企业的4种物流金融业务模式，给出了企业在不同情况下的具体选择标准，还探讨了第四方物流企业所具备的3种物流金融业务模式，并指出了各模式间的关系。廉子英（2012）采取Logistic模型分析方法，评估了我国中小型企业可能存在的信用风险，他在“1+N”模式的基础上进一步地给出了“1+M+N”的新供应链金融模式，同时以中小航空企业融资为例论证了供应链金融能够有效地解决中小型企业融资难问题，实现物流企业、中小型企业以及银行三方互利共赢的观点。于博（2014）在互联网金融和供应链金融双重背景下，创造性地提出了将传统物流企业当作运营主体，同时融合第三方的具有融资功能的物流信息平台，将物流企业所具备的专业优势融入供应链金融服务中去，最终实现“三流”（即物流、信息流以及资金流）的高效集成，从而形成系统、有效的供应链解决方案的观点。朱晓琴（2014）主要研究并详细阐述了替代采购、代客结算、仓单质押、保兑仓模式、融通仓和物流保理等第三方物流企业的物流金融服务模式，并针对其可能面临的风险提出了相关控制措施。

随着企业发展外部经济环境和商业模式的变化，物流金融服务对象的融资需求也在不断变化，在物流金融创新背景下，一些学者对物流金融模式进行创新研究。王开勇等（2007）对国际结算业务中涉及的金融物流的具体运作模式进行了研究。罗跃龙、陈泰光（2012）探究了新型物流金融模式——“融 e 仓”，研究提出整合 e 平台在专业市场上关于商流的集散优势，以及物流企业的储运、银行的金融服务等能力，为中小型企业提供交易过程中的商流、物流、资金流以及信息流协同服务的动产质押融资服务模式。何娟和沈迎红（2012）将传统的常见型供应链金融模式与交易型电子商务平台进行了详细的对比分析，在此基础上提出“云仓”新型融资模式，支持线上交易担保、拓展商机和线下融资、仓储物流服务。张连起、刘建（2015）具体分析了我国国有控股的物流企业发展现况及其融资问题，提出要在物流金融的基础上构建专业化的国有控股物流企业的具体融资模式，以满足该类型企业的融资需求并保障其健康、持续地发展。

2.5.3 物流园区开展物流金融模式

目前，物流金融方面的研究成果非常丰富，但把物流金融理论与物流园区发展相结合的理论研究起步相对较晚，相应的理论成果较少。

2009 年，骆宗伟将保税物流园区作为研究案例对跨境金融物流服务的模式及风险进行了细致探究。石永强等（2012）详细分析了物流园区开展物流金融业务的实际可行性，同时提出了委托授信、统一授信以及完全自营三种物流园区发展物流金融的业务模式，还详细阐述了每种业务模式的概念、运作的具体流程及各自的特点。作者认为，三种模式中，统一授信模式是最合适的。此外，作者还指出了物流园区在开展物流金融的过程中需要特别注意的事项。以此为基础，罗宇佳于 2015 年也对物流园区开展物流金融的优越性以及必要性进行了细致研究，提出了完全自营以及融通仓两种模式，他认为前者的效率较高，发展前景也较大。另外，有学者基于其他视角针对物流园区开展物流金融的模式进行具有创新性的探究。闫慧敏、刘俊华（2014）提出包括贷款、融资、委托金融机构借贷理财、建立债权债务关系、建立股权关系、债权转化为股权、建立金融控股公司、互派代表在内的物流园区开展物流金融的八种模式，并对每一种模式的具体应用方式、创新点及优势给出了详细分析。

随着信息技术和网络技术的发展，一些学者也尝试着研究如何将这些技术应用到物流园区开展物流金融服务当中，以提高物流园区开展物流金融的效率。张慧瑶（2011）探讨了在公共信息平台下物流园区如何开展金融业务，提出了园区内借贷和园区间借贷两种形式，同时分析了园区间借贷需要满足的条件，以及这种借贷方式的意义。郭琳（2013）对物流园区开展物流金融模式进行创新，阐述了在物流园区开展物流金融的运作流程中物联网技术是如何发挥作用的，并提出物联网技术存在的风险及物流园区可以采取的应对措施。

综上所述，在物流金融理论方面，国外的研究相对早一些，对模式的演进有较系统的探索，国内相关研究虽然起步较晚，但受国内物流金融实践跨越式发展的推动，相关理论研究进展很快。国内外学者对物流金融融资模式的研究主要聚焦于存货质押，仓单、应收账款和预付账款等权利质押融资，在物流金融产品创新方面的探索还有待加强。在国内，近几年才有一些学者开始对物流园区开展物流金融业务进行研究，研究成果较少且缺乏系统性。

目前，国内外关于产业转型升级和物流金融的理论成果丰富，关于物流园区开展物流金融的研究成果较少，且大多以金融机构或第三方物流企业为主要研究对象进行研究，而将物流园区开展物流金融业务置于产业转型升级大背景下进行理论研究比较少见。因此，本书将深入分析产业转型升级对物流园区转型升级的影响，对物流金融发展趋势的影响，在此基础上探索新型融资产品。通过创新物流金融工具，实现物流金融的参与主体多方共赢的局面，使物流园区能够更好地应对产业转型升级带来的挑战，同时，利用物流金融工具实现资本重新配置，以此促进产业转型升级。

2.6 物流园区产权改革研究文献综述

2.6.1 国有企业改革的先决条件

吴敬琏（1993）较早提出，企业产权不清晰、内部法人治理结构不合理和管理不力等，导致了国有企业面临绩效差及发展停滞的尴尬局面。张维迎（1999）也强调了产权改革是国有企业改革的先决条件，只有让非国有经济“插足”于国有企业、承担“股东”角色，形成有效的利益激励机制和经营者选择机制，以及优于国有企业的公司治理结构，才能从根本上解决国有企业低效的问题。

Shleifer 等（1997，1998）通过分析指出，政府的干预会偏离国有企业的效率目标，并认为产权改革后的企业会有更高的效率。Megginson（2001）等的实证研究结果表明，当国企被部分或全部民营化后，其盈利能力和经营效率会得到较大程度的提高。刘小玄（2000，2004，2005）用 1995 年全国工业普查数据和 2001 年全国第二次基本单位普查的数据分别从企业层面和产业层面证实了不同所有制类型企业的效率差异，在实证研究的基础上，指出国有企业的产权改革和民营化方向是正确的。谭劲松和郑国坚（2004）提出，虽然产权清晰不一定带来企业效率短期内的提高，但肯定是提高企业长期效率的前提。胡一帆等（2006）研究发现，国有企业进行产权改革后，公司销售收入得到显著提高并大幅降低了成本，公司盈利能力和生产率得到了大幅提高。

综上所述，国内外学者从产权改革的各个方面论述了其对国有企业发展的重要意义，说明国有企业急需产权改革。

2.6.2 产权改革的方向

随着中国国有企业产权改革的不断进行，更多的国企选择了产权主体多元化及民营化的产权改革方向。

胡一帆等（2006）指出在提高公司生产率方面，公司中的民营和外资股东比国有股东具有更为显著的作用。武常岐和李稻葵（2005）通过对 680 家国有企业的数据进行对比，发现丰富产权主体，减少政府对企业的控制是国有企业改革的重要路径。欧瑞秋等（2014）也指出，为了让“部分民营化”实现价值，国有企业应从市场供应的领导者角色转变为补充市场供应的跟随者角色。以上研究都指出了部分民营化策略的重要价值，即公司中同时存在的股权主体性质类别越多，越有利于公司绩效的改善。戚聿东等（2013）提到，在国有经济内部，国有相对控股公司的各种财务指标基本上都优于国有绝对控股公司。

世行报告建议，在股权多元化的基础上，中国政府应学习国际先进经验，逐渐减少包括国有银行、国有企业在内的国有经济部门所持股份。

2.6.3 产权制度改革的路径

中国国有企业面对各种经营管理困境，需要进行产权制度改革，建立现代企业产权制度，而要想建立现代企业产权制度，需要通过股份制改革，即将企业改造为股份制企业来实现。这一产权改革路径，无论是在理论上还是在实践中，都已经得到了广泛认可。

在中国国有企业改革的初期，改革仅限于对控制权的改革，保证企业的自主经营权，避免过度的行政干预，其实并未涉及对企业所有权的改革。后来，国家施行“放权让利”政策，给予企业十项自主权，但之后又滋生了很多问题，例如内部人控制现象、企业经营者采取相关活动而获得短期目的的短期行为等，企业经营者与企业所有者双方的矛盾严重。20 世纪 80 年代中期，中国学者在西方产权制度的影响下，开始了关于国有企业产权制度的改革，也就是所有权的改革的思考，中国企业开始了股份制改革的最初尝试。

宋立刚和姚洋（2005）通过研究认为，股份制改革可以有效提高企业的利润率。另有学者研究了股份制改革后，是哪些因素影响了企业的经营绩效。刘小玄和李利英（2005）选取了来自竞争性行业的 451 家企业数据来研究股份制改革对企业经营绩效的影响，研究发现，国有资产比重指标对企业绩效具有显著的负面影响，而非国有资本比重指标则对企业绩效具有积极的作用，即产权改革可以推动生产效率的提高。白重恩等（2006）发现，改制后企业经济效益的显著提高主要来自代理成本的降低，表现为管理费用率的下降，改制带来了一定的社会成本，但和国际经验相比不是很大。国有控股企业改制社会效益更突出，而非国有控股企业改制经济效益更突出，改制效果在一定时期内持续。

在中国对国有企业进行股份制改革的尝试阶段，理论界对股份制的认识也越来越深，实践效果也较好。1978 年中国实行改革开放政策后，改革的实践中出现了混合所有制经济形式。但要注意的是，股份制经济与混合所有制经济是不一样的，晚于股份制经济出现的混合所有制经济可以说是股份制经济的升级，传统意义上的股份制经济不一定是混合所有制经济，两者的主要区别在于“资本的所有制”组成不同。此外，许多文献中提到的股权多元化、部分民营化，本质上讲就是混合所有制改革。

混合所有制改革可以说是今后国有企业产权改革的核心，《中共中央关于全面深化改革若干重大问题的决定》提出“积极发展混合所有制经济”“允许更多国有经济和其他所有制经济发展成为混合所有制经济”“鼓励发展非公有资本控股的混合所有制企业”等改革的新方向。

近年来，混合所有制企业的数量和比重大幅增加，这反映出中国混合所有制经济发展的盛况。在深化国有企业改革的新时期，要进一步倡导国有经济与其他所有制经济发展为混合所有制经济，国有资本的投资项目要允许非国有资本参与，鼓励非公有资本控股混合所有制企业，国有企业、民营企业要处于平等的市场主体地位，平等竞争。随着改革的深化，混合所有制经济将成为社会主义市场经济最重要的微观基础。

关于混合所有制改革的效果的研究，陈林等（2014）以1997—2007年全国工业企业数据为大数据样本，使用双重差分法计量模型进行实证检验，研究结果表明：混合所有制改革可以降低国有企业的政策性负担，且垄断性行业的混合所有制改革效率高于竞争性行业。

关于混合所有制改革的影响因素的研究，李跃平（2015）提出，顺利推行国企的混合所有制改革，政府是决定性因素，政府应主动地推进混合所有制改革，国有企业混合所有制改革必须分类进行，系统操作。

高蓓等（2013）认为，现在关于国企混合所有制改革的研究，大多将关注点放在国企是否需要混合所有制改革，但还有一个重要的点是改革过程中的混合比例。殷军等（2016）通过研究发现，国有企业的最优混合比例取决于国有企业自身承担社会性负担的能力及其承担的社会性负担的大小。

此外，还有学者提出了国有企业股份制改革在不同阶段应采取不同的具体措施。戚聿东等（2013）通过研究发现，根据混合所有制的产权改革方向，国有独资公司应着眼于整体上市，从母公司改制入手，从国有独资走向国有控股，从国有绝对控股最终走向国有相对控股，这不仅符合混合所有制的改革方向，也有助于国有资本发挥“四两拨千斤”的控股作用。

2.6.4 产权结构

关于股权集中度对公司经营绩效的影响的研究，现有文献存在较大分歧。

Pagano和Roell（1998）认为，最优的股权结构应该是分散的，以避免其他股东过高的监督成本，同时分散的股权有利于形成大股东间的相互制衡，从而降低控制权私有收益，提升公司绩效。还有一些学者研究了公司不同主体的持股比例与公司绩效之间的关系，发现国有股比例与公司绩效存在负相关关系，而非国有股比例与公司绩效之间显著正相关。有人认为，公司中非国有股的作用之所以没有得到充分发挥，主要原因就是国有股比重仍然过大，但当公司中存在制衡股东时，大股东“掏空”行为会大大减少，公司绩效也会得到改善，因此有必要提升公司中非国有性质的股权比例。

涂国前和刘峰（2010）的研究发现，当民营股东进入国有企业且超越国有股东成为控股股东时，由于其无法阻止国有股东承担社会政治责任，为了维护自身的经济利益，就有动机去“掏空”从而损害公司绩效。事实上在国有企业改革过程中，大多数企业选择的都是国有股减持或部分民营化，而非完全民营化。欧瑞秋等的研究发现在充分竞争性行业中，部分民营化具有重要的价值，尤其是在国有企业同步决策模式和国有企业跟随模式下，对国有企业进行部分民营化是最优策略。

很多学者的研究表明不同性质的股权相互融合、形成适度集中的股权结构且存在制衡股东，可以激励大股东积极监督公司管理层，并且能够在一定程度上抑制大股东“掏空”行为，形成高效的公司治理机制，进而提升公司绩效。La Porta 等（1998）指出第二大股东持股比例足够高，能够抑制第一大股东的“掏空”行为，发挥一定的制衡作用，进而优化治理机制。Maury 和 Pajuste（2005）通过研究芬兰的上市公司发现，公司的第一股东与第二股东性质不同，能够改善公司治理情况。在混合所有的股权结构下，非国有股东与国有股东之间形成的制衡关系同样影响公司治理机制的有效性。Cheng 等（2013）发现在多个大股东同时存在的公司中，非控股股东的性质对于优化公司治理和改善公司绩效非常重要。当国有股东在企业中处于控股地位时，政府部门并非合格的所有者，与企业之间存在复杂的委托—代理关系，而且国有股东还承担着错综复杂的社会责任，不能像非国有股东那样以追求经济利益最大化为主要目标，必须兼顾社会利益，因此无法推动公司效率最大化。

马连福等（2015）以 2001—2013 年上海证券交易所部分竞争类上市公司为对象，考察了混合所有的股权结构与公司绩效之间的关系，发现简单的股权混合并不能改善公司绩效，仅当外部制度环境较为完善时，主体多样性提升绩效的作用才会显现。

2.6.5 物流园区产权改革

刘金海（1999）、凌勇（2003）提出物流业需要推进股份制改革，他们通过实例证明股份制是促进物流业发展的一条有效途径，并认为对于任何一个股份制企业，尤其是上市公司而言，资产重组、资本运营都是一个推动企业高速、健康发展的有力武器，它同生产经营互为补充、相得益彰。凌勇提出了我国的物流业应像股份制经济筹集资金那样来集成社会上现存的物流资源，以达到物流活动高效率运作的观点。丁斌（2004）、王之泰（2009）提出了物流园区应该建立现代企业运行制度，按市场规律运作、公司化运行的建议。

从以上文献可以看出，对于物流园区产权改革问题，一些学者认为物流园区存在产权机制改革的必要性，物流园区产权改革对物流企业的发展有很大的促进作用，同时认为物流园区应该建立现代企业运行制度，通过资产重组等手段进行股份制改革，这样才符合现代物流的发展趋势。

第3章　相关基本理论及其特征分析

3.1　物流园区服务问题相关理论

3.1.1　产业园区未来服务功能发展趋势

1. 跨境化趋势分析

随着改革开放的发展，国家综合实力的增强，我国在世界贸易中的地位不断提高，进出口贸易量也不断攀升。我国企业开始深度参与世界分工，实现互利共赢的跨境交易也越来越多，跨境化成为很多企业的发展趋势，海外市场成为众多企业的目标市场之一，而跨境化的最直接体现就是货物的进出口交易量。本书对我国2005年至2018年间货物进口总额以及货物出口总额的数据进行整理分析，将结果用图形的方式呈现，如图3.1所示。由图形可看出，我国货物进出口总额从2005年开始基本呈现稳定攀升的状态（2009年货物进出口总额因受全球金融危机影响略有波动），总体来看，货物进口额和货物出口额呈现的趋势均和进出口总额基本一致。

从我国货物进出口额的趋势图来看，近几年，我国进出口贸易交易量不断攀升，这在一定程度上说明了产业园区在转型升级背景下面临着跨境化的发展趋势，故本书将跨境化作为产业园区未来发展趋势之一。今后我国口岸服务型物流园区要采取科学有效的措施保证国际贸易顺利进行。保税功能区的设立可以为我国企业带来优惠，进出口咨询部门的设立将为我国企业提供更好的信息咨询服务，使其在国际贸易中处于更加有利的地位，同时将国内企业信息宣传出去，吸引国外合作者，为国内企业带来更多的机会。总而言之，服务于国际贸易的口岸服务型园区国际“桥梁”的作用日趋明显。

2. 信息化趋势分析

随着信息技术的普及，我国已经处于一个信息化的时代，各行各业以现代通信、网络、数据库等为技术基础，加速信息技术应用，大大提高行为效

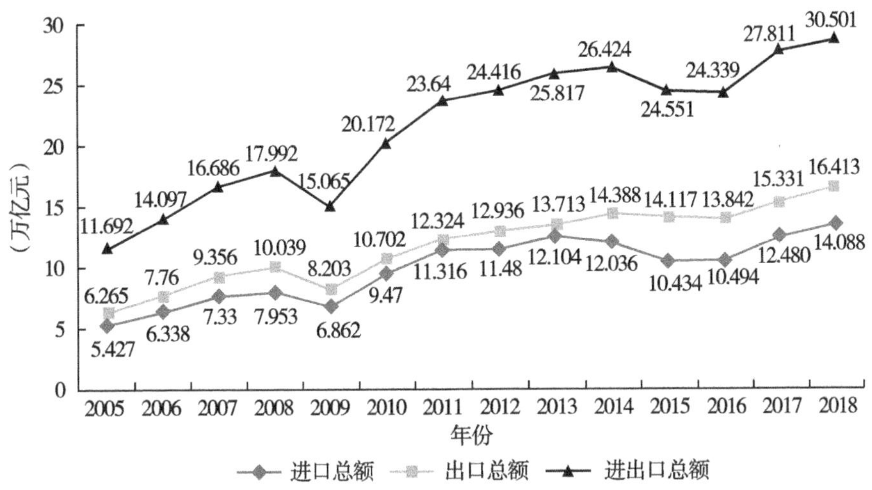

图 3.1　我国 2005—2018 年货物进出口额趋势图

数据来源：中华人民共和国国家统计局

率，推动社会进步以及产业转型与升级。由此可见，信息化是这个时代的标志。为了能够更直观地展示我国信息化发展的趋势，本书根据中国统计年鉴，查找到软件与信息技术服务业的主要发展指标的数据，并用 2009—2018 年这一指标的数据来体现信息化趋势，如图 3.2 所示。

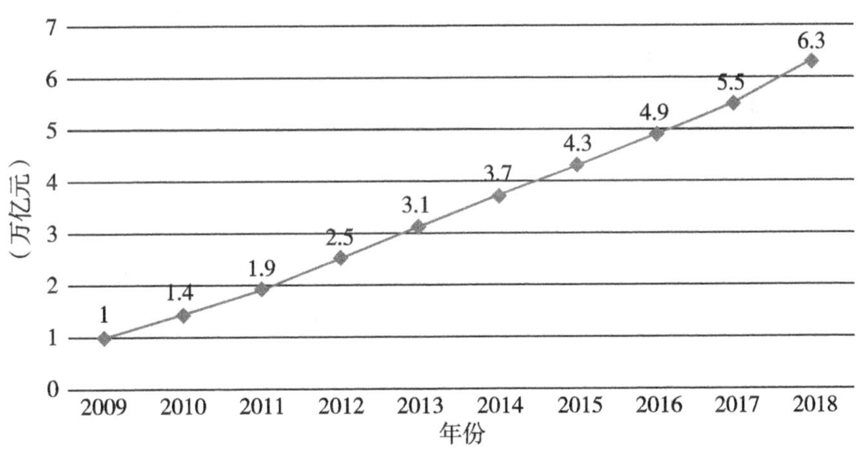

图 3.2　我国 2009—2018 年软件和信息技术服务业业务收入趋势图

由图 3.2 可见，我国软件和信息技术服务业业务收入逐年增加，而软件和信息技术的运用可以带来信息化的普及，信息化也将成为转型升级的一大趋势。产业园区在转型升级中也面临着同样的背景，故本书将信息化作为产业转型升级对产业园区未来发展趋势之一。

3. 增值化趋势分析

互联网的发展促进了产业园区的信息化发展，而信息化发展为产业园区的增值服务带来了新的视野与机遇，但产业园区的增值化不仅可以通过“互联网+”的方式来开拓增值领域，还可以通过高新技术的运用来提高增值空间。

（1）低附加值向高附加值转型升级

周鹏、余珊萍等在《生产性服务业与制造业价值链升级间相关性的研究》一文中，曾通过对1992年、1997年、2002年以及2007年中国投入产出表的计算，得出制造业附加值的增长状况，本书通过数据的收集对其进行补充，重新整理为图3.3。

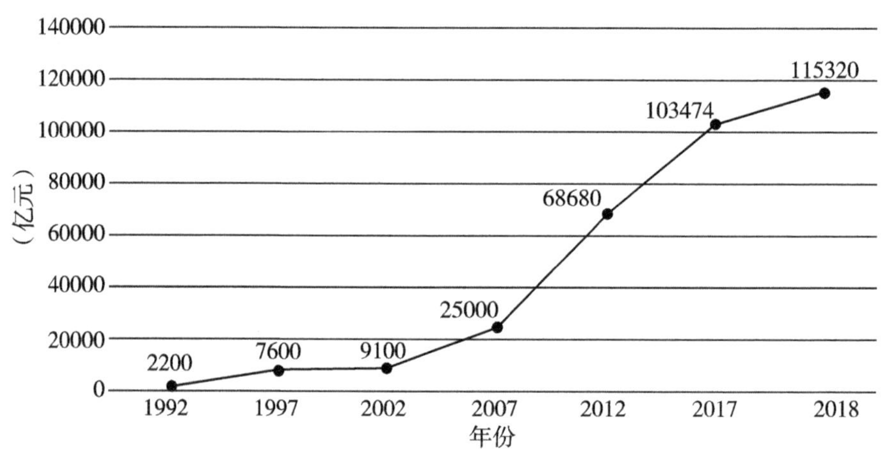

图3.3　我国1992—2018年制造业附加值趋势图

由上述图表可预测，我国制造业产业附加值呈现不断上升的状态，且2018年以来，制造业附加值的增幅相较于过去有了大幅度的提升，制造业的转型升级表现得极为明显，由此可见，附加值的增加是产业园区转型升级背景下的发展趋势之一，这也是产业园区增值化的一个直接表现。

（2）低技术产业向高技术产业转型升级

近年来，我国不断推动科技创新，从制造业大国走向制造业强国，这是我国科技不断进步的表现，也是整个国家产业转型升级的一个表现。为了更直观地反映高新技术近年来的发展，本书通过“高技术产业投资额”这一数据的收集与整理，制作了图3.4。

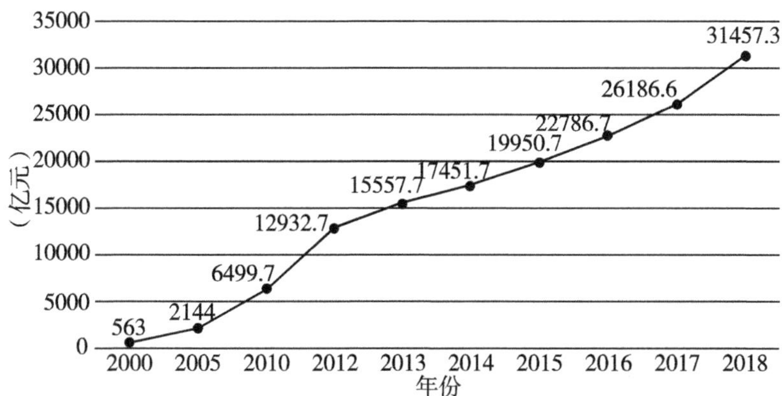

图3.4　我国2000—2018年高技术产业投资额趋势图

由图3.4可知，我国高技术产业投资额不断增长，且2005年以来，高技术产业投资额的增幅相较于过去有了大幅度的提升，高新技术产业的地位逐渐提高，由此可见，高新技术的发展是产业园区在转型升级背景下的发展趋势之一，这也是产业园区增值化的一个直接表现。

4. 配套化趋势分析

近年来，随着产业的发展，产业的配套也得到不断完善和加强，本书中的“配套化”指产业园区的各项配套，诸如商业配套、生活配套等的完善，即园区内部的各项配套与园区生产运作的设施等逐渐形成规模化的服务项目，彼此支撑。近年来，产业园区的配套化成为其发展趋势之一，也是整个国家产业转型升级的表现。为了更直观地反映产业配套化近年来的发展，本书对固定资产投资额这一数据进行了收集与整理，如图3.5所示。

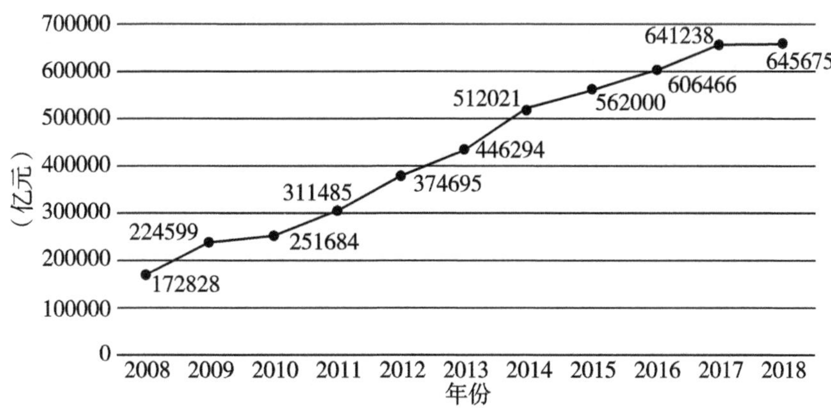

图3.5　我国2008—2018年固定资产投资额的趋势图

由图3.5可知，我国固定资产投资额不断增加，且2008年以来，固定资产投资额的增幅比较大。产业园区配套设施的完善需要固定资产的投入，比如，产业园区的基础设施的增加、商业配套设施的建设等。虽然固定资产投资额不能反映配套化的精确走向，但可以在一定程度上反映产业园区的配套率的大致走向，在未来产业园区的发展中，随着对固定资产的不断投入，各类产业配套设施建设的步伐也会相应加快，因此，配套化是产业转型升级背景下未来发展趋势之一。

3.1.2 系统动力学模型的理论分析

20世纪50年代麻省理工学院Forrester教授创立的系统动力学（System Dynamics）为解决动态复杂性问题提供了一种可行的理论、观点、方法与工具，系统动力学擅长处理高阶、非线性时变问题，尤其是在处理复杂系统时有着突出的优越性。之后有一些学者，比如Costanza R. 和Voinov A.（2001）、Trista Patterson（2004）等证明了系统动力学适合处理大型的复杂系统。到20世纪70年代初，系统动力学逐渐发展成为一种研究动态复杂系统的方法，在全球各个领域得到成功的应用，包括城市与区域发展战略领域，工业企业发展领域，生态、医疗、卫生领域等。其主要代表有Cooper用系统动力学研究分析得到了一个大型军事造船工程中成本超额的原因，Sterman、Saeed和Forrester通过系统动力学模型的应用，研究了美国70年代以来的通货膨胀、失业率以及实际利率同时增长等问题，揭示了美国等西方国家经济的内在机制。20世纪80年代初系统动力学被引入国内，20多年来，王其藩、苏懋康、胡玉奎等许多学者对系统动力学进行了系统研究。在理论研究的基础上，国内学者将系统动力学运用于分析复杂经济系统的也有很多，比如贺彩霞、冉茂盛、廖成林（2009）结合可持续发展及循环经济的思想，使用系统运力学方法构建了一个区域社会经济系统模型来模拟现实系统。总体而言，运用系统动力学研究物流行业的文献目前还比较少。

到20世纪90年代，系统动力学在物流行业中的运用成果增加，Angerhofer（2000）将物流领域的系统动力学研究归纳为三类：供应链物流研究、供应链流程再造研究以及供应链的理论研究及改进。张力菠、韩玉启、陈杰等（2005）通过供应链以及系统动力学两方面的文献综述，并基于系统动力学模型论证了系统动力学方法应用于现代供应链管理问题研究的可行性，并提出了相关的研究方向。

由此可见，物流领域运用系统动力学开展的研究相对较少。物流园区及产业园区作为物流领域中的重要组成部分，属于复杂的经济系统，理论上可以使用系统动力学进行研究，在学习研究了很多学者研究成果的基础上，本书将系统动力学运用在物流园区与产业园区的联动关系研究上。

3.1.3 “互联网+”理论分析

“互联网+”的理念是中国近年提出的一个适合本国国情的理念，“互联网+”其实体现的是互联网思维，因此本书从互联网思维着手分析。

李海舰、田跃新、李文杰（2014）指出，互联网思维实质上是一种思维方式，使我们对整个商业世界产生一种全新的认识，它具体包括互联网精神、互联网理念和互联网经济三个方面。

目前互联网思维已经运用到很多领域，形成“互联网+传统产业”的改造，郑联盛（2014）指出“互联网+金融”对传统金融产业产生了较大的影响，是传统金融产业的一种补充，并提出了互联网金融的本质、模式、影响，他认同互联网金融的发展，并肯定了其对产业转型升级的重要意义。万宝瑞（2015）肯定了“互联网+三农”的积极影响，认为互联网成为引领三农发展的重要手段，对于促进农村发展有着重要的作用，并提出了“互联网+三农”的原则以及当前的问题与对策。

“互联网+物流”指用互联网思维对现有物流理念及物流运行方式进行变革，是传统物流发展到信息化、一体化、增值化阶段的一个转变过程，“互联网+物流”将延伸至现代物流的每一个细分领域，引领物流业未来的发展。在“互联网+物流”发展之时，作为物流活动的集聚地，物流园区的转型也成为必然，罗文丽（2015）指出，物流园区在“互联网+”时代的转型升级，是整个运营生态的升级。物流园区的转型升级离不开“互联网+”理念的指导，互联网带来的信息化效应、增值化效应将在物流园区服务功能的转型升级中得以体现，此外，由于互联网带来的产业化影响，相关的配套服务也需要紧随其后，因此物流园区在此影响下，也需要进行配套服务的创新。

综上所述，“互联网+”理念发展背景给传统产业带来的改造效应非常大，影响范围广泛，影响时间持久，这是我国进行产业转型升级的重要一步。在转型升级的大浪潮中，物流园区也必然面临着互联网影响下的转型升级，而这种转型升级首先就体现在其服务功能方面。本书将“互联网+”理念运用在物流园区服务功能的创新中，既符合国家发展趋势，也是物流园区转型升级的路径之一。

3.1.4 工业4.0理论分析

工业4.0作为第四次工业革命，将推动制造业由自动化向智能化发展，这将导致行业与产业的边界逐步消失，这种状况的改变，将使得物流行业成为联结供应、制造、配送的关键支撑部门。

工业4.0带给物流行业的主要冲击在于物流供应链的创新和优化。由于产业之间的边界逐渐模糊，各个企业都将成为基于物联网技术条件下的智能生产模块，一切围绕客户的个性化需求展开，需全面整合价值链和产业链，其主要特点就是在个性定制基础上以智能物流衔接智能生产和智能制造。从物流园区服务来看，未来物流园区智能化改革的目标就是通过虚拟网络与实体物理系统（CPS）之间的互联与协同，达到智能供应、智能生产、智能运输以及智能配送。

3.1.5 《中国制造2025》理论分析

《中国制造2025》是我国相关部门颁布的制造强国战略首个行动纲领。《中国制造2025》提出，坚持“创新驱动、质量为先、绿色发展、结构优化、人才为本”的基本方针，坚持“市场主导、政府引导，立足当前、着眼长远，整体推进、重点突破，自主发展、开放合作”的基本原则，通过“三步走”实现制造强国的战略目标。

为此，物流产业应当积极提升物流服务能力，提升物流行业集中度，有效整合物流资源，发展物流一体化服务和平台，寻求物流业与其他产业之间的联动。对于物流园区的服务而言，相应地需要创新规划理论、创新发展模式、创新管理模式以及创新服务功能等。

3.2 物流金融相关理论分析

3.2.1 物流金融的发展现状

物流金融成为我国物流产业发展的重要内容，物流金融模式的内在运作机理、物流金融融资的市场环境和业务管理会对实际的运作效率产生重要影响。因此，本书从市场环境、市场主体、业务管理三个维度对国内外物流金融业务开展情况进行比较，如表3.1所示：

表 3.1 国内外物流金融发展情况对比表

物流金融		国外	国内
市场环境	制度环境	①相关法律法规完善；②有统一、高效的物权登记制度；③有完善的、开放的物权备案系统；④执法高效、低成本，债权人风险低	①相关法律法规欠缺；②物权登记制度混乱、低效；③无物权公示性备案系统；④执法低效、高成本，债权人风险高
	行业环境	①相应的担保品文件形成统一行业标准且流动性强；②第三方机构和物流仓储企业发达；③业务操作流程标准；④有完备的担保品处置的配套设施	①相应的担保品文件没有统一标准且流动性差；②第三方机构信用水平低，业务技能欠缺，物流仓储企业操作不规范；③业务操作未形成标准；④缺乏担保品配套设施
市场主体	融资主体	多元化，除了银行、基金、保险、信托等一般意义上的融资主体，还有物流公司兼并银行成立专门的物流银行	单一，以商业银行为主，物流企业不进行独立融资，起辅助作用，第三方机构的参与度也较低
	融资对象	融资对象广，形成了针对供应链中中小企业的比较全面的融资体系	融资对象狭窄，对中小企业的支持力度不够
	担保品种	选取范围广，品种多	选取范围小，品种较少
业务管理	质物保管方式	根据客户需求进行保管	还不能根据客户需求进行保管
	市场监管方式	监管水平高，监管方式灵活，能根据借款企业、交易情况量身定做监管方式	大多靠经验监管，缺乏专业监管
	风险控制	信用评级体制完善，风险控制水平高	风险度量多凭经验，风险监控体系不完善

3.2.2 物流园区物流金融开展现状

我国物流金融的融资主体较单一，大多以银行为主导。近年来，第三方物流企业活跃于物流金融市场，但由于企业的规模、资金实力、信用水平等限制，大多数物流企业主要起辅助作用，负责货物或担保品的承运、监管等。同时，越来越多的物流园区重视物流金融业务，目前，我国大约有三分之一以上的物流园区提供金融物流服务，提供物流金融服务的物流园区数量有所增加，但绝对数量仍然较少。目前，我国物流园区开展物流金融业务模式归纳起来，主要有：

①保险代理业务。保险代理是物流园区开展较早、较多的一种业务模式，物流园区通过收取佣金获得利润。随着物流金融业务越来越普遍，保险业务将渗透到物流金融运作的各个环节，帮助物流金融参与主体降低或转移风险，包括资金风险、担保品风险、信用风险等。

②小额贷款业务。一般是通过成立小额担保公司，将资金充足企业的闲散资金筹集在一起，对物流园区内资金短缺的企业放贷。在现实中，这种方式没有真正融合到物流金融业务当中。

③代收货款、运费业务。这属于物流金融结算类业务，常见结算工具有三种，即承兑汇票、垫付货款、代收货款。在结算类业务中，直接获益者是物流企业，物流园区主要协助物流企业进行风险控制。这类业务属于园区开展金融服务的初级阶段形式。目前，由于收单、支付过程没有相应完善的订单、运单管理系统支撑，结算业务操作时出错率较高，急需一套电子平台信息管理系统来辅助。

④物流金融授信业务。该业务分为两种类型，即委托授信和统一授信。委托授信模式下，金融机构不负责质押物的运输、存储、价值评估以及整个流程的风险监控，这些都交给物流园区管理，同时物流园区协助金融机构选取符合信贷条件的融资企业，推荐有能力的物流企业。统一授信模式中，金融机构只提供一定额度的资金，其他业务都交由物流园区管理，园区有选择放贷对象的权利。相对委托授信模式而言，统一授信模式减少了贷款环节，企业获得资金更加方便快捷，这种模式更加灵活，运作效率更高。

总体来说，我国物流园区开展物流金融业务起步较晚，很多物流园区还未开展此类业务，而且现有的融资模式较单一、服务范围较窄。但近些年随着物流园区运营者们的重视程度不断提高，物流园区在开展物流金融方面已取得一定的进展。

3.2.3 物流金融存在的问题

从以上分析中可以看出，与国外相比，我国物流金融的运行环境存在很多问题，制约了它的进一步发展，如相关法律体系还不够完善，债权人风险较高；缺乏标准化体系和规范的业务操作流程，相关担保品管理措施不够健全；融资主体相对单一，第三方机构还没有发挥主导作用，参与度较低；服务对象范围相对狭窄，支持力度仍然不够；市场监管水平较低，风险监控体系不够完善等。我国物流金融的实际运作也存在一些问题，如物流金融业务种类相对较少，担保品种类还不多，尚不能满足众多融资企业的资金需求；对中小企业的信贷资格审核和资信评估尚需要科学、完善的机制；第三方物流企业的选取还没有形成科学、统一的标准，监管也没有完全到位；对质押物缺乏有效的管理，对其市场价格变化不够敏感；物流金融的各个参与者之间信息不对称，没有建立高效的信息共享机制等。另外，物流园区在开展物流金融方面，尚没有完全发挥主体作用，只是作为一个支持机构，其在开展物流金融方面的资源、信息优势尚没有得到充分发挥。

近些年，电子商务等商业模式的变化和网络与信息技术的发展进步，为物流金融的发展带来新的机遇和挑战。物流金融作为一项增值性服务，是园区新的发展方向和利润来源。在新的经济形势下，如何提升物流园区在物流金融服务中的参与度，拓宽业务范围，成为一个研究新方向。

3.2.4 物流金融的概念及参与主体

1. 物流金融的概念界定

物流金融概念最早出现于2004年，由邹小芃、唐元琦提出，他们将物流金融定义为物流领域中的一种资金运动方式。胡跃飞，黄少卿（2009）又对物流金融的内涵做了进一步的研究，重新界定了它的外延。

一般认为，物流金融和供应链金融两者间存在差异，区别主要在于提出的时间和视角的不同。供应链金融是从供应链系统这一视角出发，面向那些处于产品制造、流通环节的企业，以核心企业为评估对象而广泛开展的融资服务活动；物流金融则是从物流企业视角出发总结的一种融资服务，面向供应链上下游中小型企业的生产经营，金融机构参与合作，但不发挥主体作用。二者的商业本质都是财务供应链管理，在为整条供应链注入流动性的同时，有利于减少整体的成本，提升总体的效率。有学者提出，物流金融处于发展的初级阶段，供应链金融则是更高级的形式。因此，本书对物流金融和供应链金融两个概念不进行严格区分，将其视为相同概念使用。

2. 物流金融的参与主体

1999年，我国首次出现仓单质押业务，可以被认为是国内物流金融的开端。在国内，物流金融参与主体主要有中小企业、金融机构、第三方物流企业，以金融机构为主导，承运和监管由物流企业负责。物流与金融的相互融合，使物流金融业务十几年来得到了快速发展。我国物流金融服务的参与主体有：供给方、需求方和中介方。

①物流金融服务的供给方主要包括金融机构和物流企业。金融机构以商业银行、保险机构、信托机构为主，还包括一些准金融机构，如担保公司、融资租赁公司、小额贷款公司以及金融仓储公司；物流企业，主要是自身实力较强的大型物流企业。在具体的业务运作过程中，金融机构起主导性作用，其他参与者提供支持服务。

②物流金融服务的需求方主要是供应链上下游的中小企业，这些企业经营时经常会出现资金短缺现象，但又缺乏直接的融资渠道，且很难向银行等金融机构获得贷款，物流金融模式成了解决这一问题的有效方式；物流企业在物流金融业务中，可以既是融资服务的供给方，又是需求方，扮演双重角色的主要是规模小、资金不足的小微物流企业，以及资金缺口较大的物流平台。

③物流金融服务的中介方主要是第三方电子商务平台和商品交易所，当然，还包括政府主管部门，行业协会，律师、会计师事务所，担保拍卖公司等。中介方主要为供需双方提供辅助服务，保障物流金融业务能够顺利进行。

3.2.5 物流金融的业务模式

目前，物流金融的业务模式按照企业生产和经营的阶段进行划分，可以分成三种基本业务模式，即订单融资业务、存货和仓单质押贷款业务、应收账款融资业务。其中，订单融资和应收账款融资业务以贸易合同为支撑，而存货和仓单质押融资业务以在库原材料或商品为支撑。

①订单融资业务，利用预付款融入资金，这种模式运作基础是真实的交易关系，主要发生于企业的采购阶段。订单融资业务属于信用融资（一般多产生于“拉式供应链”中），可以在完全不影响借款企业运营的情况下增加企业现金流。订单融资业务对供应链上核心企业的信用状况、借款企业的生产能力、整个供应链的履约能力和合作的稳定性要求较高。物流企业参与到企业的生产流通、存货监管全过程中，这对业务风险控制至关重要。

②存货或仓单质押融资业务，这种模式运作的基础是企业的存货，一般发生在产品制造阶段、销售阶段。此类业务属于质押融资（一般多产生于“推式供应链”中）。该模式中，借款企业可以选择偿还部分款项、交纳额外的保证金，提前取回一部分质押物来维持生产销售，不影响日常的运作。存

货品种的选择、价格波动监控、存货价值衡量是这种模式运作的关键所在。物流企业高度参与，负责质物的运输，对质物的出入库进行严格监管，详细了解借款企业所在行业情况、财务状况，有利于风险监控。

③应收账款融资业务基于企业应收款项，主要产生于企业回款阶段，属于质押融资（一般多产生于“拉式供应链”中）。以企业的应收账款作为质押物，可以在完全不影响借款企业运营的情况下增加企业现金流。应收账款业务开展的关键点在于：核心企业的信用水平、链内合作稳定性和物流企业的道德风险。在实际操作中，应收账款融资通常与存货质押融资相关联，或者由后者转化而成。通过这种方式，物流企业参与到借款企业生产、销售、仓储管理的各个环节中。

3.2.6　物流金融的拓展模式

上述三种是物流金融融资的基本模式，随着物流金融实践的推进，有越来越多的融资产品在三种基本模式的基础上进行集成和创新应用，如保兑仓、融通仓、国内保理业务、国内信用证、商品提货权融资、商票保贴融资、先票款后货业务、进口全程货权质押授信业务等，以拓宽物流金融业务范围，满足差异化的物流金融服务需求。如表3.2所示。

3.3　物流园区产权机制相关理论分析

3.3.1　产权理论

1. 产权的定义

罗纳德·科斯（R. H. Coase）1937年在《经济学家》杂志上发表了《企业的性质》一文，在这篇文章中，他将产权与企业的经济活动相联系，利用产权理论来分析企业的经济行为，并首次提出“交易费用”理论，重点论述了产权在企业经营中的重要程度以及交易费用的存在及影响。这一研究成果奠定了西方产权理论的基石，标志着新制度经济学的产生，就如科斯所说，新制度经济学就是利用经济学有关方法对制度进行研究的经济学，至此，被新古典主义经济学所忽视的交易费用、产权等问题开始出现在人们的研究视野中。交易费用理论指出，企业及市场作为两种交易机制，是可以互相替代的，市场交易成本高的原因在于有限理性、机会主义、不确定性与小数目条件，而由于企业替代市场进行交易是可以通过组织劳动分工来降低交易费用

表 3.2　物流金融的拓展业务模式表

物流金融业务模式	业务类型	具体业务	产生阶段/适用对象	主要解决的问题	贷款期限	业务风险程度/来源	在实践中的应用状况	物流企业的主要职能
基于存货的物流金融业务模式	质押融资	存货质押融资；仓单质押融资	“生产—销售”阶段	盘活采购之后在途物资以及库存占用的沉淀资金，提高资金利用率	短期（3～12个月）	中；质押物的价值和价格变动、物流企业的信用、借款企业的经营能力	存货质押融资业务开展得较多，仓单质押融资业务开展得很少	存储和监管质押物
基于贸易合同的物流金融业务模式	订单融资	先票后授信、保兑仓、国内信用证、进口信用证项下未来货权质押授信、商业承兑汇票	“供—产—销”的生产经营全过程	解决企业采购时一次性交纳大额订货货款造成的资金紧张问题	短期（3～12个月）	大；订单发出方的信用、借款方的生产能力	开展得较少，具有发展潜力	银行业务代理人
	应收账款融资	保理、保理池融资、反向保理、票据池授信；出口应收账款池融资、出口信用险项下授信	“销售—回款”阶段	缓解供应链下游企业进行赊销时，应收账款的账期较长引起的资金压力	短期（3～12个月）	小；借款企业的信用	开展较广泛	存储、运输

的，所以企业因交易费用的存在而产生，企业在发展过程中在各种组织形式之间的转化也是为了降低交易费用。交易费用思想为后来产权理论的产生和发展奠定了基础。但是科斯的交易费用理论在提出后很长一段时间内都没有获得重视，直到20世纪60年代才引起了理论界的关注。1960年，科斯发表了《社会成本问题》，在这篇文章中将交易费用延伸至社会成本范围，从正面分析了产权的经济功能，并认为产权的界定是经济学家们首先要做的事情。作为新制度经济学中非常重要的一部分，产权理论开始发展。在《社会成本问题》一文中，科斯提出了科斯定理的基本含义，总体来说就是交易费用和产权间存在的关系，具体说来，科斯定理是：在交易费用为零的情况下，权利如何界定是不会对资源配置产生影响的，因为无论怎样界定，都可以通过市场交易达到最佳资源配置状态；在交易费用大于零的情况下，初始产权界定便会影响资源配置。随着西方资本主义市场经济的不断发展成熟，许多经济学家，如哈罗德·德姆塞茨、阿尔曼·艾尔奇安等在科斯研究的基础上不断深化产权理论，并从不同角度定义产权概念。

由于不同经济学家在思考产权这一问题时，出发点和落脚点不一样，所以形成了多个关于产权的定义。德姆塞茨认为：“产权是一种社会工具……产权的所有者拥有他的同事同意他以特定的方式行事的权利……产权包括一个人或其他人受益或受损的权利。”菲吕博腾与配杰威齐在《产权与经济理论：近期文献的一个综述》中指出：“产权不是指人与物之间的关系，而是指由物的存在及关于它们的使用所引起的人们之间相互认可的行为关系。”加里·D.利贝卡普在《产权缔约分析》中指出：“产权是一些社会制度。这些制度界定或划定了个人对于某些特定财产……所拥有的特权范围。这些财产的私人所有权可包括很多种不同的权利，其中包括阻止非所有者进入的权利，挪用因为使用资源和对资源投资所得的租金流的权利，将资源卖给或转让给其他人的权利。”埃格特森在《新制度经济学》中指出：“产权第一是使用一项资产的权利——使用者权利，即规定某个人对资产的潜在使用是合法的，包括改变或销毁这份资产的权利；第二，是从资产中获取收入以及与其他人订立契约的权利；第三，是永久转让有关资产所有权的权利，即让渡或出卖一种资产。”

尽管各位学者对于产权定义的表述不尽相同，但是通过分析可以发现其相同之处。首先，将“产权”二字分开来分析，“产”表示财产，“权”表示权利，上述几个产权定义所强调的是权利，而不是财产。产权是以人们所拥有的以财产为中心向外发散的对财产的权利。其次，认为产权是一组权利，是由多个权利所组成的。一般而言，学者划分的产权类别可以总结为以下几个，分别是所有权、使用权、收益权、让渡权，这些权利在能够转让的前提下可以分别赋予不同的人，每个人在享有某项或某几项权利的基础上承担相应的责任。为了研究方便，本书对物流园区产权的研究仅限于所有权和经营权。另外，产权包含多种属性，可以概括为归属明晰性、可分割可分离性、可流动可交易性、排他性、主体多元性、资本的委托代理经营性、资本收益的社会性、制度评价的社会性等，这些产权属性的存在保证了合理的产权制度促进企业发展。

2. 产权效率

西方学者认为，依据产权属性中产权的排他性，产权可以分为三种，分别是国有产权、私有产权和共有产权，不同的产权类型对企业效率是有不同的影响的。私有产权强调的是私有特性，即受到社会认可的、不能被他人行使的私人所有者的权利。共有产权强调共有的特性，即不受国家和私人干预的、为所有产权主体共同所有并行使的权利。国有产权强调国有的特性，国家作为行使权利的主体，在不为个人因素所影响的条件下，以全体人民所认可的各项程序来行使对国有财产的权利。

科斯虽然是现代西方产权理论的创始人，但是并未直接提出产权的定义，当然也没有论述效率最高的产权类型是哪种。后来，随着其他学者对产权的深入研究，不少经济学家都研究了不同产权制度对企业经济效率的影响，并论证不同产权类型对企业资源配置的效率是会产生不同影响的。阿尔钦、德姆塞茨、张五常等学者经过大量的理论分析和实证研究，有力地证明了，相比于国有产权及共有产权，私有产权在绝大多数情况下的经济效率更高，原因在于，私有产权拥有国有和共有产权所不具备的产权明晰性和产权确定性，即每个产权主体对财产的权利和责任都是明确和对等的，这能对各权利主体产生激励和约束。国有产权由国家作为产权主体，但国家由于不具备行使权利的能力，又会委托他人或机构代为行使权利，问题在于，国有产权常常会因为国家对代理人监督成本过高而表现为代理人权责的不对等，代理人在行使自己权利的同时可能未履行自己的义务、承担责任，导致国有资产不能保值增值。共有产权讲究的是平均主义，也就是说，组织中的各项权利对所有产权主体是平均分配的，当组织中的某个权利主体在追求个人利益最大化的过程中所使用的权利的监督及谈判成本等不等于零时，他的行为所产生的成本就会由其他产权主体承担，从而损害了其他人的利益。所以，私有产权下，产权主体由于权责对等，他的任何行为所产生的后果均由自己承担，所以每个决策都要在进行缜密思考后做出。从以上分析可以看出，在资源配置效率上，私有产权在绝大多数情况下是高于国有及共有产权的。

但是，完全的私有、共有及国有产权在现实社会中是很少的，各类型产权的组合让产权的存在状态日益丰富、复杂。诺斯认为，制度是影响资源配置的内生变量，不同的企业制度对企业资源配置效率是有不同的影响的，产权制度是企业制度中的核心，产权安排的有效性，如产权结构是否合理、对人员的激励监督机制是否完善，都会影响企业的经济效益。不少学者认为，那些正处在转型中的国家，在考虑到效率问题及存在交易成本的情况下，需要改变旧有的公有产权结构，利用产权的可分割可分离性、可流动可交易性等属性，将国家或地方政府手中的某些经营性资产转移给有能力并且真正能对这些国有资产负责的人来经营，在权责对等的条件下，能带来高效率。

3.3.2　委托—代理理论

在过去的四十多年里，委托—代理理论（The Principal - Agent Theory）是契约理论最为重要的发展阶段。现代企业产权制度要求企业经营权和所有权相分离，两权分离必然会使委托—代理关系成为重要关注点。这一理论的创始人包括威尔森（1969）、泽克海森和斯宾塞（1971）、罗斯（1973），莫里斯（1974、1975、1976）、霍姆斯特姆（1979、1982）、格罗斯曼和哈特（1983）等。相比于代理成本理论，委托—代理理论以更加数学化和形式化的面貌展现在人们面前，这是因为运用委托—代理理论所得到的结论都产生于模型，而该理论的优势又在理论研究与实践中被不断检验和改进。

委托—代理关系具体说来是一种契约关系，最早被用于法律领域，契约双方分别被称为委托人、代理人，委托人通过与代理人签订委托—代理合同来委托代理人在保障委托方利益的情况下进行相关活动，同时将某些权利赋予代理人。另外，委托—代理关系的存在范围非常广泛，几乎所有组织中都存在，只要委托人与代理人之间订立了契约，契约中规定了委托人授予代理人的权利，并且契约能对代理人形成激励约束机制以保障委托人的权益，就说明委托—代理关系存在。

1. 假设条件

研究委托—代理关系时，必须建立相应的假设前提，委托—代理理论的基本假设前提主要包括三点，一是委托人和代理人都是经济人，二是委托人和代理人之间的利益是不一致的，并且是相互冲突的，三是委托人和代理人之间存在信息不对称。

在经济人假设前提下，委托人和代理人双方都以实现自身效用最大化为目标。在委托—代理关系中，代理人付出得越多，委托人的权益越能得到保障，但同时，代理人的成本也就越高。代理人关心的是成本而委托人关心的是收益，委托人的收益由代理人的成本决定，代理人的收益则是委托人在衡量代理人成本后支付的报酬，但是委托人支付给代理人多少报酬是根据他所获得的最终收益来决定的，而代理人是根据自己在行为过程中所付出的努力来衡量自己应得的报酬的。这种利益的冲突，很可能会让代理人利用职务上的便利谋求私利，甚至以损害委托人的利益为代价，代理问题随之产生。所以，委托人和代理人之间需要订立契约，建立某种机制，通过契约来减少利益冲突。

信息不对称的原因在于，委托人无法直接看到代理人的代理工作过程，而代理人对于工作过程十分了解。委托—代理理论认为，代理人在工作中的努力程度直接决定工作结果，并且工作结果是能直接被观察和衡量的。但是，如果代理人认为自己的成本过高，就可能利用自己掌握的额外信息来追求自身效用的最大化，由此产生代理问题。这迫使委托人必须以建立某些机制的方式来让代理人向委托人利益最大化的方向努力。

委托—代理理论认为，在委托方和代理方的利益不一致、信息对称的情况下是存在最优策略的，可以通过订立契约来解决委托—代理问题；在双方利益一致、信息不对称情况下，是不存在委托—代理问题的；在双方利益不一致、信息不对称情况下，就会产生委托—代理问题，此时代理人可能会利用自己的信息优势来谋取自身利益最大化，甚至是以损害委托人利益为代价。由于委托—代理关系几乎存在于所有组织中，且委托—代理问题也普遍存在，所以研究委托—代理关系是有很重要的现实意义的。

建立上述委托—代理关系是有前提条件的，主要包括两个：一是参与约束条件，即代理人所获得的报酬的效用 u 要大于或等于其进行其他工作所能获得的报酬，否则双方之间就不存在委托—代理关系；二是激励相容约束条件，在委托人和代理人信息不对称的条件下，委托人要考虑到代理人的利益，这样才能使契约可执行，因为代理人行为的不可知性导致代理人的努力程度不能在契约中有所体现，所以，委托人为了实现效用最大化，其所要求的代理人在工作中的努力程度也要符合代理人自身效用最大化。所以，在参与约束和激励相容两个条件下，订立契约可以保证代理人行为以委托人利益最大化为方向。

2. 双边委托—代理理论及其发展

经过四十多年的发展，委托—代理理论已经从传统的双边委托—代理理论发展出了其他相关理论，例如多人代理理论、共同代理理论、多任务代理理论，这些理论的基本分析逻辑都与双边委托—代理理论相同，它们是不同学者通过调整基础模型来进行进一步研究而扩展出来的。

传统的双边委托—代理理论是所有委托—代理理论中最基本的一个，主要的研究者有 Spence 和 Zeckhauser（1971）、Ross（1973）、Stiglitz（1974&1975）等，该理论主要是用来研究单一委托人、单一代理人、单一代理事务的委托—代理关系问题；多人代理理论作为双边委托—代理理论的首个拓展理论，主要研究学者有 Holmstrom（1982）、Sappington 和 Demski（1983）、Wookherjee（1984）、Bester 和 Strausz（2000）等，该理论认为代理人的努力程度是可以被观察到的，只是观察成本过高，但如果有多个代理人且每个代理人之间相互观察的成本不高，那代理人可以通过观察其他代理人行为来获得信息，所以，在代理人团队中若某代理人的工作结果会对其他代理人产生影响，则可以参照其他代理人的工作结果来判断该代理人的报酬。总体来说，多人代理理论与双边委托—代理理论的不同点是，首先，代理人不止一个；其次，各代理人之间是相互影响的；最后，多个代理人的工作结果是可以相互比较的。共同代理理论的研究对象是多个委托人、单一代理人的问题，多任务代理理论则假设单一委托人、单一代理人的情况下代理人需要完成的任务不止一项。本书选用 Holmstrom（1971）提出的双边委托—代理关系模型为基础模型，模型的具体介绍可参见本书第 6 章。

我国学者对委托—代理关系的研究多以国有企业为研究对象，主要代表人物有张维迎、罗建刚等，主要用于解决国有企业改革过程中所有权与经营权分离时产生的委托—代理问题。刘小玄（1996）在较早的时期研究国有资产委托—代理问题时就提出，必须要提高国企的资本市场参与度，只有这样才能解决国有企业内部人控制问题。黄慧群（2000）以国有企业为研究对象，通过研究其委托—代理关系问题提出，企业的控制权能有效激励代理人。徐传谌、闫俊伍（2011）认为，要解决国有企业委托—代理关系问题，必须要进一步推进产权改革，实现产权主体多元化。

3.3.3 产权安排与委托—代理关系的逻辑关系分析

产权安排与委托—代理关系的逻辑关系如图 3.6 所示。

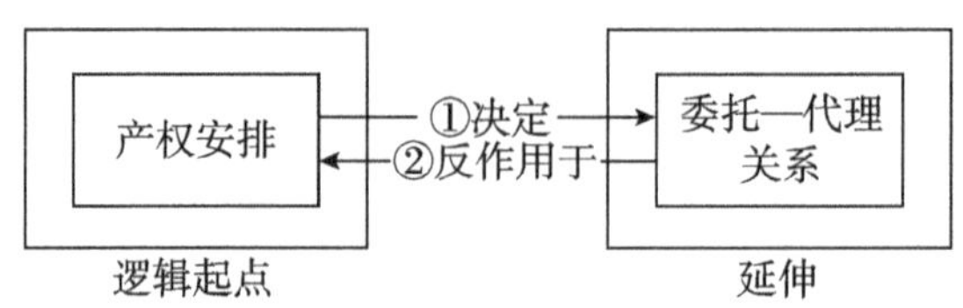

图 3.6 产权安排与委托—代理关系的逻辑关系图

1. 产权安排决定委托—代理关系

从产权的概念可以知道，产权是以所有权为核心、由多项权利组合而成的，现代企业产权制度的建立必然会产生两权（所有权和经营权）分离，所有权与经营权相分离又会因委托—代理过程中委托人和代理人之间存在利益冲突和信息不对称的情况而产生委托—代理问题。从产权安排与委托—代理关系发生的先后顺序可以看出，产权安排是处于决定地位的，没有产权安排，就不会有委托—代理关系的产生，此外，不同的产权安排又会产生不同的委托—代理关系。对于政府主导开发建设的物流园区来说，政府是物流园区名义上的产权主体，需要通过委托—代理来将物流园区委托给其他主体来经营管理，于是就产生了多层次的委托—代理关系问题。

2. 委托—代理关系反作用于产权安排

本书以 Holmstrom（1971）提出的双边委托—代理理论模型为基础研究物流园区的委托—代理关系发现，在保持其他相关因素不变的前提下，非政府投资者股权比例上升，对物流园区经营者给予适当激励，对物流园区经营者的商业性经营行为做有效的监督，都可以提高园区的期望经济效益，所以，要提高物流园区的经济效益，需要适当降低物流园区国有股权比例。这些发现表明委托—代理关系对物流园区产权制度改革是有反作用力的，会促使物流园区不断优化产权结构。

因此，对委托—代理关系进行研究的最直接的目的是发现和解决物流园区委托—代理关系的问题，但这一问题的解决又被物流园区的产权制度所束缚，所以要从根本上解决物流园区委托—代理关系中出现的问题，就需要对物流园区的产权制度进行改革。

从以上分析可以看出，在本书中，对物流园区产权制度改革的研究是逻辑起点，随后又必然延伸到园区委托—代理关系方面的问题，所以不能将两者隔离开来，需要将其作为一个整体来研究。产权制度是处于决定地位的，对委托—代理关系的研究又会反作用于物流园区产权制度安排，指导物流园区进行产权制度改革，从而更好地建立健全物流园区产权制度，发挥产权制度的功能。

第4章　物流园区与产业园区空间协同布局研究

物流园区与产业园区的空间协同布局问题包括两个方面：一是物流园区与产业园区的空间协同选址问题，二是物流园区与产业园区的规模确定问题。

本书阐述产业转型升级背景下，物流园区和产业园区空间布局的联动规律，首先对物流园区、产业园区以及产业转型升级三者的概念进行界定，在此基础上界定物流园区与产业园区之间关系，详细论述两类园区协同布局的原因，最后提出产业转型升级背景对物流园区和产业园区空间布局的影响，进而提出加强两类园区的空间协同布局，解决物流园区与产业园区的协同选址问题和物流园区与产业园区的规模确定问题。

4.1　相关概念界定

4.1.1　物流园区

1. 物流园区的概念与类型

物流园区最早在20世纪60年代以“物流团地”的形式在日本产生，随后国内外学者对物流园区开展了广泛的研究。国内对物流园区的定义随着社会发展而变化，2006年修订的《物流术语（GB/T18354）》对物流园区进行了明确的定义：物流园区是为了实现物流设施集约化和物流运作共同化，或者出于城市物流设施空间布局合理化的目的而在城市周边等各区域，集中建设的物流设施群与众多物流业者在地域上的物理集结地。根据依托对象、服务功能、辐射范围、行业及兴办主体等分类标准可将物流园区划分为不同类型，如按照依托对象可将物流园区划分为货运服务型、生产服务型、商贸服务型以及综合服务型四种类型，四种类型的物流园区所依托的对象、服务的对象以及主要的功能均不相同，如表4.1所示。

表 4.1　不同类型物流园区的特征

类别	依据		
	依托对象	服务对象	主要功能
货运服务型	依托于陆海空交通枢纽规划而成，且具有两种以上运输方式的衔接	服务于国际性或者区域性货物的运输和转换环节	提供大批量货物转换的配套设施，实现不同运输形式的有效衔接
生产服务型	依托于各种工业园区、经济技术开发区等制造产业园区规划而成	服务于生产制造业的物料供应环节以及产品销售环节	为制造产业提供一体化物流服务
商贸服务型	依托于多种行业大型商贸市场、现货交易市场等商贸市场规划而成	服务于各种商贸交易市场	为商贸市场提供商品的集散、运输、仓储、流通加工等物流服务
综合服务型	依托城市配送、工业园区、商贸交易市场等多元对象规划而成	服务于多元对象	为多元对象提供运输、流通加工、货品集散等综合物流服务

本书为了研究产业转型升级背景下物流园区选址的一般规律，选择综合服务型物流园区作为研究对象，此类物流园区既可为工业园区、经济技术开发区、商贸企业以及区域内不同城市等多元化对象提供集运输、仓储、配送、装卸搬运、流通加工以及信息处理等为一体的物流服务，也可为其提供金融、保险、租赁、展览、餐饮、娱乐、资质代办等相对全面的增值服务。

2. 物流园区的演化过程

根据张得志博士的研究，由区域内分散的物流配送节点演化为辐射周边区域的开放式区域物流园区一般情况下需要经历以下四个阶段：

阶段一：初始发展阶段。在区域内，各种配送中心分散布局，此时区域产业发展状况尚不发达，物流密度也相对较低，配送中心在区域内的覆盖范围相对较小。

阶段二：地方性物流中心形成阶段。因为自然资源和劳动力资源的有限性，人们逐渐意识到物流是第三利润源，为了整合地区货运资源以产生规模效应，地方性的物流中心逐渐发展起来，但局限于为本地区社会经济的发展提供服务，不同地区之间的物流联系较少。

阶段三：区域竞争阶段，物流园区形成阶段。随着地区间商流、物流、资金流强度加大，为实现供需双方和第三方物流企业三方共赢，综合性的物流园区涌现。在空间上，物流园区腹地不再局限于本地区，逐渐扩展到周边地区；在功能上，由物流中心单一时段性服务发展成为多样性、全程物流服务。

阶段四："轴－辐"系统形成阶段，区域物流枢纽城市出现。随着经济全球化、一体化的发展，区域物流政策、基础设施和信息平台的完善，逐渐形成了覆盖本区域、辐射周边区域的开放式区域物流中心系统。

3. 物流园区、物流中心、配送中心的区分

物流园区、物流中心和配送中心是社会物流网络中的三种不同节点。企业物流发展初期，各工业企业、商贸企业均设立相应的物流部门负责物流业务，但随着社会分工的细化以及市场竞争的加剧，为了减少资源占用，节省管理成本，越来越多的企业将自身的物流业务外包给专业的物流公司，这直接促进了第三方物流企业的发展，第三方物流企业数量的增加又在某种程度上促进了物流业集聚以及配送中心的产生，随着规模逐渐扩大以及功能逐渐完善，配送中心又逐渐发展成为城市物流中心。此时政府可能会兴建规模较大的物流园区，通过吸引诸多物流企业及其相关配套服务提供商的集聚，开展物流园区的实际运作。因此，物流园区、物流中心和配送中心的关系密切。

由于物流园区选址问题涉及的因素非常复杂，很难用一个数学模型进行抽象概括，因此国内外学者对物流园区选址的研究主要集中在定性研究上，定量研究相对较少。但由于物流中心选址和配送中心选址问题涉及的影响因素相对较少，因此学者对这两者的定量研究较多。本书充分借鉴学者对物流中心和配送中心选址的研究成果，但物流园区选址和物流中心、配送中心选址存在差别。物流中心是主要面向社会提供公共物流服务、对下游配送中心客户提供物流服务、物流功能健全、集聚辐射范围大、存储和吞吐能力强，且具有完善信息网络的场所或组织。配送中心是主要为特定客户或末端客户提供高频率、小批量、多批次配送服务，配送功能健全，辐射范围小，且具有完善信息网络的场所或组织。由以上定义可以看出，配送中心、物流中心和物流园区是社会物流网络三个不同层次的物流节点，三者的差别如表 4.2 所示。

表 4.2　配送中心、物流中心和物流园区的比较

特征	分类					
	专业性	综合性	投资规模	处理能力	主要功能	区域影响力
配送中心	强	弱	小	弱	配送	低

续表

特征	分类					
	专业性	综合性	投资规模	处理能力	主要功能	区域影响力
物流中心	特定领域内强	特定领域内强	较小	较弱	物流作业	中
物流园区	弱	强	大	强	物流及增值服务	高

由于物流园区不仅可为区域经济发展提供全面、综合、一体化的物流服务，也可为其提供完善的增值服务，因此物流园区的发展在促进物流业自身发展的同时，也能带动区域金融、保险、外汇、邮电通信、法律服务、娱乐、餐饮等行业的发展，物流园区和当地产业之间存在明显的产业协同性。

4.1.2 产业园区

产业园区最早产生于19世纪末期的工业化国家中，并作为一种规划、促进和管理工业发展的手段。世界上最早的产业园区是英国的Manchester工业中心和美国的Stanford工业园等，最初的产业园区大多指工业园区。

产业园区的分类也在不断完善，按照不同的定义角度可将产业园区分为不同类型：①根据产业园区辐射的地理区域的不同可将产业园区划分为国际产业园区、区域产业园区和市域产业园区；②根据园区内集聚产业类型的不同可将产业园区划分为农业产业园、制造产业园、文化创意产业园、化工产业园、旅游示范区以及科技产业园等；③根据园区的特定功能的不同可将产业园区划分为出口加工区、商贸服务区、保税区、经济技术开发区、高新技术开发区、改革试验区等。虽然产业园区的定义不统一，但我们可以发现，任何产业园区的建立都具有类似的目的，即通过产业园区的建设提高产业集聚程度，进而发挥产业发展的规模效应、技术溢出效应，提高产业链上下游企业间的合作程度，从而更好地促进该产业及相关产业的发展，并最终带动区域经济的发展。

虽然按照不同的标准可以划分出不同类型的产业园区，但本书认为应从更具现实意义的角度去分析。各种产业园区均离不开生产加工和商贸服务两个最基本功能，而生产加工和商贸服务作为主价值链的重要环节也离不开辅价值链上物流及其增值服务功能的支持。首先，为了有效实现生产加工功能，需要以运输、仓储、流通加工、装卸搬运等基本的物流功能保障原材料的及时输入，半成品及产成品的及时输出；其次，商贸服务功能的有效实现，需要依托于物流、金融、保险、咨询、展览以及餐饮等服务的有效输入。因此，产业园区的形成有利于提高产业集聚程度，而产业园区的发展又需要物流及其增值服务的支持。

联合国环境规划署（UNEP）对产业园区给出了明确定义，即产业园区指若干工业企业在区域内的集聚地。如果采用此定义将产业园区单独划归为工业园区的范畴，不利于研究其他产业与物流业的协同发展规律，而如果将产业园区过于细分，又会由于某些产业园区与物流业的相关性不高，同样不利于很好地研究产业园区与物流园区之间的联动关系。因此，为了更好地研究产业转型升级背景下物流业与其他产业之间的相关性，本书所指的产业园区包括工业园区和商贸产业园区等。

4.1.3 产业转型升级

1. 产业转型升级的含义

产业转型升级对产业发展具有十分重要的意义，从空间协同布局的角度分析产业转型升级，需要从产业类型（如第一产业、第二产业、第三产业）和价值创造（如研发、生产、销售）的角度对产业转型升级的含义进行概括：

①产业内转型指的是在同一产业内部，相同价值创造环节发生的产品、功能、技术等的革新，如在第二产业中从事生产制造业务的企业引用新技术、新方法提高生产率；

②产业内升级指的是在同一产业内部发生的价值创造环节的变化，如在第二产业内部由设备生产转型为设备研发和销售；

③产业间升级指的是在不同产业间发生的价值创造环节的变化，如由第二产业的设备生产转型为第三产业的设备研发；

④产业间转型指的是在不同产业间，相同价值创造环节发生的产品、功能、技术等的革新，如由第一产业的农业设备生产转型为第二产业的设备生产制造。

2. 我国产业竞争力不强的原因

为充分理解产业转型升级的含义，需要分析产业转型升级的原因。改革开放以来，我国凭借着人口红利和资源优势，大力推进工业化，取得了举世瞩目的成就，但传统的低成本、高能耗的发展是不可持续的，我国很多产业的核心竞争力不强。为了提升产业竞争力，产业转型升级迫在眉睫。我国产业竞争力不强的原因主要是以下几个方面：

（1）专长基础上的分工协作水平和协作效率偏低

企业之间的协作水平偏低，很多中小型企业盲目追求“大而全、小而全”，将有限的资源配置产业链各环节，以己之力参与产业链的竞争，具有一定的局限性。未来的企业竞争不再是企业与企业之间的竞争，而是供应链与供应链之间的竞争，绝大部分企业，尤其是中小型企业需要建立基于供应链各环节专长基础上的协作，各企业只有围绕自己的竞争优势，打造核心竞争力，通过将自己的非核心业务外包，与供应链上各环节的优势企业合作，充分利用企业内部资源、整合企业外部资源，才能在激烈的市场竞争中脱颖而出。此外，一些企业限于地理位置差异、管理要素差异及产品标准差异等因素，企业之间的协作效率偏低，协作成本过高，在很大程度上影响彼此的生产效率和进一步协作的意愿。

（2）生产成本逐渐上升，成本优势逐渐丧失

一方面，以往我国享受着人口红利，能够通过较低的人工成本取得产品的低成本优势，以较低的价格抢占一部分国外市场，但目前随着我国人工成本的上涨，产品的成本优势正在逐渐丧失。另一方面，国内很多企业的管理意识不强，管理能力不高，资源浪费现象严重，导致了生产环节的成本增加。再者，我国部分中小型企业因为企业规模较小，经营风险偏高，很难驱动金融机构对其进行投资，经常出现融资难、资金不足的问题。

（3）诸多产业科技含量低，产品同质化严重

长期以来，研发创新一直都是我国企业的弱项，导致了产业一直处于价值链的低端，生产出的产品附加值较低。

由此可见，产业集聚程度低、协作水平不高、科技含量低以及低成本战略的失灵是导致我国产业竞争力不强的重要原因，为了提高产业竞争力，需要提高产业的集聚度、产业间的协作水平以及产品的竞争优势。

4.2 物流园区与产业园区的关系界定

4.2.1 产业分类角度

从产业分类的角度来看，物流园区属于产业园区的一种。产业是一类相同或相似的经济活动组成的集合体，为了便于分析、研究和管理特定的产业而将经济活动划分为不同的类别，即产业分类。产业分类可以有不同的划分

方法，如表4.3所示。

表4.3　不同分类方法下的产业分类

三次产业分类	标准产业分类	两大部门分类	农轻重产业分类	生产要素分类
可划分为第一产业、第二产业和第三产业	可划分为20个门类、98个大类、300多个中类和更多的小类	可划分为生产生产资料的部门和生产消费资料的部门	可划分为农业、轻工业和重工业	可划分为劳动密集型、资本密集型和知识密集型产业

从产业分类的角度看，物流业即物流产业，物流园区属于产业园区范畴，以物流产业为主导的产业园区称为物流产业园区，即物流园区。由此来看，产业园区和物流园区都是相关产业的集聚地，都有利于相关产业的发展。不同的是，产业园区可能是产业链上特定产业的集聚地，而物流园区主要是物流产业的集聚地；另外，产业园区的功能侧重于通过产业“集中—集聚—集群”的方式促进自身的发展，而物流园区则是通过物流产业的“集中—集聚—集群”促进物流业的发展，从而促进其他产业的发展。但从上面的角度去分析产业园区和物流园区之间的关系意义不大，因此本书主要从产业分工的角度对两者之间的关系进行界定。

4.2.2　产业分工角度

产业园区和物流园区承担着产业链上不同分工，在产业分工上相辅相成。更好的研究产业园区和物流园区关系的角度是使产业园区和物流园区回归到各自的产业分工上。从两类园区产业分工的角度看，产业园区作为制造企业和商贸企业的集聚地，主要承担产业链中的生产加工功能，而物流园区作为物流企业的集聚地，主要承担产业链中的货物仓储、流通、商贸交易等功能。产业园区在日常的运营中为社会提供大量的半成品和产成品，同时需求大量的原材料，因此存在较多的物流量，物流需求十分旺盛，需要物流功能的强力支持。

产业园区的物流发展模式有很多种，一般来说，包括传统的运输仓储加工模式、物流园区服务模式、保税物流模式、第三方物流模式、企业自办物流模式和多主体合作开发模式等。物流园区服务模式由于能够为中小企业集聚形成的产业园区提供完善且专业的物流及增值服务，将成为未来的发展趋势，主要原因在于：

1. 物流园区服务模式有利于产业园区内企业通过外包提高核心竞争力

在物流业兴起前，很多企业拥有自己的物流部门，承担运输、仓储、流通加工、装卸搬运等物流基本功能，但这会占用企业大量的资金，甚至可能导致企业现金流紧张和资金链断裂；另外，我国中小企业占比较高，大部分的中小型企业的资金短缺，物流作业水平也较低，且难以形成规模化和集约化。物流园区有能力为产业园区内诸多中小企业提供专业的物流及增值服务，能够承担产业园区内各企业的外包需求，从而促使产业园区内企业将有限的资源用于自身核心竞争力的打造。

2. 物流园区服务模式能够提高区域产业的集聚程度

单个物流企业难以满足中小企业的物流及各项增值服务需求，因此随着越来越多的中小企业将自身的物流及其他功能外包，产业集聚区逐渐形成。同时，物流企业也将走向联合，并吸引增值服务提供商，共同满足产业集聚区对各种服务的需求。无论是中小企业、物流企业，还是增值服务提供商，通过产业的“集中—集聚—集群”，能够发挥技术溢出效应和规模效应，从而降低企业运作成本、提升技术和管理水平，最终提升企业的竞争优势。产业园区作为产业的集聚地，是未来中小企业集聚的发展方向；物流园区作为物流业的集聚地，是未来物流企业集聚的发展方向。

3. 物流园区服务模式能够给产业园区带来集聚协同效应

单个制造企业或商贸企业将自身的物流功能外包给物流企业之后，两者会形成一定程度的协同效应；在很多制造企业或商贸企业均将自身的物流功能外包给很多物流企业之后，不同的制造企业或商贸企业通过集聚形成产业园区，不同物流企业通过集聚形成物流园区，产业园区与物流园区之间又会发生很强的集聚协同效应。一方面，不同产业园区之间可以通过共同采购、技术交流等合作促进彼此的发展，不同物流园区之间也可以通过设施共享、信息交流提升各自的运作效率；另一方面，产业园区的发展能促进物流园区的发展，物流园区的发展反过来也能进一步促进产业园区的发展，因此同类园区以及不同园区之间会形成很强的集聚协同效应。

4.2.3　空间布局角度

由于产业园区和物流园区在产业分工上存在很强的协同效应，因此从理论上看，产业园区和物流园区在地理位置上不应相距太远，这样物流园区才能有效地满足特定产业园区对物流服务及时性的要求。因此，尽管在物流园区选址时，有很多限制性因素，仍应当尽可能地将物流园区布局在距离产业园区较近的位置。

1）物流园区选址的影响因素十分复杂，涉及政治、经济、社会、技术各个方面。物流园区的选址需要考虑以下几点：①与产品供应点的距离，距离产品供应点太远会带来过高的运输成本；②与产品的需求点的距离，距离产品需求点太远也会带来过高的运输成本，并提升货物损坏率；③当地的交通条件，物流园区备选点是否是港口码头、公路枢纽、铁路枢纽等会对物流园区的发展产生很大影响，备选点的交通状况越好，越有利于物流园区开展物流作业；④对当地居民的影响程度，物流作业会产生噪音等环境问题，因此物流园区不应靠近居民区；⑤区域的经济发展状况，如果备选点的产业集中度很高，物流货运量很大，经济增长迅速，则建立物流园区更有利于当地经济的发展。在现实中，很多物流园区并非比邻产业园区，主要原因就在于物流园区选址不能仅仅考虑依附产业园区，还需要考虑其他很多因素，但为了有效实现物流园区和产业园区之间的分工协同，应该尽量促进产业园区和物流园区之间的地理临近。

2）物流网络理论认为现代物流的本质就是协调各种物流资源以达到资源整合、共享的目的。因此，应当加强区域内不同物流园区之间的协同运作，共同满足区域产业发展的需求。我国物流园区空置率达到60%以上，物流园区建设的启动成本非常高，建设完成之后每年设备折旧和维护的成本也非常高，根据物流网络理论，应该对物流资源进行整合和共享，促进物流园区同时为多个产业园区服务，建立产业园区和物流园区之间“多对多”的服务关系，这种服务关系也要求物流园区不能仅依赖某个产业园区进行选址。

由以上分析可知，物流园区和产业园区在产业分工和空间布局上存在较强的协同性。一方面，物流园区能为产业园区提供完善的物流及增值服务，产业园区能为物流园区提供相应的需求，两者在功能上相辅相成；另一方面，功能上的相互促进要求产业园区和物流园区在地理位置上不应相距太远，所以在建立物流园区时应该尽可能地使其靠近产业园区。

4.3 产业转型升级对两类园区空间布局的影响

4.3.1 产业转型升级背景下产业的发展趋势

产业转型升级的根本原因在于产业竞争力不强，我国诸多产业，尤其是低端产业迫切需要转型升级。为了提升产业竞争力，需要通过转型升级促使产业朝着结构高级化、布局合理化、发展集约化以及竞争力高端化的方向发展。

1. 产业结构高级化

产业结构高级化是提高制造业的科技含量、竞争实力及其在经济总量中的比重，因此充分重视制造业、打造制造业的核心竞争力、使制造业充分参与国际竞争是产业结构高级化的重要表现。

2. 产业布局合理化

产业链存在诸多环节，不同环节之间存在很强的分工和协同效用，分工和协同的目标是为了提升产业链整体运作的效率和效益，要达成这样的目标，就需要将不同的产业进行合理布局。产业转型升级背景下，为了发挥不同产业的协同作用，应当采用整体规划、分步实施的原则，在规划期就考虑特定产业与上游和下游产业之间的相关性，只有协同规划才能改善区域发展现状，才能全方位地促进区域产业的发展，才能达到供给侧结构性改革所要求的去产能、补短板的要求，最终也才能提升产业竞争力。

3. 产业发展集约化

产业发展集约化主要体现在产业向着"集中—集聚—集群"的方向发展以及向着绿色环保低碳的方向发展。产业集中指的是产业在地理位置上的统一，这是加强产业之间协作的前提；产业集聚是在产业集中的基础上，部分产业开始进行协作，在一定程度上提高了协同效应；产业集群是在产业集聚的基础上，企业与企业间建立了紧密的协作关系，能够很大程度上发挥协同效应，促进产业链上诸多环节的齐头并进。未来企业与企业之间的竞争一定表现在供应链与供应链上的竞争，供应链上各企业之间的协作是建立在专长基础上的分工，因此供应链上的同一环节以及存在上下游关系的不同环节之间的集聚，能够在很大程度上促进地区产业发挥规模效应和技术溢出效应，从而提升地区产业竞争力。另外，随着人们环境保护意识的加强，产业发展需要抛弃以往粗放式、高污染、高能耗的发展方式，转而采用精细化、低污染、低能耗的环境友好型发展模式，否则产业发展是不可持续的。因此，为了获取产业竞争力，产业的发展趋势一定是集约化的。

4. 产业竞争力高端化

长期以来，发达国家在诸多产业链上拥有高附加值环节的核心竞争力，包括研发、技术、品牌、工艺等，而我国中小型企业由于长期采用 OEM 模式为发达国家代工，研发性投入少，更不具备自己的品牌优势。因此，我国需要加强产业分工，使企业有足够的资源用于科技研发和核心竞争力的构建，只有这样才能更好地促进产业转型升级。

4.3.2 产业发展趋势对物流业发展的影响

由上述分析可知，产业转型升级背景下，为了提高产业竞争力，产业要按照“四化”的趋势发展，即产业结构高级化、产业布局合理化、产业发展集约化以及产业竞争力高端化。产业发展趋势的变化对物流业发展将会产生较大的影响。

产业发展趋势对物流业发展的影响主要体现在物流效益、物流效率、物流方式和物流规模四个方面。随着产业发展趋势的变化，物流企业提供的物流服务功能也需要发生变化，否则将不能满足产业发展对物流的需要。

因此，为了顺应产业往“四化”的方向发展，表 4.4 从效益、效率、方式和规模四个角度对物流业服务功能进行剖析，以总结在特定的产业发展趋势下物流产业的相应发展。

表 4.4　产业转型升级背景下物流服务的发展趋势

功能	角度			
	效益	效率	方式	规模
运输功能	降低运输成本，减少运输对环境的影响	运输的时效性变得更为重要	通过多式联运，发挥不同运输方式的优势	通过批量运输，形成规模效应
仓储功能	降低仓储成本，提高仓储作业的集约化程度	提高货物进出库效率，缩短存货周期	通过智能仓库，提高仓库作业效率	不同品类产品的大规模存储，共享存储空间
其他物流功能	降低装卸搬运、流通加工与信息处理等环节的成本	缩短装卸搬运、流通加工等的时间，提高处理效率	采用集约化处理方式，利用机器而非人力参与物流作业	通过对产品进行分类，形成批量处理
增值服务功能	为企业提供全方位一体化的解决方案	在保障增值服务质量的前提下缩短服务周期	整体外包，通过专业增值服务提供商满足企业对增值服务的需求	加强不同增值服务的模块化组合

产业转型升级背景下，产业的“四化”发展趋势促使物流业朝着“四化”的方向发展，物流业的“四化”发展趋势即规模化、合作化、绿色化、专业化。

①在运输功能上，物流业应该在保证运输时效性和灵活度的情况下通过多式联运的方式，发挥不同运输方式的优势，并促使货物集聚，以形成规模效应，从而降低运输成本，同时也要减轻物流运输作业对环境的影响。

②在仓储功能上，物流业应该通过智能仓库的建设提升货物处理效率，通过高层货架的使用以及存储空间共享，提升仓储空间的利用率，通过信息化平台的建设提升货物进出库作业效率，最终缩短存货周期、降低仓储成本，从而提升竞争优势。

③在其他物流功能上，通过规模化、自动化的处理方式对产品进行批量处理，缩短装卸搬运、流通加工、信息处理等物流作业的时间，降低作业成本。

④在增值服务上，物流企业应该和相关增值服务提供商合作，共同为产业园区内诸多企业提供集物流、咨询、金融、保险、展示等服务为一体的综合性解决方案，这样才能让企业专心投入研发和生产制造，从而提升自身的核心竞争力。

4.3.3　产业转型升级背景下两类园区的协同布局必要性及方式

1. 协同布局的必要性

产业转型升级背景下，为顺应产业“四化”的发展趋势以及物流业规模化、绿色化、合作化、专业化的发展趋势，应该对区域范围内物流园区和产业园区的建设进行统筹规划，促进两类园区协同选址，原因在于：

①物流园区和产业园区协同选址能够降低整体运作成本。首先，同时建设产业园区和物流园区，能够提高区域产业和物流业的集聚度，发挥规模效应和技术溢出效应，降低园区内企业的运作成本；其次，园区内不同企业之间建立合作关系，能够促进园区内企业资源的整合，降低企业采购成本和协作成本。

②物流园区和产业园区协同选址能够提高整体运作效率。专业分工能够提升效率，产业园区和物流园区分别处于产业链上的不同价值创造环节，产业园区主要承担着生产功能，物流园区主要承担物流服务功能，产业园区和物流园区之间具有较强的功能协同和地理协同。因此，对区域产业的整体规

划，建立物流园区和产业园区专长基础上的协作，有利于提升区域产业整体运作效率。

2. 协同布局的方式

在产业转型升级背景下，由于物流园区和产业园区在功能和地理上存在较强的协同作用，为了提升效率和降低成本，进而提高我国产业竞争力，有必要对区域产业进行整体规划，促进物流园区与产业园区的协同选址，并通过以下方式促进物流园区和产业园区的协同布局。

①促进中小企业和物流企业通过“集中—集聚—集群”的方式分别形成产业园区和物流园区。同类型或存在产业链上下游关系的中小企业为发挥整体优势，提高对外的抗风险能力，必须首先在地理上集中，为企业间的协同奠定基础；在地理集中的基础上，各企业进一步在某些领域开展合作，产生集聚效应；最后，企业间展开全方位、深入的合作，产生集群效应。“集中—集聚—集群”的演进思路促进中小企业的战略协同以及产业园区的形成。产业集聚形成产业园区之后，园区内的企业应该将物流功能剥离，由专业的物流公司承担；随着专业物流公司的增多，物流企业也开始集聚，并逐渐形成物流集聚区，最终通过配套金融、保险、展览、娱乐等增值服务形成物流园区，为产业园区提供物流及增值服务。之所以要这样转变，是因为物流仓库、运输车辆、装卸搬运设备等会占用大量的资金，且往往单个中小型企业对物流设施的利用效率不高，设备闲置现象频发，园区内所有企业共享物流设施，能够使企业轻资产化运营，将更多的资金用到发展核心业务上去。产业公司的集聚形成产业园区，产业公司将物流功能剥离，改由物流公司提供服务，物流公司的集聚形成物流集聚区，辅之以增值服务功能，实现物流集聚区向物流园区的转变，这就是产业转型升级背景下的产业集聚发展的演化过程，因此，物流园区规模发展趋势要求产业链各环节企业应通过集聚方式形成相应的产业园区和物流园区。

②对分散化、小型化的园区应突破行政区域限制，将其整合成规模大、处理能力强、作业水平高的园区。要对各中小型物流园区进行资源整合，避免大量小型园区的重复建设导致的大量设施闲置、资源浪费、过高的固定资产投资以及折旧等问题。根据行业统计数据显示，我国物流园区闲置率在60%以上，产业园区闲置率在40%以上，主要原因是各地盲目规划建设园区，致使建成之后的园区产能过剩。在这种情况下，资源整合成必然趋势。以工业园区为例，我国目前的工业园很多，每个工业园区吸引工业企业的政策趋

同，这直接导致了每个工业园区很难聚集足够多的工业企业，因此目前绝大部分工业园都是小型工业园。另外，一般情况下，园区管理机构会在工业园区内部或园区附近的交通枢纽使用一块土地建设物流园区，专门为工业园区服务，这又导致了物流园区数量众多，规模较小。但物流园区建设的启动成本非常高，资金投入巨大，资金回收周期长，而且物流园区是重资产行业，建设完成之后每年的固定资产折旧非常高。综合上述原因，应该对物流园区的建设数量进行控制，对小型、分散的物流园区进行资源整合。物流产业的规模化发展趋势要求物流园区和产业园区整合资源，形成规模化发展，提高资源利用率。

③加强区域产业整体规划，将物流园区与产业园区协同布局，使其发挥各自的功能。产业园区的生产加工功能和商贸服务功能处于主价值链环节，物流园区的物流及增值服务功能处于辅价值链环节，从产业链协作的视角来看，产业园区承担主要价值创造的功能，但这需要物流园区为其提供物流、金融、咨询、保险、商贸等方面的配套功能。产业园区和物流园区在价值链上的角色不同，承担着各自的职能，存在着很强的协同关系。为了更好地发挥产业园区与物流园区之间的协同效应，应关注以下几点。园区内同类型企业可采用联合采购提高采购批量，从而增加对供应商的议价筹码；可利用园区的品牌影响力，定期举办展会，使自身品牌形成宣传效应，也能够吸引更多的客户资源等；对存在产业链上下游关系的企业来说，必须通过各种方式加强合作，如通过建立供需关系，促使园区内产业链下游企业采购上游企业的产品，从而减少运输成本、库存成本和采购成本，提高抗风险能力和售后响应速度。

④提高园区专业化程度，提升园区运作效率、服务水平，保障区域产业发展的集约化、高效化和可持续化。一是，产业园区的空间布局应该适应地区产业的发展趋势，通过对地区产业集中度、产业竞争优势以及资源状况等进行综合评价，确定产业园区空间布局的合理性；物流园区的空间布局也要有利于促进地区产业的发展，通过对地区交通状况、物流产业集聚程度以及相应的资源优势等进行综合评价，合理确定物流园区空间布局。二是，物流园区和产业园区合理的布局，也要促进各自专业优势的发挥。传统的企业是资源和信息封闭的企业，在互联网和工业信息化时代，这种封闭有可能导致企业的经营能力和管理水平严重滞后。任何一个企业都不可能拥有所有资源，但企业获取外界资源的成本正在逐渐降低，拥有资源逐渐变得困难，连接资

源却逐渐变得容易，因此园区内企业不应封闭自己，应充分加强与外界的合作，连接更多的资源为我所用。尤其是对中小型企业来说，资源有限会导致发展瓶颈，其在市场拓展、技术研发、渠道推广和现代管理方面的能力和资源不足，经营和管理能力都存在较大的上升空间。为了有效应对市场竞争，园区内的中小型企业应加强技术交流和经验分享，共享某些市场信息和渠道资源，将自身不擅长的功能外包给其他专业的服务公司，聚焦自身的专业优势，因此物流产业专业化的发展趋势要求产业园区和物流园区通过空间的合理布局承担各自的产业分工，发挥各自的专业优势。

产业转型升级背景下物流园区和产业园区空间协同布局如图 4.1 所示。各分散的中小企业逐渐将自身的物流功能外包给第三方物流公司，自身保留生产加工功能或商贸交易功能，并通过企业间合作关系的建立形成诸多产业集聚区，此时的合作关系尚且不够广泛和深入；随后，诸多第三方物流公司也通过集聚形成物流产业集聚区，并逐渐吸引增值服务提供商，产业集聚区为了聚焦主业，逐渐将金融、保险、报关报检等业务也外包给物流集聚区，此时物流集聚区和产业集聚区形成较强的集群效应，最终发展成为物流园区和产业园区，产业园区内各企业建立全面而紧密的合作关系。物流园区为产业

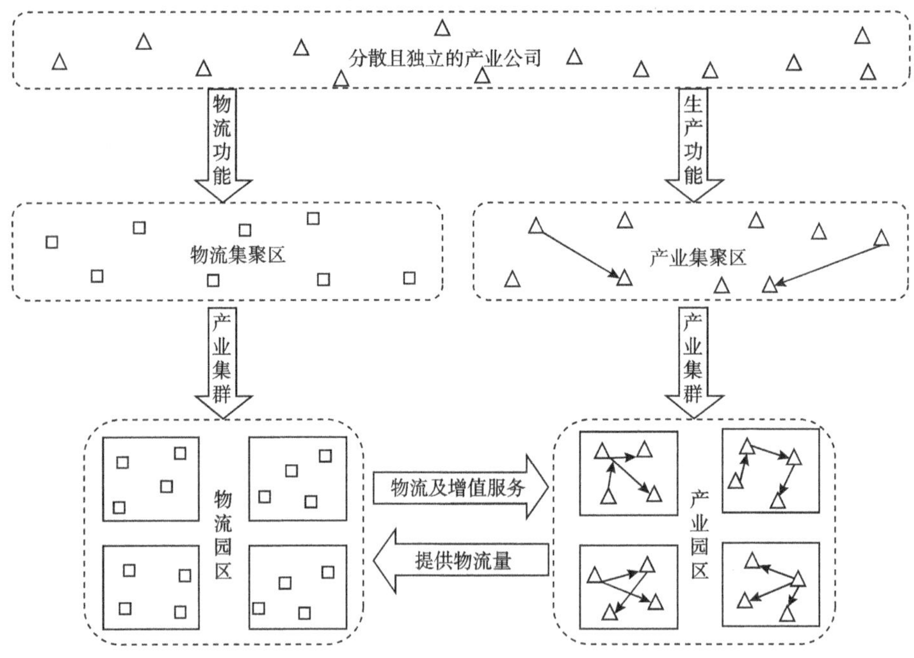

图 4.1　产业转型升级背景下物流园区与产业园区空间协同布局

园区提供物流及增值服务，产业园区为物流园区提供相应的需求，双方互动发展。因此，在产业转型升级背景下，为促进区域经济协同发展，不能割裂物流园区和产业园区之间的协同关系，从空间布局的角度来看，应当同时对物流园区和产业园区的选址进行规划。

4.4　产业转型升级背景下物流园区与产业园区备选点的初步筛选

前文对产业园区、物流园区、产业转型升级的概念及其关系进行界定，并提出产业转型升级背景下应促进产业园区和物流园区的协同选址。但由于园区选址涉及的影响因素众多，难以通过一个定量模型全面表述，考虑产业转型升级背景下的园区选址问题将更为复杂，为简化问题，并适应产业转型升级的发展趋势，建立产业转型升级背景下园区选址评价指标体系，首先利用定性方法对区域范围内诸多物流园区和产业园区建设地点进行初步筛选，最终得出产业园区备选点和物流园区备选点，为下文中的定量协同选址做铺垫。

4.4.1　产业转型升级背景下园区选址原则

1. 产业园区选址原则

产业园区是相关产业的集聚地，建设产业园区的主要目的：一方面，通过产业集聚产生规模效应和技术溢出效应；另一方面，通过促进产业链上下游企业集聚加强企业间协作，从而降低成本，提高运作效率。在产业转型升级“四化”发展趋势下，产业园区的选址原则包括：

①尽可能选择相关产业比较发达、产品产量比较高的地区；

②尽可能选择产品需求量较大、土地成本及劳动力成本较低的地区；

③尽可能接近交通枢纽，选择物流网络发达的地区；

④尽可能降低选址决策对环境的破坏程度和对居民生活的影响程度；

⑤尽可能选择政府政策大力支持相关产业发展的地区。

根据产业园区的选址原则可在区域内初步确定产业园区备选点的初选方案，假设产业园区备选点的初选方案为{区域A，区域B，区域C，区域D，区域E，区域F}。

2. 物流园区选址原则

国内学者多从经济效益、社会效益和技术效益三方面构建物流园区选址原则，经济效益原则考虑的是地区经济发展程度，社会效益原则考虑的是对城市居民生活和环境的影响程度，技术效益原则考虑的是地区交通便利性。产业转型升级背景下，物流园区选址原则包括：

①尽可能选择公铁水路网发达的地区；

②尽可能选择能够开展多式联运的地区；

③尽可能选择产业较为发达以及产品需求量较大的地区；

④尽可能选择与城市中心有一定距离但相距不远的地区；

⑤尽可能降低选址决策对环境的破坏程度和对居民生活的影响程度。

根据物流园区的选址原则可在区域内确定物流园区备选点的初选方案，假设物流园区备选点的初选方案为｛区域 a，区域 b，区域 c，区域 d，区域 e，区域 f｝，区域 A 和区域 a 可能重合，也可能不重合，其他区域同理。

4.4.2 产业转型升级背景下园区选址评价指标体系

1. 产业园区选址的评价指标

根据上文的园区选址原则，在区域范围内可确定两类园区备选点的初选方案。接下来，需要构建产业转型升级背景下产业园区选址的评价指标体系，如表 4.5 所示。考虑产业转型升级背景，笔者分别从产业环境、经济环境、交通环境以及社会环境四个维度为产业园区备选点的初选方案建立评价指标体系。

表 4.5 产业转型升级背景下产业园区选址评价指标

一级评价指标	二级评价指标
产业环境	相关产业总产值
	相关产业集聚程度
	产业链完整程度
经济环境	地区生产总值
	人均 GDP
	基础设施的完善程度
交通环境	铁路、公路总里程
	港口、码头数量
社会环境	对城市居民生活的影响
	对区域环境的影响
	劳动人口数量
	配套设施的完善程度

2. 物流园区选址的评价指标

物流园区选址的评价指标体系与产业园区具有一定的相似性，但产业园区选址侧重对区域产业发展状况进行评价，而物流园区选址侧重对区域物流业的发达程度、物流网络的发达程度以及开展多式联运的可能性等进行评价，故本书在明确物流园区选址原则的基础上，构建了产业转型升级背景下物流园区选址的评价指标体系，如表4.6所示。

表4.6　产业转型升级背景下物流园区选址评价指标

一级评价指标	二级评价指标
交通环境	铁路、公路总里程
	港口、码头数量
	开展多式联运的可能性
产业环境	相关产业产值
	物流业总产值
	物流业固定资产投资额
	规模以上物流企业数量
经济环境	地区生产总值
	人均 GDP
	经济政策支持程度
社会环境	对城市居民生活的影响
	对区域环境的影响
	劳动人口数量

3. 园区备选地点的初步筛选

上文针对产业园区和物流园区分别建立了备选点的评价指标体系，下文进一步利用层次分析法确定产业园区选址评价指标的权重和物流园区选址评价指标的权重，如表4.7和表4.8所示。由于层次分析法的应用十分广泛且成熟，考虑到篇幅有限，此处对层次分析法的理论及具体的计算过程介绍从略。

表 4.7　产业转型升级背景下产业园区选址评价指标权重

一级评价指标	权重	二级评价指标	权重
产业环境	0.45	相关产业总产值	0.35
		相关产业集聚程度	0.40
		产业链完整程度	0.25
经济环境	0.20	地区生产总值	0.43
		人均 GDP	0.37
		基础设施的完善程度	0.20
交通环境	0.25	铁路、公路总里程	0.51
		港口、码头数量	0.49
社会环境	0.10	对城市居民生活的影响	0.24
		对区域环境的影响	0.27
		劳动人口数量	0.29
		配套设施的完善程度	0.20

表 4.8　产业转型升级背景下物流园区选址评价指标权重

一级评价指标	权重	二级评价指标	权重
交通环境	0.43	铁路、公路总里程	0.37
		港口、码头数量	0.28
		开展多式联运的可能性	0.35
产业环境	0.22	相关产业产值	0.20
		物流业总产值	0.38
		物流业固定资产投资额	0.21
		规模以上物流企业数量	0.21
经济环境	0.24	地区生产总值	0.30
		人均 GDP	0.30
		经济政策支持程度	0.40
社会环境	0.11	对城市居民生活的影响	0.21
		对区域环境的影响	0.37
		劳动人口数量	0.42

在确定产业园区和物流园区的初选方案、评价指标体系以及指标的权重之后，可利用灰色综合评价法对各初选方案进行评价，得出每一个初选方案的综合评价值，根据综合评价值可直观地从各初选方案中选择若干个物流园

区备选点和产业园区备选点。由于层次分析法和灰色综合评价法的应用非常成熟，对两种方法的理论及具体的计算过程不再赘述。

4.5　产业转型升级背景下物流园区与产业园区协同选址模型的构建

由前文分析可知，产业转型升级背景下物流园区和产业园区存在很强的协同效应，因此在对区域进行产业规划时，应当同时确定产业园区和物流园区的建址地点。因此本章在确定物流园区和产业园区各自备选点的基础上，构建了物流园区和产业园区协同选址模型。本模型的创新点在于以同时确定物流园区建址地点和产业园区建址地点为目标，引入废气排放量作为绿色物流指标，通过模型的求解可得出物流园区和产业园区建址的精确地点。

4.5.1　问题的提出

产业转型升级背景下，为了适应产业结构高级化、产业发展集约化、产业布局合理化以及产业竞争力高端化的发展趋势，必须加强区域产业的协同布局，促进产业园区和物流园区的协同选址，同时也要注重环境保护，保证产业的可持续发展。因此本书在确定备选点的基础上，进一步构建了物流园区和产业园区多目标协同选址模型，同时确定物流园区和产业园区的选址方案；另外，为使模型更具有现实意义，在确定产业园区和物流园区选址方案的同时，本模型也对区域范围内的货物分配方案进行求解。

本模型要解决的问题可概括为：区域范围内存在由若干备选产业园区、若干备选物流园区以及若干客户组成的三级运输网络，产业园区生产的货物需要经由物流园区运输到客户（物流中心、配送中心等），其中每个备选产业园区各自的坐标、建设成本以及最大生产能力已知，每个备选物流园区各自的坐标、建设成本以及最大处理能力已知，每个客户具有的坐标和需求量已知；在满足客户需求量的前提下，如何通过产业园区建址地点、物流园区建址地点以及运量的分配，使总成本和总废气排放量达到最低水平？

4.5.2　基本假设与符号设置

1. 基本假设

由于物流园区和产业园区选址涉及的影响因素太多，同时考虑两类园区的协同选址将会使复杂程度大大增加，因此，为了对产业转型升级背景下物流园区和产业园区协同选址进行基础性的研究，本书将问题进行简化，并做出如下假设：

①假设整个运输网络中所有产品均采用标准的计量单位，如整箱；

②假设总成本中只考虑园区建成后第一年的货物运输成本和两类园区的年均建设成本，总废气排放量中只考虑两阶段运输环节产生的二氧化碳排放量；

③假设物流园区和产业园区、物流园区和客户之间均是多对多的服务关系；

④假设各产业园区备选点的年均建设成本和最大生产规模、各物流园区备选点的年均建设成本和最大处理规模以及各需求点的需求量已知；

⑤假设两阶段运输环节中将单位产品运输单位距离的运费率和废气排放速率已知。

2. 符号设置

①备选产业园区集合 I，共 m 个，坐标依次为 $\{(X_1^I, Y_1^I), (X_2^I, Y_2^I), \cdots, (X_m^I, Y_m^I)\}$；备选物流园区集合 J，共 n 个，坐标依次为 $\{(X_1^J, Y_1^J), (X_2^J, Y_2^J), \cdots, (X_n^J, Y_n^J)\}$；客户集合 K，共 r 个，坐标依次为 $\{(X_1^K, Y_1^K), (X_2^K, Y_2^K), \cdots, (X_r^K, Y_r^K)\}$。

②模型涉及的四个变量包括三级运输网络中物流园区选址点、产业园区选址点以及两阶段运量分配方案，如表 4.9 所示。

表 4.9　模型涉及的变量

变量名	含义	变量名	含义
x_{ij}	产品从产业园区 i 往物流园区 j 的运量	s_{jk}	产品从物流园区 j 往客户 k 的运量
y_i	0－1 变量，产业园区在 i 处建址则为 1，否则为 0	z_j	0－1 变量，物流园区在 j 处建址则为 1，否则为 0

③模型涉及的常量包括产业园区的坐标与生产能力、物流园区的坐标与处理能力、客户的坐标与需求量、两阶段运输网络的距离、两阶段运输网络单位产品运费、两阶段运输网络单位产品废气排放量以及两类园区的一次性建设成本和年均分摊成本，如表 4.10 所示。

表 4.10　模型涉及的常量

常量名	含义	常量名	含义
(X_i^I, Y_i^I)	备选产业园区位置坐标	(X_j^J, Y_j^J)	备选物流园区位置坐标
(X_k^K, Y_k^K)	客户位置坐标	q_k	客户 k 的需求量
l_{ij}	产业园区 i 至物流园区 j 的距离	l_{jk}	物流园区 j 至客户 k 的距离
c_{ij}	产业园区 i 至物流园区 j 的单位产品运费	d_{jk}	物流园区 j 至客户 k 的单位产品运费
e_t_{ij}	产业园区 i 至物流园区 j 的单位产品废气排放量	e_u_{jk}	物流园区 j 至客户 k 的单位产品废气排放量
H_i	产业园区 i 的一次性建设成本	G_j	物流园区 j 的一次性建设成本
h_i	产业园区 i 的年均分摊建设成本	g_j	物流园区 j 的年均分摊建设成本
b_i	产业园区 i 的最大生产量	p_j	物流园区 j 的最大处理量

④模型涉及两阶段运输网络中单位产品运输单位距离的运费、两阶段运输网络中单位产品运输单位距离的废气排放量以及两类园区最大使用年限 5 个参数，如表 4.11 所示。

表 4.11　模型涉及的参数

参数名	含义	参数名	含义
λ	产业园区至物流园区运输网络中单位产品运输单位距离的运费，即一阶段运费率	β	物流园区至客户运输网络中单位产品运输单位距离的运费，即二阶段运费率
θ_{ij}	产业园区 i 至物流园区 j 单位产品运输单位距离的废气排放量，即一阶段废气排放速率	γ_{jk}	物流园区 j 至客户 k 单位产品运输单位距离的废气排放量，即二阶段废气排放速率
T	两类园区最大使用年限		

4.5.3　模型建立

本书构建了产业转型升级背景下物流园区和产业园区的协同选址模型，考虑在区域内由产业园区到物流园区再到客户的三级运输网络，如图 4.2 所示，产业园区作为生产型企业的集聚地，生产出的产品运送至物流园区，物流园区根据客户的需求，为客户运送一定量的产品。值得注意的是，这里的客户一般情况下都是物流中心、配送中心或者大型分销商，并非传统意义上的消费者或者终端用户，本书为了行文方便，称之为客户。

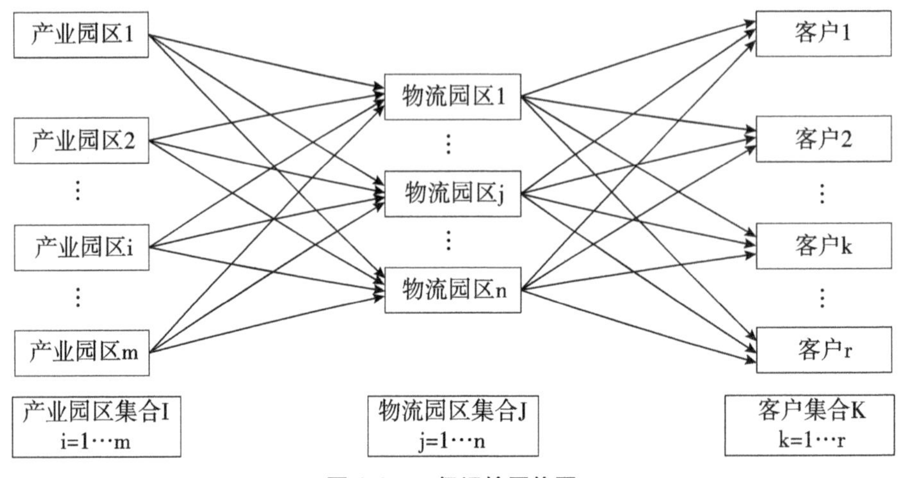

图 4.2　三级运输网络图

本书基于上述假设构建了多目标优化模型，第一个目标是总成本最低，总成本包括园区的建设成本和两个阶段的运输成本，其中园区的建设成本包括产业园区建设成本和物流园区建设成本；第二个目标是废气排放量最低，废气排放量只考虑运输环节的二氧化碳排放。本书所建模型的目标函数和约束条件如下：

$$\text{minimize}\left[\sum_{i=1}^{m}\sum_{j=1}^{n}c_{ij}x_{ij}+\sum_{j=1}^{n}\sum_{k=1}^{r}d_{jk}s_{jk}+\sum_{i=1}^{m}y_i h_i+\sum_{j=1}^{n}z_j g_j\right] \tag{4.1}$$

$$\text{minimize}\left[\sum_{i=1}^{m}\sum_{j=1}^{n}e\_t_{ij}x_{ij}+\sum_{j=1}^{m}\sum_{k=1}^{r}e\_u_{jk}s_{jk}\right] \tag{4.2}$$

$$\text{Subject to:}\ \sum_{j=1}^{n}s_{jk}\geqslant q_k \tag{4.3}$$

$$\sum_{k=1}^{r}s_{jk}\leqslant p_j z_j \tag{4.4}$$

$$\sum_{j=1}^{n}x_{ij}\leqslant b_i y_i \tag{4.5}$$

$$\sum_{i=1}^{m}x_{ij}\geqslant\sum_{k=1}^{r}s_{jk} \tag{4.6}$$

其中：x_{ij}，$s_{jk}\in N$；y_i，$z_j\in\{0;1\}$；$i=1,2,\cdots,m$；$j=1,2,\cdots,n$；$k=1,2,\cdots,r$；目标函数一，即式（4.1）表示总成本最小；目标函数二，即式（4.2）表示总二氧化碳排放量最小；约束条件一，即式（4.3）表示每个客户需求都得到满足；约束条件二，即式（4.4）表示每个物流园区的处理能力存在上限；约束条件三，即式（4.5）表示每个产业园区生产能力存在上限；约束条件四，即式（4.6）表示物流园区货物流入量不小于流出量。

本书采用欧式距离计算产业园区与物流园区、物流园区与客户之间的距离，即

$$l_{ij} = \sqrt{(X_i^I - X_j^J)^2 + (Y_i^I - Y_j^J)^2} \tag{4.7}$$

$$l_{jk} = \sqrt{(X_j^J - X_k^K)^2 + (Y_j^J - Y_k^K)^2} \tag{4.8}$$

产业园区 i 至物流园区 j 的单位产品运费可由一阶段运费率与产业园区 i 至物流园区 j 的距离相乘获得，即

$$c_{ij} = \lambda * l_{ij} \tag{4.9}$$

物流园区 j 至客户 k 的单位产品运费可由二阶段运费率与物流园区 j 至客户 k 的距离相乘获得，即

$$d_{jk} = \beta * l_{jk} \tag{4.10}$$

产业园区 i 至物流园区 j 运输单位产品的废气排放量可由产业园区 i 至物流园区 j 运输单位产品单位距离的废气排放量与产业园区 i 至物流园区 j 的距离相乘获得，即

$$e\_t_{ij} = \theta_{ij} * l_{ij} \tag{4.11}$$

物流园区 j 至客户 k 运输单位产品的废气排放量可由物流园区 j 至客户 k 运输单位产品单位距离的废气排放量与物流园区 j 至客户 k 的距离相乘获得，即

$$e\_u_{jk} = \gamma_{jk} * l_{jk} \tag{4.12}$$

备选产业园区年均建设成本由备选产业园区的一次性建设成本均摊到有效使用年限上得出，即

$$h_i = H_i / T \tag{4.13}$$

备选物流园区年均建设成本由备选物流园区的一次性建设成本均摊到有效使用年限上得出，即

$$g_j = G_j / T \tag{4.14}$$

已知产业园区、物流园区与客户的坐标，结合式（4.7）和式（4.8）可计算出产业园区与物流园区、物流园区与客户之间的距离，再根据两阶段运输距离结合式（4.9）和式（4.10）即可求出两阶段运输单位产品的运费，结合式（4.11）和式（4.12）即可求出两阶段运输单位产品的废气排放量，由式（4.13）和式（4.14）可求出产业园区和物流园区各自的年均分摊建设成本。

4.6 算法设计与结果分析

本书所构建的选址问题是NP难题，很难利用传统的方法求解，因此本章设计了遗传算法进行求解。本书所构建的模型是一个多目标优化模型，因此我们引入带有精英策略的非支配排序遗传算法（NSGA－Ⅱ）解决模型中的多目标优化问题，通过算法对模型进行求解，最终得出一系列Pareto最优解，决策者可根据自身的偏好选择相应的最优解。

4.6.1 带有精英策略的非支配排序遗传算法

1. 算法介绍

（1）遗传算法简介

遗传算法（Genetic Algorithm，GA）是根据达尔文生物进化论演化而来的现代启发式算法，由美国学者J. Holland于1975年首次提出；其基本思想是通过模拟进化过程进行迭代寻优；首先生成初始种群，判断初始种群的适应度函数值，并判断其是否达到终止条件，如果没有达到将经过遗传操作进入下一步循环，每次迭代在原有种群的基础上，经过选择算子、交叉算子和变异算子三个遗传算子的处理，将最优解保存下来，逐步循环，直到达到终止条件，得到满意解。注意，启发式算法并不一定能得到最优解，一般情况下得到的都是满意解。在应用遗传算法求解选址问题时，首先生成选址问题的初始种群，判断是否达到算法的终止条件，如果达到终止条件就输出结果，如果未达到将经过遗传算子操作，由母代染色体生成子代染色体，再重复上述操作，直到达到终止条件，得到满意解。

（2）带有精英策略的非支配排序遗传算法（NSGA－Ⅱ）简介

NSGA是在GA基础上引入非支配排序的思想，能够提高解的搜索效率。2000年印度的Deb在NSGA算法的基础上提出了带有精英策略的非支配排序遗传算法NSGA－Ⅱ，它是一种快速的非劣排序方法：定义了拥挤距离并估计某个非劣解坐标点周围的解密度，取代适应值共享。NSGA－Ⅱ能够有效克服NSGA的三大缺陷，在NSGA的基础上进一步支持精英策略，有利于维持种群多样性，从而有效避免遗传算法产生局部最优的现象，同时，带有精英策略的非支配排序遗传算法还能够利用非支配排序将多目标转化为适应度函数的形式，从而对多目标规划问题进行有效求解。

2. 算法设计

本书研究的多目标选址模型是一个NP难题，存在非劣解集，而带有精英策略的非支配排序多目标遗传算法可以利用非支配排序使多目标变化为适应度函数的形式，因此本书将NSGA-II算法用于求解本书的多目标优化问题。算法的设计如下：

（1）目标函数的设置

对于满足约束的解，输出为两个目标的函数计算值，否则，将输出一对很大的向量以实现对约束的惩罚。

（2）编码的设置

编码是遗传算法核心的内容之一，直接关系到搜索空间的表达，通常采用二进制编码、浮点编码或整数编码的方式进行，但二进制编码经常存在冗余，计算复杂，因此本书采用整数编码的方式，将x_{ij}和s_{jk}按照列拉成行向量，且x_{ij}在s_{jk}之前，向量维数为$mn+nr$。

（3）种群的初始化

种群的初始化在本设计中有至关重要的作用。首先，合理的初始种群可以大大提高解的质量，对于不满足约束的解进行筛选过滤；其次，它直接影响后面交叉变异的原则的编制。在本问题中，单独把每个变量限制在b向量和p向量之间不能获得满足约束的解，搜索极为复杂。因此本书从约束入手，试图在编码的时候就直接找到满足约束的解，研究中发现，x_{ij}的每行之和小于b对应的某行，即：

$$\sum_{j=1}^{n} x_{ij} \leqslant b_i$$

于是，可以在初始化的时候，先生成n+1个0到1之间的随机数，然后将其归一化后取前面n个数与b_i相乘取整数，显然，他们的和应该小于等于b_i。而对于s_{jk}则考虑到约束（4.4）和约束（4.6）联合限制，于是参照对x_{ij}的随机生成，但将边界换成：

$$\sum_{k=1}^{r} s_{jk} \leqslant \min\left\{p_j, \sum_{k=1}^{n} x_{jk}\right\}$$

使用这种手段，通过实验，生成的解能满足约束（4.3）~（4.6），从而完成对初始种群的生成。

（4）非支配解的生成

多目标GA不像单目标一样能直接从适应度值获得优劣关系，而是通过支配与非支配来判定的。在本问题中，对种群中的每一个个体赋予一个等级，这个等级指示了它被别的解支配的个数，从而等级为0的解构成了Pareto解集。为使得当前种群不断进化为Pareto前端，本书通过基于拥挤距离的策略来选择行的种群，处理的手段借鉴了NSGA－II的拥挤排序法机制。

（5）遗传算子的设置

①选择算子。选择的机制利用拥挤距离随机概率抽取，用非劣解坐标点周围的解密度取代适应值，拥挤密度越大，被抽取丢弃的概率越大，从而增加了选择的多样性。

②交叉算子。交叉采用线性交叉原则。

$$x_{new} = \alpha x_1 + (1-\alpha) x_2$$

此交叉原则的好处在于能保证搜索具有凸性，保证搜索的有效性和细致性。

③变异算子。对于本问题，单纯从范围中取一个解是不能达到变异的效果的，鉴于此，本次设计对于小于变异阀值的个体，直接以一个新生成的个体来替换。如此给种群增加了新鲜的血液，使得种群多样化，提高最优解寻找能力。

4.6.2 算例生成

本书利用定性选址方法在一个100＊100的区域范围内选择了五个备选产业园区，集合 $I=\{I_1, I_2, I_3, I_4, I_5\}$，五个备选物流园区，集合 $J=\{J_1, J_2, J_3, J_4, J_5\}$，并假设存在10个客户需求点，集合 $K=\{K_1, K_2, K_3, K_4, K_5, K_6, K_7, K_8, K_9, K_{10}\}$。两类园区可能重合，也可能不重合。假设园区建成之后的有效使用时间T＝30年；产业园区的一次性建设总成本 H_i 在U(15000，30000)内随机生成，最大产能 b_i 在U(5000，10000)内随机生成；物流园区的一次性建设总成本 G_j 在U(9000，30000)内随机生成，最大处理能力 p_j 在U(6000，13000)内随机生成；客户需求量 q_k 在U(1000，3600)内随机生成。产业园区建设总成本、坐标、年均摊建设成本及最大处理能力如表4.12所示；物流园区建设总成本、坐标、年均摊建设成本及最大处理能力如表4.13所示；客户坐标及需求量如表4.14所示。

表4.12 备选产业园区基本信息表

产业园区备选点	坐标	一次性建设总成本（万元）	有效使用年限	年均分摊建设成本（万元）	年最大生产能力（单位）
1	（10，50）	28905	30	964	9890

续表

产业园区备选点	坐标	一次性建设总成本（万元）	有效使用年限	年均分摊建设成本（万元）	年最大生产能力（单位）
2	(35，20)	29367	30	979	6751
3	(47，90)	24564	30	819	7439
4	(70，25)	15389	30	513	9728
5	(75，53)	24298	30	810	5215

表 4.13　备选物流园区基本信息表

物流园区备选点	坐标	一次性建设成本（万元）	有效使用年限	年均分摊建设成本（万元）	年最大处理量（单位）
1	(10，50)	27248	30	908	9581
2	(38，70)	9768	30	326	7439
3	(47，90)	28795	30	960	6854
4	(60，28)	18657	30	622	8718
5	(75，53)	15369	30	512	12340

表 4.14　客户基本信息表

客户	坐标	年需求量（单位）
1	(38，45)	2127
2	(40，42)	1050
3	(43，52)	3512
4	(45，43)	2108
5	(50，50)	1591
6	(52，60)	1081
7	(52，55)	2507
8	(55，52)	3554
9	(62，46)	1576
10	(70，67)	2547

结合各点坐标，利用 $l_{ij}=\sqrt{(X_i^I-X_j^J)^2+(Y_i^I-Y_j^J)^2}$ 可计算出产业园区至物流园区的距离 l_{ij}，如表 4.15 所示；利用 $l_{jk}=\sqrt{(X_j^J-X_k^K)^2+(Y_j^J-Y_k^K)^2}$ 可计算出物流园区至客户的距离 l_{jk}，如表 4.16 所示。

表 4.15　产业园区至物流园区的运距 l_{ij}（千米）

i \ j	1	2	3	4	5
1	0	34	54	55	65
2	39	50	71	26	52
3	54	22	0	63	46
4	65	55	69	10	28
5	65	41	46	29	0

表 4.16　物流园区至客户的运距 l_{jk}（千米）

j \ k	1	2	3	4	5	6	7	8	9	10
1	28	31	33	36	40	43	42	45	52	62
2	25	28	19	28	23	17	21	25	34	32
3	46	49	38	47	40	30	35	39	46	33
4	28	24	29	21	24	33	28	25	18	40
5	38	37	32	32	25	24	23	20	15	15

本书初步设定参数 $\lambda = 2\beta = 10$，利用公式（4.9）可计算出产业园区至物流园区运输单位产品的运费，如表 4.17 所示；根据公式（4.10）可计算出物流园区至客户运输单位产品的运费，如表 4.18 所示。

表 4.17　产业园区至物流园区单位产品运费 c_{ij}（元/单位）

i \ j	1	2	3	4	5
1	0	344	545	546	651
2	391	501	710	262	519
3	545	219	0	633	464
4	650	552	689	104	284
5	651	407	464	292	0

表 4.18　物流园区至客户单位产品运费 d_{jk}（元/单位）

j \ k	1	2	3	4	5	6	7	8	9	10
1	142	155	165	178	200	216	211	225	261	312
2	125	140	93	139	117	86	103	124	170	161
3	229	243	191	235	201	152	177	194	232	163
4	139	122	147	106	121	165	141	123	91	201
5	189	183	160	158	126	120	115	100	74	74

设定参数 $\theta_{ij} \sim U(0.2, 0.4)$，随机生成数据并利用公式（4.11）即可求出 e_t_{ij}，如表 4.19 所示。

表 4.19　产业园区至物流园区单位产品废气排放量 e_t_{ij}（千克/单位）

i \ j	1	2	3	4	5
1	0	7	15	18	16
2	13	17	22	8	11
3	11	8	0	25	10
4	18	20	17	3	7
5	14	13	12	11	0

设定参数 $\gamma_{jk} \sim U(0.1, 0.3)$，随机生成数据并利用公式（4.12）即可求出 e_u_{jk}，如表 4.20 所示。

表 4.20　物流园区至客户单位产品废气排放量 e_u_{jk}（千克/单位）

j \ k	1	2	3	4	5	6	7	8	9	10
1	7	5	4	9	7	10	9	8	6	12
2	7	6	3	6	7	3	3	6	7	9
3	9	6	6	14	8	6	9	11	11	10
4	6	7	4	6	3	9	3	3	4	8
5	8	7	9	5	4	5	3	4	3	3

4.6.3　结果分析

本书在 CPU 为 Intel Core™ i3，内存为 5GB 的计算机上进行试验，利用

MATLAB 2013b 根据 NSGA－II 算法对模型进行编程，并通过上述生成的数据对模型进行求解，设定算法初始种群数量为 100，交叉概率 $p_c=0.7$，变异概率 $p_m=0.03$，算法的最大迭代次数为 200 次，当迭代次数达到最大迭代次数 200 次时，主程序运行 62.591s 后可得出多目标函数的 Pareto 最优前沿，如图 4.3 所示，算法具有较高的效率。

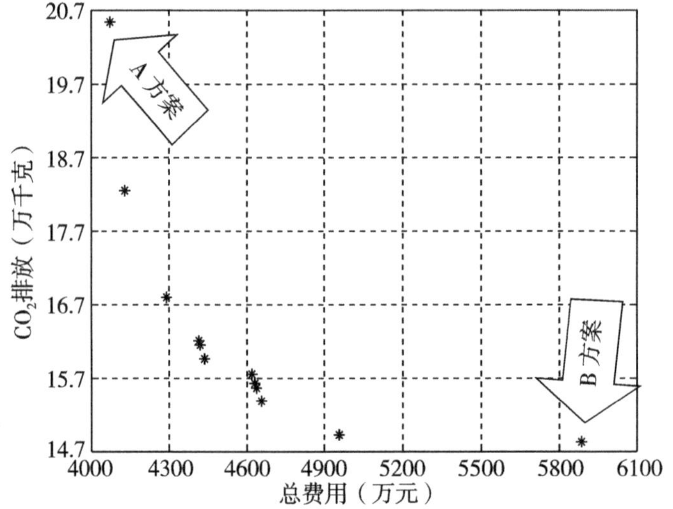

图 4.3 Pareto 最优前沿

在 Pareto 最优前沿上每一点都是最优解，决策者可以根据自己的需要，选择特定的最优解。

①当决策者特别关注经济成本，不关注环境成本时，经济成本最小的方案即为最优方案，因此方案 A 是最优方案。方案 A 建设{I_3，I_4，I_5}三个产业园区和{J_2，J_4，J_5}三个物流园区，使得总成本达到最小值 4053 万元，但总废气排放量达到最优条件下的最大值 20.6 万千克。方案 A 的选址结果如表 4.21 所示，第一阶段运量分配方案如表 4.22 所示，第二阶段运量分配方案如表 4.23 所示。

表 4.21 方案 A 选址结果汇总

产业园区选址	物流园区选址	总成本（万元）	总废气排放量（万千克）
{I_3，I_4，I_5}	{J_2，J_4，J_5}	4053	20.6

表 4.22　方案 A 第一阶段运量分配（单位）

i \ j	2	4	5
3	6720	0	0
4	0	4749	4969
5	0	0	5215

表 4.23　方案 A 第二阶段运量分配（单位）

j \ k	1	2	3	4	5	6	7	8	9	10
2	2127	0	3512	0	0	1081	0	0	0	0
4	0	1050	0	2108	1591	0	0	0	0	0
5	0	0	0	0	0	0	2507	3554	1576	2547

②当决策者特别关注环境成本，不关注经济成本时，废气排放量最小的方案即为最优方案，因此方案 B 是最优方案。方案 B 建设{I_1，I_3，I_4，I_5}四个产业园区和{J_1，J_3，J_5}三个物流园区，使得总废气排放量达到最小值 14.79 万千克，但总成本达到最大值 5919 万元。方案 B 的选址结果如表 4.24 所示，第一阶段运量分配方案如表 4.25 所示，第二阶段运量分配方案如表 4.26 所示。

表 4.24　方案 B 的选址结果汇总

产业园区选址	物流园区选址	总成本（万元）	总废气排放量（万千克）
{I_1，I_3，I_4，I_5}	{J_1，J_3，J_5}	5919	14.79

表 4.25　方案 B 第一阶段运量分配（单位）

i \ j	1	3	5
1	6689	0	0
3	0	6854	0
4	0	0	2895
5	0	0	5215

表 4.26　方案 B 第二阶段运量分配（单位）

j \ k	1	2	3	4	5	6	7	8	9	10
1	2127	1050	3512	0	0	0	0	0	0	0
3	0	0	0	2108	1591	1081	2074	0	0	0
5	0	0	0	0	0	0	433	3554	1576	2547

4.6.4　灵敏度分析

为了检验不同参数的变动对选址问题结果的影响程度，本书进一步对模型所涉及的第一阶段单位产品运输单位距离运费 λ（第一阶段运费率）、第二阶段单位产品运输单位距离运费 φ（第二阶段运费率）、第一阶段单位产品运输单位距离废气排放量 θ（第一阶段废气排放速率）、第二阶段单位产品运输单位距离废气排放量 γ（第二阶段废气排放速率）以及园区有效使用年限 T 五个主要参数进行灵敏度分析。

1. 最低总成本的灵敏度分析

①令第一阶段运费率 λ 以及第二阶段运费率 φ 依次等于 5、10、15、20、25，保持其他参数不变，随着 λ、φ 的变动，最低成本条件下的产业园区选址点为{I_3，I_4，I_5}，物流园区选址点为{J_2，J_4，J_5}，最优选址方案并未改变，如表 4.27 所示；随着二阶段运费率的变动，最低总成本的变动情况如图 4.4 所示。

表 4.27　总成本最低条件下不同运费率对应的选址方案

λ 值	φ 值	产业园区选址	物流园区选址
5	5	{I_3，I_4，I_5}	{J_2，J_4，J_5}
10	10		
15	15		
20	20		
25	25		

随着第一阶段运费率的增加，总运输成本逐渐增加，最低总成本也逐渐增加，当第一阶段运费率增加为原来的 2.5 倍时，总成本比原来增加了 12.3%，但由于此时的建设成本为运输成本的 3.3 倍，建设成本远远大于运

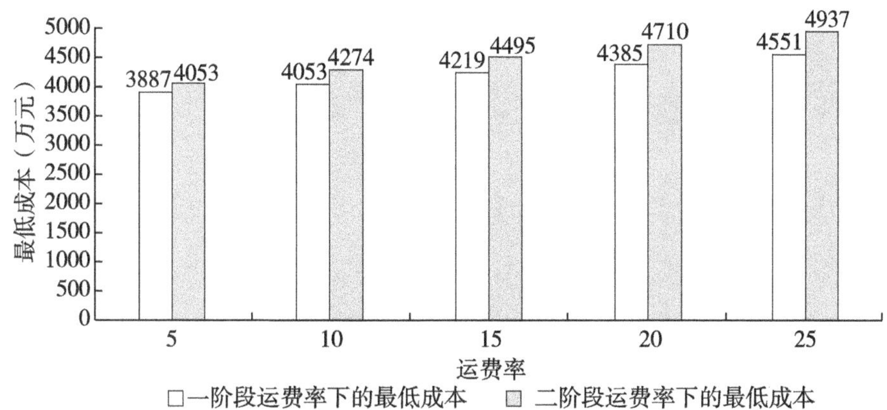

图 4.4 最低成本对两阶段运费率的灵敏度分析

输成本，运输成本的变动并未对选址方案产生影响，因此选址方案并未随运费率的改变而改变。

随着第二阶段运费率的增加，物流园区至客户阶段的运输费用逐渐增加，导致最低总成本逐渐增加；当第二阶段运费率增加为原来的 5 倍时，包含园区建设成本在内的最低总成本增加了 21.8%，但由于园区的建设成本为运输成本的 2.44 倍，选址方案也未随运费率的增加而改变。

②令第一阶段废气排放速率的期望 Eθ 依次等于 0.3、0.6、0.9、1.2，θ 依次服从均匀分布 U (0.2, 0.4)、U (0.4, 0.8)、U (0.6, 1.2)、U (0.8, 1.6)，保持其他参数不变，运行程序得出最低成本对第一阶段废气排放速率 θ 的灵敏度，如表 4.28 所示，最低成本变动情况如图 4.5 所示。

表 4.28 最低成本对第一阶段废气排放速率 θ 的灵敏度分析

θ 分布	Eθ	产业园区选址	物流园区选址
U(0.2, 0.4)	0.3	$\{I_3, I_4, I_5\}$	$\{J_2, J_4, J_5\}$
U(0.4, 0.8)	0.6		
U(0.6, 1.2)	0.9		
U(0.8, 1.6)	1.2		

随着第一阶段运输废气排放速率的波动，最低成本出现一定程度的波动，但选址方案并未改变，可见成本波动是分配方案变动引起的。当废气排放速率的均值在 0.3 ~ 1.2 之间波动时，最低总成本的波动范围较小，仅为 -0.17% ~0.25%。

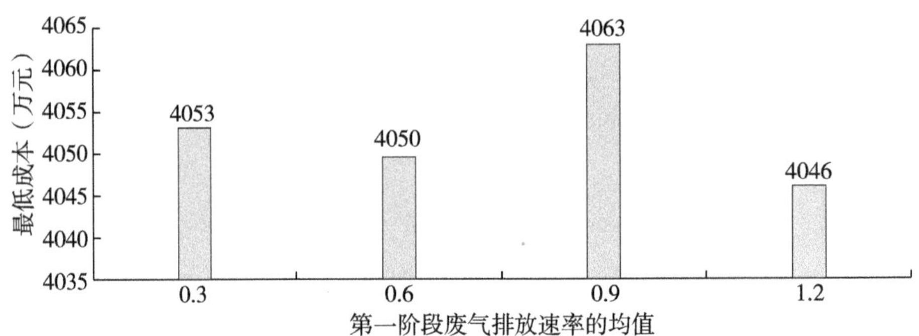

图 4.5　最低成本对第一阶段废气排放速率的灵敏度分析

③令第二阶段废气排放速率的期望 Eγ 依次等于 0.2、0.4、0.6、0.8，γ 依次服从均匀分布 U（0.1，0.3）、U（0.2，0.6）、U（0.3，0.9）、U（0.4，1.2），保持其他参数不变，运行程序得出最低成本对第二阶段废气排放速率 γ 的灵敏度，如表 4.29 所示，最低成本变动情况如图 4.6 所示。

表 4.29　最低成本对第二阶段废气排放速率 γ 的灵敏度分析

γ 分布	Eγ	产业园区选址	物流园区选址
U(0.1，0.3)	0.2	$\{I_3, I_4, I_5\}$	$\{J_2, J_4, J_5\}$
U(0.2，0.6)	0.4		
U(0.3，0.9)	0.6		
U(0.4，1.2)	0.8		

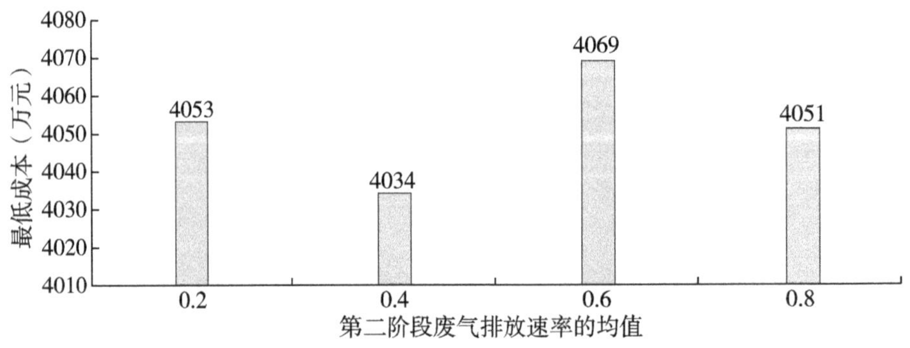

图 4.6　最低成本对第二阶段废气排放速率的灵敏度分析

随着第二阶段运输废气排放速率的波动，最低成本出现一定程度的波动，但选址方案并未改变，可见成本波动是运输方案变动引起的。当废气排放速率的均值在0.2~0.8之间波动时，最低总成本的波动范围较小，仅为-0.47%~0.39%。

④令园区建设完成后的有效使用年限T依次等于10、20、30、40、50，保持其他参数不变，运行程序得出最低成本对园区有效使用年限的灵敏度，如表4.30所示，最低成本变动情况如图4.7所示。

表4.30　最低成本对园区有效使用年限的灵敏度分析

T值	最低成本	产业园区选址	物流园区选址
10	11053		
20	5803		
30	4053	$\{I_3, I_4, I_5\}$	$\{J_2, J_4, J_5\}$
40	3178		
50	2653		

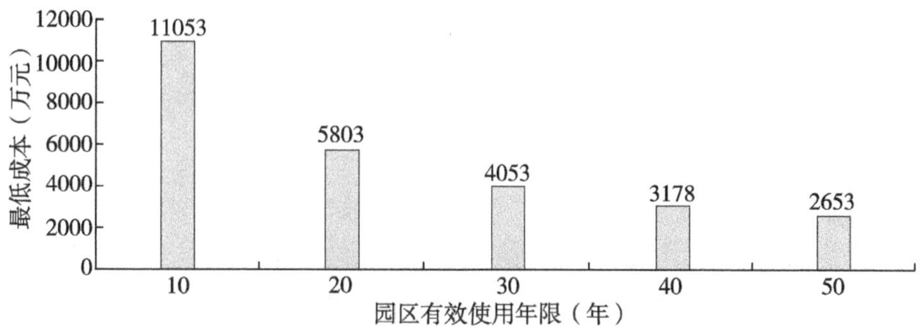

图4.7　最低成本对园区有效使用年限的灵敏度分析

随着园区建成后有效使用年限的增加，年均分摊建设成本下降，导致总成本下降；当使用年限为50年时，总建设成本下降为原来的60%，最低总成本下降为原来的65%，但由于两园区建设成本仍为两阶段运输总成本的3.8倍，选址方案并未随有效使用年限的改变而改变，模型具有一定的稳定性。

2. 最低总废气排放量的灵敏度分析

①令第一阶段运费率λ以及第二阶段运费率φ依次等于5、10、15、20、25，保持其他参数不变，随着λ、φ的变动，最低废气排放量条件下的产业园区选址点为$\{I_1, I_3, I_4, I_5\}$，物流园区选址点为$\{J_1, J_3, J_5\}$，最优选址方案并未改变，如表4.31所示，随着二阶段运费率的变动，最低废气排放量的变动情况如图4.8所示。

表 4.31　最低废气排放条件下不同运费率对应的选址方案

λ 值	φ 值	产业园区选址	物流园区选址
5	5		
10	10		
15	15	{I_1，I_3，I_4，I_5}	{J_1，J_3，J_5}
20	20		
25	25		

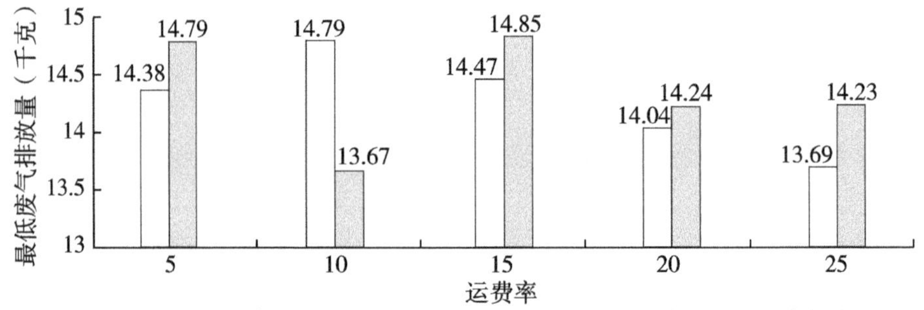

图 4.8　最低废气排放量对两阶段运费率的灵敏度分析

随着第一阶段运费率的波动，最低废气排放量也出现了波动趋势，但波动趋势并不明显，且最低废气排放量下的选址方案并未改变；当第一阶段运费率在 5 ~ 25 内波动时，最低废气排放量在 13.69 ~ 14.79 内波动，波幅仅为原废气排放量的 -7.4%，波幅较小。

随着第二阶段运费率的波动，最低废气排放量也出现了波动趋势，但波动趋势并不明显，且最低废气排放量下的选址方案并未改变；当第二阶段运费率在 5 ~ 25 内波动时，最低废气排放量在 13.67 ~ 14.85 内波动，波幅仅为原废气排放量的 -7.98%，波幅较小。

②令第一阶段废气排放速率的期望 Eθ 依次等于 0.3、0.6、0.9、1.2，θ 依次服从均匀分布 U (0.2，0.4)、U (0.4，0.8)、U (0.6，1.2)、U (0.8，1.6)，保持其他参数不变，运行程序得出最低废气排放量对第一阶段废气排放速率 θ 的灵敏度，如表 4.32 所示，最低废气排放量变动情况如图 4.9 所示。

表 4.32　最低废气排放量对第一阶段废气排放速率的灵敏度分析

θ 分布	Eθ	产业园区选址	物流园区选址
U(0.2, 0.4)	0.3	$\{I_1, I_3, I_4, I_5\}$	$\{J_1, J_3, J_5\}$
U(0.4, 0.8)	0.6		
U(0.6, 1.2)	0.9		
U(0.8, 1.6)	1.2		

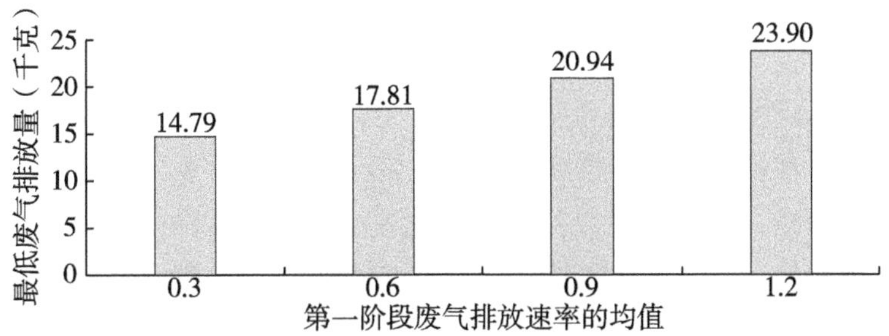

图 4.9　最低废气排放量对第一阶段废气排放速率的灵敏度分析

随着第一阶段废气排放速率的增加，最低废气排放量逐渐增加，但选址方案并未因废气排放速率的增加而调整；由于第一阶段废气排放量仅占总废气排放量的 20.89%，随着第一阶段废气排放速率的成倍增加，总废气排放速率的增加速度明显较慢，当第一阶段废气排放速率增加为原来的 4 倍时，总废气排放速率增幅仅为 61.5%。

③令第二阶段废气排放速率的期望 Eγ 依次等于 0.2、0.4、0.6、0.8，γ 依次服从均匀分布 U (0.1, 0.3)、U (0.2, 0.6)、U (0.3, 0.9)、U (0.4, 1.2)，保持其他参数不变，运行程序得出最低废气排放量对第二阶段废气排放速率 γ 的灵敏度，如表 4.33 所示，最低废气排放量变动情况如图 4.10 所示。

表 4.33　最低废气排放量对第二阶段废气排放速率的灵敏度分析

γ 分布	Eγ 值	产业园区选址	物流园区选址
U(0.1, 0.3)	0.2	$\{I_1, I_3, I_4, I_5\}$	$\{J_1, J_3, J_5\}$
U(0.2, 0.6)	0.4		
U(0.3, 0.9)	0.6		
U(0.4, 1.2)	0.8		

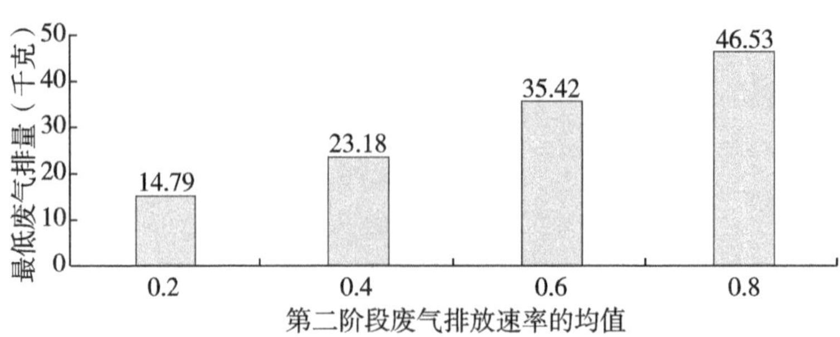

图 4.10　最低废气排放量对第二阶段废气排放速率的灵敏度分析

随着第二阶段废气排放速率的增加，最低废气排放量逐渐增加，但选址方案并未因废气排放速率的增加而调整；由于第二阶段废气排放量占总废气排放量的 79.1%，随着第二阶段废气排放速率的成倍增加，总废气排放速率的增加较为明显，当第二阶段废气排放速率增加为原来的 4 倍时，总废气排放速率增加为原来的 3.15 倍。

④令园区建设完成后的有效使用年限 T 依次等于 10、20、30、40、50，保持 λ 和 φ 不变，运行程序得出最低废气排放量对园区有效使用年限的灵敏度，如表 4.34 所示，最低废气排放量变动情况如图 4.11 所示。

表 4.34　最低废气排放量对园区有效使用年限的灵敏度分析

T 值	最低废气排放	产业园区选址	物流园区选址
10	13.79		
20	14.49		
30	14.79	$\{I_1, I_3, I_4, I_5\}$	$\{J_1, J_3, J_5\}$
40	13.59		
50	13.63		

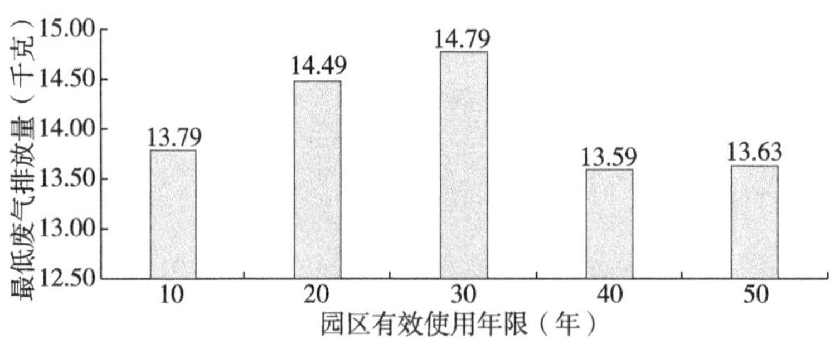

图 4.11　最低废气排放量对园区有效使用年限的灵敏度分析

随着园区建成后有效使用年限的波动，最低废气排放量出现波动趋势，但波动幅度不大，且最低废气排放量条件下园区的选址方案并未改变。随着园区有效使用年限在10～50年内波动，最低废气排放量在13.59～14.79内波动，波动幅度较小，仅为-8.1%。

上文分别从最低总成本和最低总废气排放量两个角度对5个主要参数进行灵敏度分析，可见随着某些参数的变动，两个目标函数值均出现了不同程度的波动，但两种条件下的最优选址方案并未改变，模型具有一定的稳定性。

4.7　基于产业园区的物流园区规模确定

4.7.1　引言

物流园区作为现代物流的重要组织形式，在我国物流产业发展中发挥着重要作用，其转型升级是否具有科学性直接关系到我国物流产业发展的成败，进而影响到我国产业转型升级的效率。产业转型升级指产业结构向着高级化、更有利于经济社会发展的方向发展。物流园区作为物流业的一种组织形式，与产业园区存在着联动关系，因此，产业园区转型升级过程中各种因素的变化将会影响到物流园区创新因素的变化。为了适应不断变化的产业环境，物流园区需要进行相应的转型升级，而物流园区的创新因素如何适应产业园区相应因素的变化需求是物流园区转型升级中的一个十分重要的问题。

国内外学者在产业转型升级方面积累了较多的研究成果，Bell和Albu（1999）认为企业转型升级需要关注企业的价值与其他企业难以复制的核心竞争力以及为最终消费者创造价值的能力。Teece和Pisano（1997）提出企业转型升级需要关注企业的动态能力，动态能力是长期学习以适应环境变化的能力，并强调企业必须努力应对不断变化的环境，创新发展自己的竞争能力。Gereffi（1999）进一步指出产业升级的层次是从低价值、劳动密集型产业到资本和技术密集型产业。Schmitz（2004）明确提出了一种以企业为中心、由低级到高级的四层次升级分类方法：一是流程升级，二是产品升级，三是功能升级，四是链条升级。Hashino T.（2013）发现中国的产业发展模式正在逐步从低端向高端改变。Hartijasti Y.（2015）研究指出中国改革开放后的经济高速增长与产业转型升级密切相关，但地区发展不平衡。李小平（2007）等认为产业转型升级和结构调整的目标是提高产业效率，要求产业规模增长和生产率增长呈正比，即所谓的维多恩（Verdoorn）效应。刘明杰（2010）等则侧重于分析生产性服务业嵌入制造业带来的产业效率提高和要素高级化，即将具有知识密集特征的生产性服务视为一种软性技术集合，分析生产性服务业的嵌入对制造业发展和第二、第三产业结构调整所起的作用。刘志彪（2012）认为中国将在扩大内需基础上实施深度的全球化战略，发掘基于内需的第二波“全球化红利”。赵放等（2014）认为促进高技术产业、生产性服务业形成共同转型升级，实现向总部经济或向一级供应商转变尤为重要。

现代物流业属于生产性服务业，在制造业转型升级过程中，物流业需要与制造业联动发展。生产性服务业与制造业的关系一直是相关研究领域的热点问题，也相应产生了许多观点，例如“需求遵从论”“供给主导论”和“互动论”“融合论”等。“需求遵从论”和“供给主导论”主要强调生产性服务业与制造业之间的单项因果关系，代中强（2008）通过对长三角16个城市的实证研究发现，我国大部分城市制造业和生产性服务业之间仅存在单向的因果关系，即生产者服务业是制造业发展的Granger原因，而制造业并不是生产者服务业发展的Granger原因。目前，许多学者更多地关注制造业与生产性服务业之间的相互依赖、相互作用、良性互动的互补性关系。但邱灵（2007）认为，在理解生产性服务业与制造业的互动关系时，应该依据不同地区、不同时期、不同产业特征，科学区分“需求”与“供给”何为矛盾的主要方面。杨玲（2009）通过对美国历年投入产出表的分析发现，美国生产者服务业在产业比重不断增加的同时，表现出逐渐与制造业分离的趋向。

物流园区的规模确定建立在区域经济增长的基础上，随着我国经济转型升级不断加快，制造业与物流业的联动发展日益受到重视。目前的研究成果大多为对我国制造业与物流业的联动发展重要性、现状等内容的定性分析和政策探讨，定量研究相对较少，而针对产业转型升级背景下的物流园区与产业园区联动发展的定量研究成果尤为不足。近年来，一些学者采用投入产出法对物流业与其他产业的关联关系进行了一定的分析，其研究以某一年投入产出表为基础，测算物流业与其他三次产业的直接和间接产业关联。学者陈志卷（2012）首次将出口基地模型运用到物流园区与区域经济增长的关系的研究中，其借鉴的主要是Dixon和Thirlwall（1975）的模型，该模型是在Kaldor（1970）提出的出口基地模型（Export - Base Model）基础上发展而来的。文章的中心观点是：区域外需求是区域经济增长的主要源泉，区域外市场需求一旦形成，区域经济的增长就不再受限于区域内市场，它可以利用区域自身的比较优势，形成区域出口专业化，实现规模经济和比较利益进而带动整个区域经济的增长。陈志卷（2012）在此基础上进行了模型的修正，使之更适应物流园区与区域经济增长之间的关联机制研究。模型中心思想是：物流园区促进区域经济增长的关键路径以区域输出增长为中介变量，以“物流园区发展——区域输出增加——区域经济增长——物流园区进一步发展……”为循环机制。

本书在上述论文提出的融入物流园区发展的出口基地累积增长模型的基础上，结合产业转型升级的特征选取相关指标为主要研究对象，进一步对模型进行修正，定量化地研究我国物流园区与产业园区之间的融合、互动及其变化趋势，从而揭示我国物流园区与产业园区的联动关系并客观预测转型升级背景下二者的联动发展趋势，为定量化地研究物流园区与产业园区之间的战略定位、功能定位以及制度创新等相关联动奠定基础。

4.7.2　模型构建

出口基地模型适用于描述物流园区、产业园区和外部经济环境之间的关系。本书将产业园区以及产业园区内部的子系统物流园区看作是一个封闭经济体，当产业园区向外部经济“出口”相应的产品和劳务时，将其视为封闭经济体对外进行“贸易”（见图4.12）。

根据图4.12中的关系，本书将Dixon－Thirlwall模型修正为适应产业转型升级背景的产业园区出口基地模型（见图4.13）。

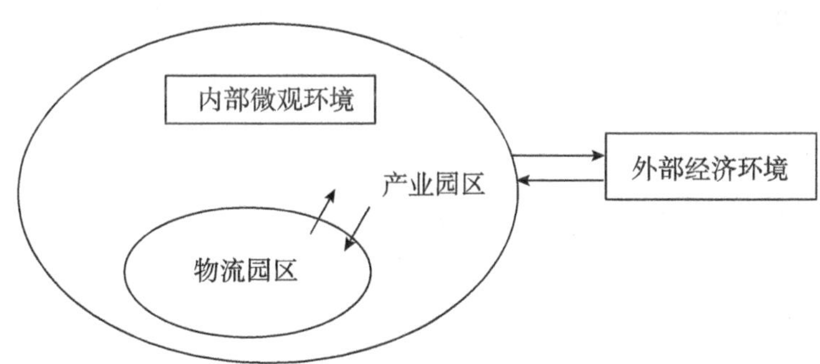

图4.12　物流园区、产业园区和外部经济环境之间的联动关系

根据图4.13中的流程，产业园区出口基地模型由如下函数关系式构成：

①物流园区产出增长率和物流园区劳动生产率增长率之间为线性关系。

$$q = \alpha + \lambda y_{-1} \tag{4.15}$$

y_{-1}为物流园区上一年的产出增长率，q为物流园区劳动生产率增长率，

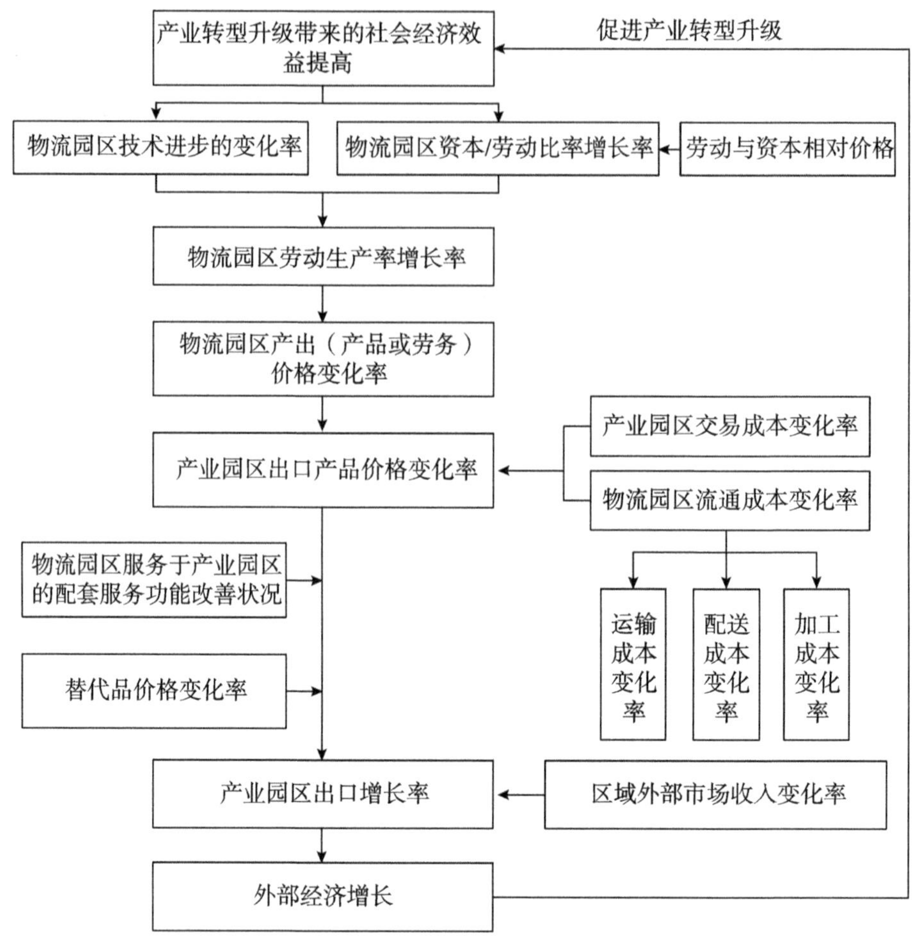

图 4.13　修正后的产业园区出口基地模型

α 为不依赖于产出增长的生产率的自主增长率，λ 为凡登系数，是一个常数。公式（4.15）表明 q 与 y_{-1} 成线性关系，其含义为劳动生产率的增长部分由上一期的产出增长决定，部分由其他未知的因素决定。物流园区产出增长越快，劳动生产率增长也就越快。

②物流园区产出产品价格的上涨率为物流园区产出产品成本的上涨率与物流园区劳动生产率增长率之差。

$$p = w - q \tag{4.16}$$

p 为物流园区产出产品价格上涨率，w 为物流园区产出产品成本上涨率，q 为物流园区劳动生产率增长率。公式（4.16）表明物流园区产出产品成本上涨率的任何增长将直接反映到物流园区的通胀率上，而物流园区生产率的增长将降低通胀率。

③产业园区出口产品价格变化率由物流园区产出产品价格变化率、物流园区产品流通成本和产业园区交易成本变化率共同决定。

$$w_c = F\ (p,\ w_1,\ w_2) \tag{4.17}$$

$$w_1 = G\ (w_{1t},\ w_{1d},\ w_{1p}) \tag{4.18}$$

w_c 为产业园区产出产品价格变化率，w_1 为物流园区产品流通成本，w_2 为产业园区交易成本变化率。w_{1t}为物流园区运输成本变化率，w_{1d}为物流园区配送成本变化率，w_{1p}为物流园区加工成本变化率。式（4.17）和式（4.18）表明，物流园区产出产品价格、物流园区产品流通成本和产业园区交易成本下降，最终会导致产业园区出口产品价格的相对下降。

④产业园区产出增长取决于产业园区产出产品价格变化率、区域产品主要替代品价格上涨率、区域产品外部市场收入增长率以及物流园区服务于产业园区的配套服务功能改善状况。

$$x = b_0 * w_c + b_1 * p_f + b_2 * z + f * A \tag{4.19}$$

x 为产业园区产出增长，$b_0 < 0$ 和 $b_1 > 0$ 为需求的价格弹性，b_2 为域外市场对产业园区产出产品需求的收入弹性，f 是需求对产品配套服务水平的弹性，p_f 为区域产品主要替代品价格上涨率，z 为区域产品外部市场收入增长率，A 为物流园区服务于产业园区的配套服务功能改善状况。公式（4.19）表明，产业园区出口产品价格上涨率相对于其主要替代产品价格上涨度越低，区域外市场收入增长越快，物流园区服务于产业园区的配套服务功能水平越高，则产业园区的出口增长相对越快。

⑤外部经济增长与产业园区产出增长的函数关系。

$$y = \gamma * x \tag{4.20}$$

γ 为区域产出增长对其出口增长的反应度，y 为区域外部经济增长量。公式（4.20）表示，产业园区产出增长会提高区域外部经济增长水平，从而促进社会经济效益提高，进而促进产业的转型升级，故整个模型中各要素之间的影响是累积的和循环的。

由上述模型可知，在整个模型的循环过程中，物流园区发挥了比较大的作用，物流园区由劳动生产率增长率引起的园区产出产品及劳务价格变动率、物流园区的流通成本（包括运输成本、配送成本、加工成本）以及物流园区服务于产业园区的配套服务功能完善状况等因素影响产业园区出口增长率，进而对区域外部经济增长水平起到一定的作用。在产业转型升级背景下，物流园区面临着相应的转型升级，尤其是在产业园区的配套服务功能完善方面，这符合模型的累积循环效应。故该模型在解释物流园区、产业园区以及外部经济联动关系方面比较有效。

在上述产业园区出口基地模型的基础上，本书选用工业品物流增长率、工业产出增加量以及 GDP 增加量三个指标反映物流园区、产业园区和外部经济三者之间的关系，用三者联动方程中的系数来反映两两联动效应的强弱。三者之间的函数关系式如下：

①GDP 增长量 Y 与产业园区产出增长量 x 的函数关系：

$$Y = r * x \tag{4.21}$$

GDP 增长量 Y 与产业园区产出增长量 x 之间关联的紧密程度主要取决于 r 值的大小。

②GDP 增长量 Y 与上一年工业品物流总额 y_{-1} 的函数关系：

$$Y = \gamma \{b_0 F\{[w - (\alpha + \lambda y_{-1})], G(w_{1t}, w_{1d}, w_{1p}), w_2\} + b_1 p_f + b_2 Z + fA\} \tag{4.22}$$

由式（4.22）可知，衡量 GDP 增长量 Y 与上一年工业品物流总额 y_{-1} 之间联动紧密程度的关系式是：

$$\gamma\{b_0 F\{[w - (\alpha + \lambda y_{-1})]\}\} \tag{4.23}$$

③由式（4.22）和式（4.23），可以得出产业园区产出增长量 x 与上一年工业品物流总额 y_{-1} 的函数关系：

$$x = b_0 F\{[w - (\alpha + \lambda y_{-1})], G(w_{1t}, w_{1d}, w_{1p}), w_2\} + b_1 p_f + b_2 Z + fA \tag{4.24}$$

由式（4.24）可以得到衡量工业园区产出增长量 x 与上一年工业品物流总额 y_{-1} 之间联动紧密程度关系式：

$$b_0 F[w - (\alpha + \lambda y_{-1})] \tag{4.25}$$

④基于区域产业园区产出增长量的区域物流园区规模表达式。

由公式（4.26）可得到区域物流园区规模与区域产业园区产出增长量之间的关系表达式为：

$$S_n = S_0 + \frac{(n-1)\mu b_0}{365} * F[w - (\alpha + \lambda y_{-1})] \tag{4.26}$$

其中，S_n 表示区域规划目标年距离规划基年时间为 n 年的物流园区规模，S_0 表示规划基年的区域物流园区规模（为已知数据），μ 表示单位产出能力用地参数（李玉民、李旭宏等，2003），一般取 $30 \sim 50m^2/t$。

4.7.3 实证分析

1. 数据收集与整理

本书以南京都市圈为例进行实证分析，南京都市圈是一个跨越我国东部和中部的经济区域，主要由江苏省的南京市、镇江市、扬州市、淮安市以及安徽省的芜湖市、马鞍山市、滁州市、宣城市 8 个城市组成。①

本书在第 5 章中的“5.1.4 模型主要参数确定”中，通过数据分析，将 2011 年确定为产业转型升级前后的拐点，因此，本部分实证分析将 2011 年作为南京都市圈产业转型升级的拐点。

本书选取南京都市圈中的生产服务型物流园区与工业园区为代表，南京都市圈 GDP 值、生产服务型物流园区的工业品物流总额以及工业园区的工业产业产出额分别见表 4.35、表 4.36 和表 4.37，相关指标的汇总数据见表 4.38。

表 4.35 2009—2018 年南京都市圈 8 个城市 GDP 值

（单位：万亿元）

城市	2009	2010	2011	2012	2013	2014	2015	2016	2017	2018
南京	0.423	0.501	0.615	0.72	0.801	0.882	0.986	1.066	1.172	1.282
扬州	0.186	0.221	0.263	0.293	0.325	0.37	0.408	0.452	0.506	0.547
镇江	0.167	0.199	0.231	0.263	0.298	0.325	0.356	0.390	0.401	0.405
淮安	0.112	0.139	0.169	0.192	0.221	0.246	0.277	0.308	0.333	0.360
芜湖	0.09	0.111	0.166	0.187	0.21	0.231	0.246	0.270	0.296	0.328
马鞍山	0.067	0.081	0.114	0.123	0.129	0.133	0.137	0.149	0.171	0.192
滁州	0.058	0.07	0.085	0.097	0.109	0.121	0.131	0.142	0.160	0.180
宣城	0.043	0.053	0.067	0.076	0.084	0.092	0.097	0.106	0.119	0.132
合计	1.146	1.375	1.71	1.951	2.177	2.4	2.638	2.883	3.158	3.426

数据来源：南京都市圈统计年鉴（2018 年），各城市物流年鉴

表 4.36 2009—2018 年南京都市圈生产服务型物流园区工业品物流总额

（单位：万亿元）

城市	2009	2010	2011	2012	2013	2014	2015	2016	2017	2018
南京	0.742	0.873	1.031	1.316	1.386	1.455	1.554	1.749	1.943	2.109

① 截至目前，南京都市圈还包括常州市的溧阳和金坛两个区域。本书的研究基于 8 个主要城市的数据。

续表

城市	2009	2010	2011	2012	2013	2014	2015	2016	2017	2018
扬州	0. 415	0. 546	0. 645	0. 683	0. 820	0. 864	0. 972	1. 136	1. 250	1. 421
镇江	0. 337	0. 439	0. 546	0. 647	0. 770	0. 873	0. 998	1. 073	1. 194	1. 341
淮安	0. 172	0. 207	0. 242	0. 294	0. 331	0. 377	0. 421	0. 482	0. 563	0. 619
芜湖	0. 157	0. 182	0. 224	0. 253	0. 292	0. 328	0. 384	0. 462	0. 569	0. 683
马鞍山	0. 122	0. 130	0. 116	0. 131	0. 155	0. 166	0. 189	0. 217	0. 236	0. 272
滁州	0. 067	0. 080	0. 094	0. 101	0. 125	0. 142	0. 171	0. 197	0. 224	0. 258
宣城	0. 069	0. 083	0. 083	0. 074	0. 090	0. 103	0. 112	0. 119	0. 132	0. 153
合计	2. 081	2. 540	2. 981	3. 499	3. 969	4. 308	4. 801	5. 435	6. 111	6. 856

数据来源：南京都市圈统计年鉴（2018 年），各城市物流年鉴

表 4. 37　2009—2018 年南京都市圈工业园区工业产业产出额

（单位：万亿元）

城市	2009	2010	2011	2012	2013	2014	2015	2016	2017	2018
南京	0. 676	0. 850	1. 035	1. 141	1. 265	1. 324	1. 405	1. 617	1. 873	2. 159
扬州	0. 446	0. 587	0. 694	0. 734	0. 850	0. 946	1. 083	1. 257	1. 385	1. 579
镇江	0. 321	0. 418	0. 520	0. 616	0. 720	0. 810	0. 931	1. 057	1. 146	1. 253
淮安	0. 159	0. 239	0. 286	0. 367	0. 480	0. 567	0. 653	0. 758	0. 874	1. 037
芜湖	0. 145	0. 210	0. 344	0. 389	0. 449	0. 504	0. 558	0. 613	0. 675	0. 743
马鞍山	0. 113	0. 150	0. 179	0. 201	0. 238	0. 256	0. 279	0. 302	0. 336	0. 382
滁州	0. 062	0. 092	0. 144	0. 156	0. 192	0. 219	0. 241	0. 259	0. 284	0. 301
宣城	0. 064	0. 096	0. 128	0. 114	0. 139	0. 158	0. 174	0. 197	0. 224	0. 253
合计	1. 986	2. 642	3. 330	3. 718	4. 333	4. 784	5. 324	6. 060	6. 797	7. 707

数据来源：南京都市圈统计年鉴（2018 年），各城市物流年鉴

表 4. 38　2009—2018 年南京都市圈相关指标值汇总表

（单位：万亿元）

类别	2009	2010	2011	2012	2013	2014	2015	2016	2017	2018
生产服务型物流园区工业品物流总额	2. 080	2. 539	2. 981	3. 499	3. 969	4. 308	4. 801	5. 435	6. 111	6. 856
工业品物流增长量	0. 278	0. 459	0. 442	0. 518	0. 470	0. 358	0. 493	0. 634	0. 676	0. 745

续表

类别	2009	2010	2011	2012	2013	2014	2015	2016	2017	2018
工业园区工业产业产出额	1.986	2.642	3.330	3.718	4.333	4.784	5.324	6.060	6.797	7.707
工业园区产出增加量	0.624	0.656	0.688	0.388	0.615	0.451	0.540	0.736	0.737	0.910
GDP	1.146	1.375	1.710	1.951	2.177	2.400	2.638	2.883	3.158	3.426
GDP 增加量	0.142	0.229	0.335	0.241	0.226	0.223	0.238	0.245	0.275	0.268

2. 数据分析

(1) GDP 增加量 Y 与工业园区产出增加量 x 的关系

首先通过排除极端值的影响，用散点图的方式观测因变量 GDP 增加量 Y 与自变量工业园区产出增加量 x 之间的线性关系，然后应用 SPSS 统计软件，建立和分析线性回归方程，得出模型汇总和参数估计值统计表，见表 4.39、表 4.40 和表 4.41。由表 4.41 可以看出，sig 值约为 0.048，说明二者之间存在线性关系，GDP 增加量 Y 与工业园区产出增加量 x 的线性联动关系表达式为：

$$Y = -1.055 + 1.986x \qquad (x > 0,\ Y > 0) \tag{4.27}$$

GDP 增加量 Y 与工业园区产出增加量 x 的联动如图 4.14 所示，二者的相关（联动）系数即 GDP 增加量对工业园区产出增加量的反应度 R = 1.986，说明南京都市圈工业园区产出增加量与 GDP 增加量之间有高度的线性正相关关系。因此，工业园区产出增加会促使 GDP 增加量明显提升，二者联动效果较好。

表 4.39　模型汇总表

模型	R	R^2	调整 R^2	标准估计的误差
1	0.842[a]	0.710	0.565	0.051664

注：a 为预测变量（常量），表示工业园区产出增加量。

表 4.40　方差分析表 a

模型		平方和	df	均方	F	sig
1	回归	0.013	1	0.013	4.890	0.048[b]
	残差	0.005	2	0.003		
	总计	0.018	3			

注：a 为因变量，表示 GDP 增加量；b 为预测变量（常量），表示工业园区产出增加量。

表 4.41 系数分析表 a

模型		非标准系数		标准系数	t	sig
		B	标准误差			
1	（常量）	-1.055	0.581		-1.817	0.211
	工业园区产出增加量	1.986	0.898	0.842	2.211	0.048

注：a 为因变量，表示 GDP 增加量。

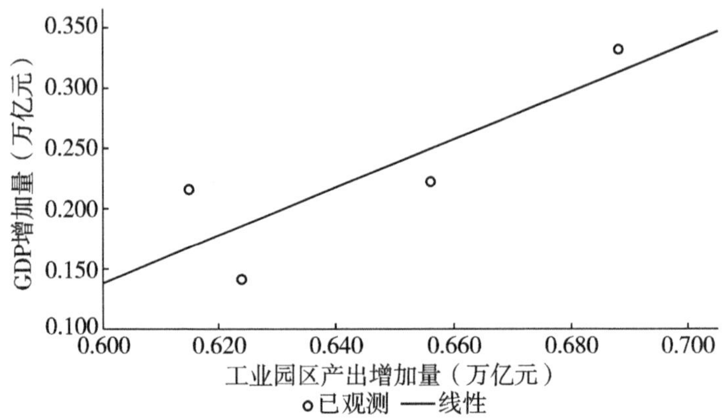

图 4.14 GDP 增加量与工业园区产出增加量联动关系

（2）GDP 增加量 Y 与物流园区的工业品物流增长率 y_{-1} 的关系

通过应用 SPSS 软件，采用回归分析模型分析因变量 GDP 增加量 Y 与自变量物流园区的工业品物流增长率 y_{-1}，结果如表 4.42 所示。由表 4.42 可知，由于三次方程中的 sig 值最小（$sig = 0.015 < 0.05$），且对应的 $R^2 = 1$，说明用三次方程模型拟合度较高。因此，本书用三次方程关系来描述南京都市圈 GDP 增加量 Y 与工业品物流增长率 y_{-1} 的联动关系，表达式如（4.28）和（4.29）所示：

$$Y = 0.169 + 0.831 y_{-1} - 12.018 y_{-1}^{3} \quad (Y > 0,\ y_{-1} > 0) \tag{4.28}$$

$$\frac{\partial_{Y}}{\partial_{y_{-1}}} = 0.831 - 38.94 * y_{-1}^{2} \tag{4.29}$$

表 4.42 GDP 增加量与物流园区的工业品物流增长率模型汇总和参数估计值统计表

方程	模型汇总					参数估计值			
	R^2	F	df1	df2	sig	常数	b1	b2	b3
线性	0.532	2.270	1	2	0.271	0.293	-0.429		

续表

方程	模型汇总					参数估计值			
	R^2	F	df1	df2	sig	常数	b1	b2	b3
对数	0. 366	1. 155	1	2	0. 395	0. 113	-0. 057		
倒数	0. 239	0. 630	1	2	0. 511	0. 171	0. 006		
二次	0. 999	836. 702	2	1	0. 024	0. 114	1. 956	-6. 662	
三次	1. 000	2369. 521	2	1	0. 015	0. 169	0. 831	0. 000	-12. 018
复合	0. 538	2. 333	1	2	0. 266	0. 320	0. 100		
幂	0. 375	1. 199	1	2	0. 388	0. 121	-0. 306		
S	0. 249	0. 663	1	2	0. 501	-1. 798	0. 035		
增长	0. 538	2. 333	1	2	0. 266	-1. 138	-2. 304		
指数	0. 538	2. 333	1	2	0. 266	0. 320	-2. 304		
Logistic	0. 538	2. 333	1	2	0. 266	3. 122	10. 018		

注：因变量为 GDP 增加量，自变量为上一年物流园区的工业品物流增长率。

南京都市圈的 GDP 增加量 Y 与物流园区的工业品物流增长率 y_{-1} 的联动关系如图 4. 15 所示。从图 4. 15 中可以看出，二者的联动情况稍显复杂。经过计算，在物流园区的工业品物流增长率达到 0. 14 之前，物流园区的工业品物流增长率随着 GDP 增加量的增加呈现上升的趋势，即物流园区工业品物流增长率与 GDP 增加量之间表现为正相关关系；GDP 增加量在物流园区工业品物流增长率为 0. 14 左右时达到最大值，约为 0. 25 万亿元；随后，GDP 增加量

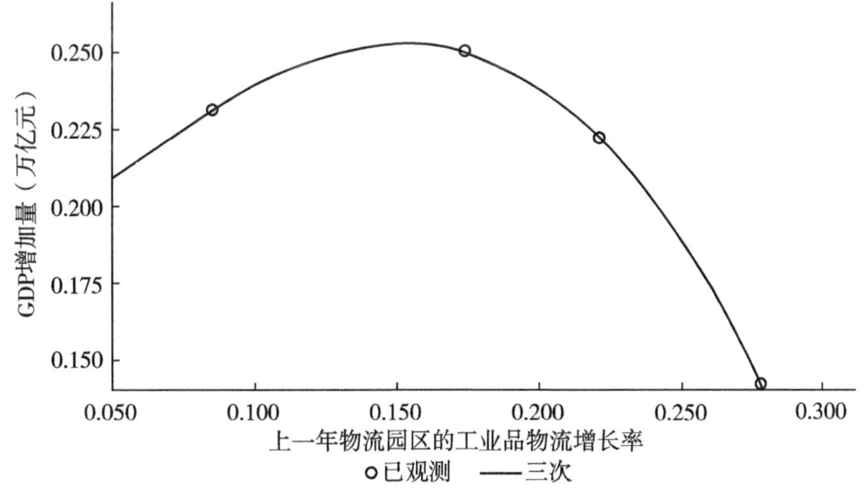

图 4. 15　GDP 增加量与物流园区的工业品物流增长率联动关系

随着物流园区的工业品物流增长率增加呈现下滑的趋势，且下滑幅度大于上升幅度。这表明南京都市圈在产业转型升级前粗放式经济发展模式下区域经济发展与物流量增长之间呈现出相互促进和相互依赖的关系，而在产业转型升级后，物流量的增长对区域经济发展的贡献作用明显减小，二者相互分离。因此，随着经济发展阶段、市场化程度以及产业自身演变趋势的变化，GDP增加量与物流园区的工业品物流增长率之间的互动关系呈现出阶段性变化的特征。

（3）工业园区产出增长量 x 与工业品物流增长率 y_{-1} 之间的关系

通过应用 SPSS 软件，采用回归分析模型分析因变量工业园区产出增长量 x 与自变量工业品物流增长率 y_{-1}，如表 4.43 所示。由表 4.43 可以看出，二次方程中的 $sig = 0.043 < 0.05$，通过显著性检验，在此基础上，$R^2 = 0.957 > 0.9$，$F = 22.4$，说明二次方程模型拟合度较好。因此，本书选用二次方程关系来描述南京都市圈工业园区产出增长量 x 与工业品物流增长率 y_{-1} 的联动关系，如式（4.30）所示：

$$x = 0.032 + 6.31y_{-1} - 15.173y_{-1}^{2} \quad (x > 0, \ y_{-1} > 0) \tag{4.30}$$

工业园区产出增长量 x 与工业品物流增长率 y_{-1} 的联动趋势如图 4.16 所示，二者的联动情况也稍显复杂。经过计算，在物流园区的工业品物流增长率达到 0.21 之前，南京都市圈工业园区产出增长量随着工业品物流增长率的

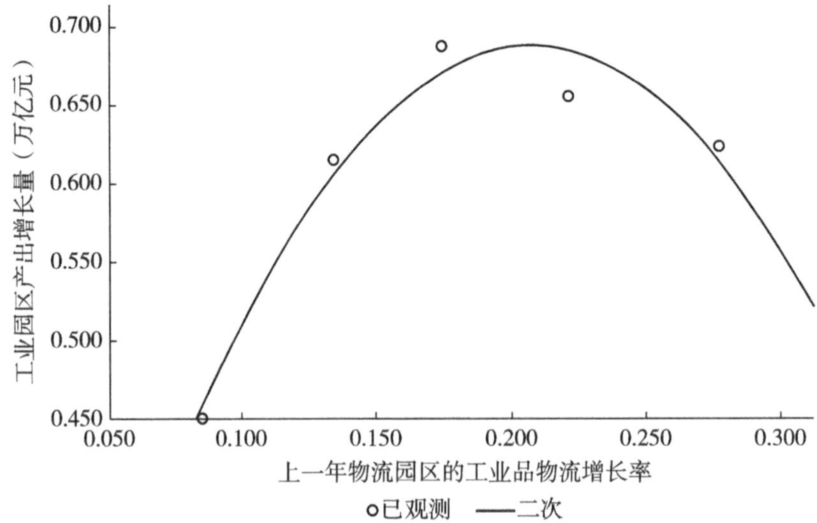

图 4.16　工业园区产出增长量与物流园区工业品物流增长率的关系

增加呈现上升的趋势，二者表现为正相关关系，即二者之间相互依赖或相互促进；当工业品物流增长率达到0.21时，工业园区产出增长量达到最大值，约为0.688万亿元左右；随后，工业园区产出增长量随着工业品物流增长率的增长呈现出下滑的趋势，且其下滑幅度与上升幅度大致相当。这表明在产业转型升级前，南京都市圈在粗放式经济发展模式下，工业园区产出量增长带动了生产服务型物流园区的物流增长率增长，而在产业转型升级后，由于增值服务功能和配套服务功能逐渐成为主要服务功能，工业园区产出增长量的减少不会影响生产服务型物流园区的工业品物流增长率增长。因此，物流园区工业品物流增长率与工业园区产出增长量之间的互动关系呈现出阶段性变化的特征。

表4.43　工业园区产出增长量与工业品物流增长率模型汇总和参数估计值统计表

方程	模型汇总					参数估计值			
	R^2	F	df1	df2	sig	常数	b1	b2	b3
线性	0.412	2.101	1	3	0.243	0.467	0.786		
对数	0.589	4.297	1	3	0.130	0.883	0.153		
倒数	0.746	8.832	1	3	0.059	0.770	-0.025		
二次	0.957	22.400	2	2	0.043	0.032	6.310	-15.173	
三次	0.989	28.997	3	1	0.135	-0.318	13.348	-57.547	78.055
复合	0.431	2.272	1	3	0.229	0.463	4.286		
幂	0.609	4.666	1	3	0.120	0.999	0.282		
S	0.767	9.856	1	3	0.052	-0.211	-0.045		
增长	0.431	2.272	1	3	0.229	-0.770	1.455		
指数	0.431	2.272	1	3	0.229	0.463	1.455		
Logistic	0.431	2.272	1	3	0.229	2.159	0.233		

注：因变量为工业园区产出增加量，自变量为上一年物流园区的工业品物流增长率。

3. 物流园区规模计算

由公式4.26和公式4.30可得出规划目标年南京都市圈物流园区总规模表达式：

$$S_n = S_0 + \frac{(n-1)\ \mu}{365} \times (0.032 + 6.31y_{-1} - 15.173y_{-1}^2) \qquad (4.31)$$

4.7.4 结论

本书在出口基地模型基础上，对 Dixon – Thirlwall 模型进行相应修改，使之适应本书的研究背景，即产业转型升级背景下物流园区产出增长、产业园区产出增长以及外部经济增长之间的联动。通过修正后的出口基地模型的理论分析与联动图形的表达，构建了物流园区与产业园区以及外部经济之间的联动关系表达式。在此基础上，本书以南京都市圈中的生产服务型物流园区与工业园区为例进行了实证分析，以工业品物流总额作为生产服务型物流园区的产出额，以工业产业产出额作为工业园区的产出额，以 GDP 值作为外部经济的值，通过数据收集、整理与分析，论证了三者的联动表达式，定量化地说明了南京都市圈经济区域中三者的联动特征。在此基础上，建立了用工业品物流增长率表达物流园区总规模的表达式，使得物流园区总规模的计算趋于合理。

第5章　物流园区服务功能创新研究

关于物流园区服务功能的研究，结合产业转型升级背景研究物流园区的服务功能创新的成果相对较少；关于产业转型升级的研究，目前很多学者的研究重点主要是转型升级的内涵、影响因素以及转型升级途径分析，将产业转型升级和物流园区服务功能创新结合起来进行研究的情况还不多见。在此背景下，本书从研究物流园区与产业园区的宏观、微观联动关系开始，构建相应的联动模型，进而建立产业转型升级背景下物流园区服务功能创新模型，并针对每一类物流园区特性探索与之相适应的服务功能创新。

为了分析产业园区与物流园区服务功能在发展趋势上的联动关系，本书引入系统动力学模型，并用 Vensim 软件进行仿真模拟研究。

5.1　基于系统动力学的产业园区与物流园区服务功能联动

世界各国的区域发展实践表明，区域经济发展的核心在于关联与互动，区域经济发展也越来越强调通过产业联动来促进区域产业结构优化升级和提升区域竞争力。国内外学者在产业联动研究方面均取得了一定的成果。Gereffi 指出地方生产网络应在同一价值链的各个环节和不同价值链中，通过与其他经济行为主体之间的互动，嵌入全球价值链某个或某几个位置，利用一种价值活动与另一种价值活动之间的关系，创造、保持和捕捉更多的价值。Gereffi 的这种远见是区域产业联动理论最初的依据，随后，Schmitz（2003）、Hashino 等认为区域产业联动是促进产业链升级、应对全球竞争压力和提升区域竞争力的有效途径。Peng Kua、Wei Li 等运用系统动力学模型，分别从产业结构、产业规模和产业效率三个因素着手，对资源型城市的产业联动进行了相关研究，并指出重工业应该调整转向高新技术产业发展。

国内学者从 2000 年开始对产业联动进行研究，胡大立从产业协同的角度分析了产业之间的关联，他认为影响产业关联的因素包括产业类型、企业规模、地方政策、社会文化以及心理因素等。聂锐、吕涛等认为产业联动是以产业关联为基础，位于产业链同一环节或不同环节的企业之间为了降低交易费用、减少经营风险而进行的产业协作活动。吴希认为，促进我国跨区域产业联动协调发展，需要提升区域产业资源性优势，建立跨区域产业同类型企业的合作机制。杨永聪、申明浩构建了地区外贸包容性增长的评价指标，并且通过空间面板计量模型探讨了地区外贸包容性增长对创新能力发展的影响，建议建立完善的地区外贸与产业联动发展机制。由此可见，许多学者认为产业之间存在着一定的联动关系。

随着我国物流产业的快速发展，物流园区与产业园区的联动关系逐渐成为研究的热点问题。2006 年以来，国内一些学者开始研究物流产业与其他相关产业之间的联动关系，高更君等通过对长三角物流产业联动研究，认为条块分割、产业结构同化、信息化程度低以及物流专业化程度不高是影响该区域产业联动的主要障碍。程艳等认为物流产业是一个集协调性、复合性和整合性于一体的产业，在国民经济系统中发挥类似于“动脉”的作用，与绝大部分产业部门均存在着产业关联。程永伟、龚英基于垂直专业化理论和投入产出法建立物流业与国民经济产业的供需联动发展模型，分析全国八大经济区域物流业与相关产业的联动发展状况，并根据两种联动发展类型的关系强弱确定联动主导产业。贺玉德、马祖军通过区域物流和区域经济相互作用分析，构建以 CRITIC 值为权重系数的 DEA 协同发展模型，以 2003—2012 年四川省区域物流和区域经济发展数据进行了实证分析。田宇、杨艳玲选取珠三角 242 家物流服务企业进行实证分析，探索了互动导向对新服务开发和服务创新绩效的影响。

从目前的研究成果看，在研究产业联动的方法选择上，大部分学者采用了投入产出法，也有部分学者利用其他方法，李国平利用经济联系量衡量区域间经济联系强度，分析经济中心辐射潜能及其强弱的空间变化。车冰清运用三次产业相似系数、区位灰色关联和产业合作潜力模型，研究得出了几大经济板块三次产业结构相似系数和灰色关联度。20 世纪 90 年代以来，系统动力学方法开始在物流领域中得到应用，Angerhofer 将物流领域的系统动力学研究归纳为三类：供应链物流研究、供应链流程再造研究以及供应链的理论研究。张力菠等基于系统动力学模型论证了系统动力学方法应用于现代供应链管理问题研究的可行性，并进一步提出了研究方向。陈航应用系统动力学理论对港城互动关系进行实证研究，选用系统动力学模型概括港口系统指标、城市系统指标等重要因素，并进行定量与定性相结合的系统动力学研究，验证了港城之间存在较强的联动关系。樊敏认为我国制造业与物流业联动发展问题已具备一定的研究基础，但相关量化分析框架及评价体系仍缺乏研究。李健、张文文等基于系统动力学理论，从政府应急管理的视角出发，构建了应急物资调运的一般系统动力学模型，研究影响应急物资调运速度的主要因素。王翠霞以银河杜仲生猪规模养殖生态农业系统为例，构建了生态农业规模化经营系统动力学模型，并基于系统动力学仿真实验方法进行了仿真实验。仲勇、陈智高等通过整合挣值法和系统动力学理论，在分析资源可用性和工作可操作性之间因果关系的基础上，构建了大型建筑工程项目多资源配置的系统动力学模型，并对模型进行了仿真。

由文献综述可知，许多学者使用投入产出法进行产业联动的研究，这一方法已经比较成熟。还有部分学者使用系统动力学理论对物流系统、农业系统以及资源配置系统等各个方面进行了分析。由于系统动力学理论擅长处理高阶、非线性时变问题，尤其在处理复杂系统时有着突出的优越性，而物流园区和产业园区作为经济领域的重要组成部分，属于复杂的经济产业系统，并且二者之间具有联动关系，因此，本书尝试构建系统动力学模型，应用Vensim软件进行仿真模拟，对物流园区和产业园区在转型升级背景下的联动关系进行研究，以探讨我国物流园区服务功能创新的发展方向。

5.1.1 模型构建

1. 模型的边界界定及说明

（1）产业园区边界界定

产业系统指生产系统以及生产系统的外延系统所构成的统一整体，本书研究的产业系统包括第一产业、第二产业和第三产业，因此，本书选择第一产业增加值、第二产业增加值和第三产业增加值三个指标衡量产业系统的发展。在产业转型升级背景下，产业园区面临着跨境化、增值化、信息化以及配套化的发展趋势。本书选取“进出口交易额”作为衡量跨境化的指标。由于产业园区增值化趋势在一定程度上与产业园区信息化趋势密不可分，信息化的运用使得产业园区的增值额不断增长，而电子商务交易额在一定程度上能够反映信息化和增值化双重趋势，因此在选择影响产业园区增值化和信息化的衡量指标时，本书选择了共同影响指标——电子商务交易额。产业园区所需要的配套服务，诸如社会配套、商业配套、生活配套以及生态配套等，其发展完善也是产业园区转型升级的一个表现，本书引入“固定资产投资额”这一指标衡量产业园区配套化。

（2）物流园区边界界定

物流系统是由物流各要素所组成的，要素之间存在有机联系并使物流总体具有合理化功能的综合体。物流园区随着产业园区的转型升级而发生改变，本书将物流园区服务功能分为三个方面：物流园区基本服务、物流园区增值服务以及物流园区配套服务。

物流园区基本服务额涵盖了跨境物流费用以及非跨境物流费用，在模型中的衡量指标包括跨境交易产生的物流费用（通过跨境交易额和跨境交易产生的物流费用占跨境交易额的比例两个指标计算得出）以及跨境交易外交通运输、仓储和邮政业产值。具体计算公式为：物流园区基本服务额 = 跨境交易产生物流费用占跨境交易额比例 * 跨境交易总额 + 境内交通运输、仓储和邮政业产值。其中，跨境交易额，交通运输、仓储和邮政业产值以及跨境交易产生的物流费用等数据由《中国电子商务市场数据监测报告》（2005—2013年）、《中国物流年鉴》（2005—2013 年）获得。物流园区的增值服务额主要由信息化带来的物流增值服务额（通过电子商务交易额和电子商务交易额对物流园区增值服务额的贡献率两个指标计算得出）这一指标衡量。物流园区配套服务额主要由固定资产投资额带来的物流园区配套服务额（通过固定资产投资额和固定资产投资额对物流园区配套服务额的贡献率两个指标计算得出）这一指标衡量。

2. 系统建模思路

本书的联动系统分为产业系统与物流系统两个子系统，根据系统动力学原理，以产业园区和物流园区复合系统为建模对象，在因果反馈分析的基础上，绘制系统建模流图。通过对系统结构和各变量之间的逻辑关系进行分析，建立系统动力学方程，在此基础上确定各变量之间的定量关系，并进行仿真运算，得出各变量的模拟值和模拟结果曲线图表。通过调整模型中的控制参量，反复模拟实验，得到 ILSD（Industry - Logistics System Dynamics）模型，如图 5. 1 所示。

5. 1. 2　因果反馈分析

产业园区与物流园区功能联动系统仿真模型中，各变量之间存在正向（+）和反向（-）反馈作用，避免了单向模拟和人工干预的缺点，使仿真模拟结果更加科学。图 5. 2 为产业园区系统和物流园区系统在功能上的主要因果反馈关系图。

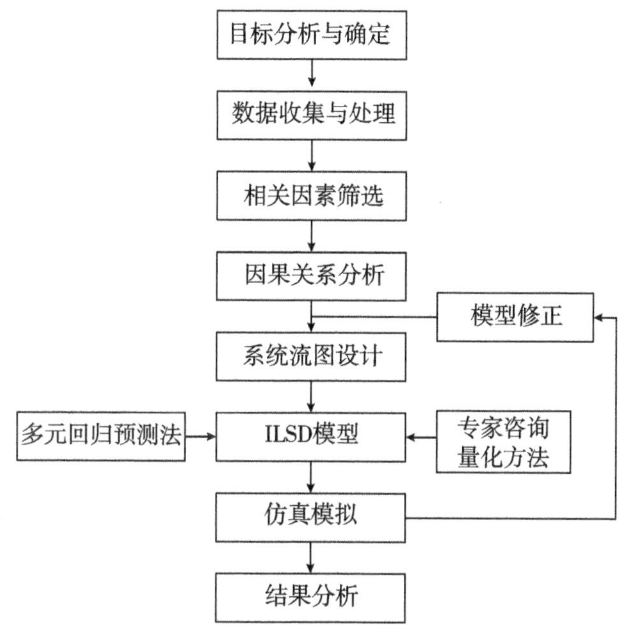

图 5. 1　系统建模过程

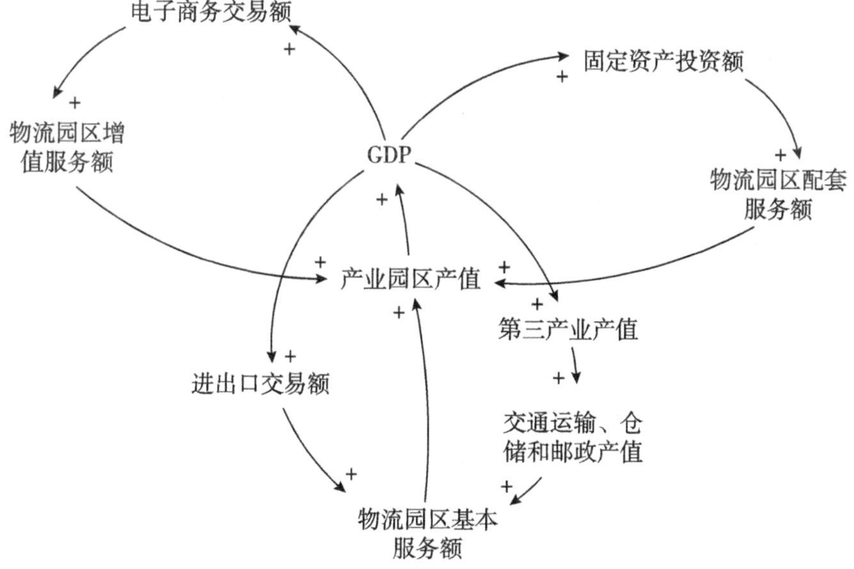

图 5. 2　产业系统与物流系统因果反馈关系图

反馈环1：GDP与物流园区增值服务形成正反馈关系。在产业转型升级过程中，GDP平稳增加的同时，电子商务交易额不断增加，对物流园区增值服务的影响不断加大，导致物流园区增值服务额不断增加，进而促使产业园区产值增加，而产业园区产值的增加又促使GDP增加。

反馈环2：GDP与物流园区基本服务形成正反馈关系。一方面，在产业转型升级过程中，GDP平稳增加的同时，进出口交易额不断增加，对物流园区基本服务中的进出口服务的影响不断加大，导致物流园区基本服务额不断增加，从而促使产业园区产值增加，而产业园区产值的增加又促使GDP增加。另一方面，在产业转型升级过程中，GDP平稳增加的同时，第三产业产值不断增加，导致物流园区基本服务额不断增加，从而促使产业园区产值增加，而产业园区产值的增加又促使GDP增加。

反馈环3：GDP与物流园区配套服务形成正反馈关系。在产业转型升级过程中，GDP平稳增加的同时，固定资产投资额不断增加，对物流园区配套服务的影响不断加大，导致物流园区配套服务额不断增加，从而促使产业园区产值增加，而产业园区产值的增加又促使GDP增加。

5.1.3 系统流图构建

本书运用Vensim软件建立系统动力学流图和系统动力学方程，模型中包含状态变量、速率变量、辅助变量及常量，部分常量由相关统计年鉴获得。根据因果关系图，以变量为基础建立系统动力学方程组。该模型的初始年为2005年，仿真终止年为2020年，步长为1年。模型中变量共有37个，其中水平状态变量7个，辅助变量18个，常数9个，并包含3个产业转型升级前后的调节变量，如图5.3所示。模型中描述系统行为的状态方程组以差分方程（5.1）来表示：

$$X(t) = X(t - dt) + F[x(t), p]\,dt$$
$$X(t_0) = X_0 \tag{5.1}$$

式中，X（t）为t时刻状态变量的值，F［x（t），p］为t速度变量，d（t）为模拟的时间步长。在Vensim软件中，用INTEG（速率，初值）函数表示系统的状态方程组。

5.1.4 模型主要参数确定

产业转型升级前后的变化，在某些指标上能够很好地定量化体现，这些

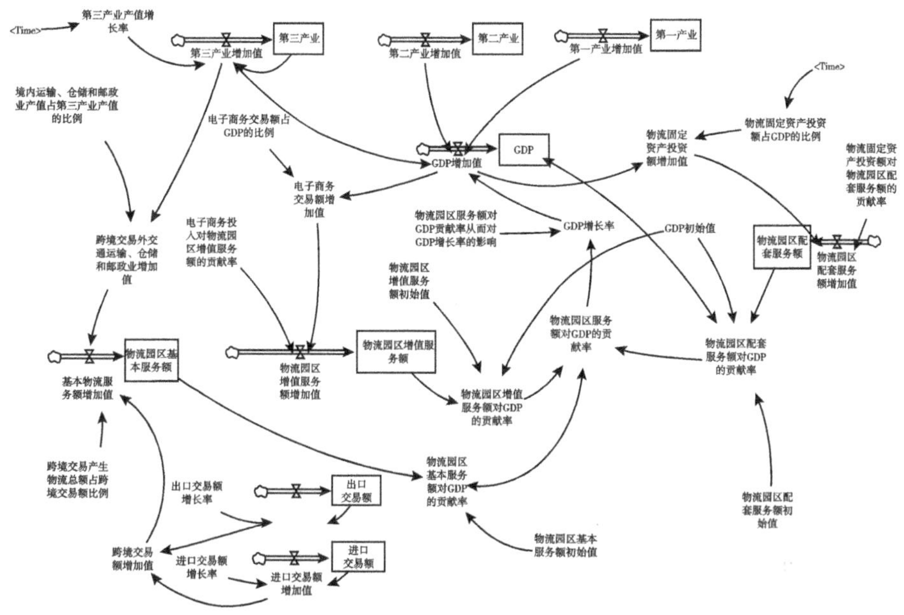

图 5.3　产业系统与物流系统功能联动系统动力学仿真模型

指标即为调节变量。转型升级前后调节变量的量化表达式会有所变化，因此将其纳入整个模型中进行模拟运行，可以得出产业转型升级所带来的联动效应，更直接地体现产业园区转型升级对物流园区服务功能发展趋势的影响。本书采用第三产业产值增长率、电子商务交易额占 GDP 的比例和固定资产投资额占 GDP 的比例作为产业转型升级的三个调节变量，其理由为：①物流园区服务功能在产业转型升级前后的变化趋势主要体现在基本服务功能、增值服务功能以及配套服务功能三个方面，而上述三个指标与这三个方面的服务功能有着较大关联，这可从系统流图中看出；②三个调节变量的量化表达式都呈现出明显的两段式变化，且都以相似的时间节点为转折点，而这转折点与我们预估的产业转型升级的时间节点大致相同；③三个调节变量的量化趋势与产业转型升级的预判趋势基本一致。

第三产业产值增长率的取值：从表 5.1 所涉及的模型中主要参数的历年数据可以看出，2011 年前，第三产业产值平均增长率为 16.07%，而 2011 年后，第三产业产值的平均增长率为 12.59%，增速明显放缓，这与我国经济发展实际情况相一致。因此引入“第三产业产值增长率”这一调节变量，以 2011 年为拐点，转型升级前，第三产业产值增长率 =0.161，转型升级后，第三产业产值增长率 = IF THEN ELSE（Time <2012，0.161，0.126）。

电子商务交易额占 GDP 的比例取值：2005 年的初始值为 0.0703，2005—2013 年的平均增长率为 1.296%。2011 年前，电子商务交易额占 GDP 比例呈直线增长趋势，增长率为 0.836%，而 2011 年后，电子商务交易额占 GDP 比例也呈现直线增长趋势，但增长率增大到 2.063%，这一定程度上与整个产业朝着信息化、互联网方向发展相吻合。因此本书引入“电子商务交易额占 GDP 的比例”这一调节变量。以 2011 年为拐点，转型升级前的表达式为，电子商务交易额占 GDP 的比例 = 0.0703 + RAMP（0.01296，2005，2020），转型升级后的表达式为，电子商务交易额占 GDP 的比例 = 0.0703 + RAMP（0.00836，2005，2011）+RAMP（0.02063，2011，2020）。

物流固定资产投资额占 GDP 的比例取值：2011 年前，物流固定资产投资额占 GDP 比例基本不变，平均值为 5.438%，而 2011 年后，物流固定资产投资额占 GDP 的比例维持在较高的水平，平均值为 7.434%，这一定程度上与产业配套逐步完善的发展特点相吻合。因此，本书引入“物流固定资产投资额占 GDP 的比例”这一调节变量。以 2011 年为拐点，转型升级前的表达式为，固定资产投资额占 GDP 的比例 =0.05438，转型升级后的表达式为，固定资产投资额占 GDP 的比例 = IF THEN ELSE（Time < 2012，0.05438，0.07434）。

表 5.1 主要参数历年数据表

类别	2008	2009	2010	2011	2012	2013	2014	2015	2016	2017	2018
GDP（万亿元）	31.405	34.090	40.151	47.310	51.894	58.802	63.614	68.905	74.413	82.075	90.031
第三产业产值（万亿元）	13.134	14.804	17.360	20.521	23.141	27.589	30.604	34.615	38.422	42.591	46.957
运输、仓储和邮政产值（万亿元）	1.636	1.673	1.913	2.243	2.466	2.728	3.048	3.384	3.742	4.061	4.439
货物进出口总额（万亿元）	17.992	15.065	20.172	23.640	24.416	25.817	26.424	24.550	24.339	27.810	30.501
出口总额（万亿元）	10.039	8.203	10.702	12.324	12.936	13.713	14.388	14.117	13.842	15.331	16.413

续表

类别	2008	2009	2010	2011	2012	2013	2014	2015	2016	2017	2018
进口总额（万亿元）	7.953	6.862	9.470	11.316	11.480	12.104	12.036	10.434	10.497	12.480	14.088
出口增长率	7.30%	-18.29%	30.47%	15.15%	4.96%	6.01%	4.92%	-1.88%	-1.95%	10.76%	7.06%
进口增长率	8.49%	-13.72%	38.01%	19.50%	1.45%	5.43%	-0.56%	-13.31%	0.60%	18.89%	12.88%
电子商务交易额（万亿元）	3.100	3.850	4.500	5.880	7.850	9.900	12.041	14.532	16.793	18.944	21.205
物流园区基本服务额（万亿元）	4.875	4.384	5.544	6.499	6.861	7.375	7.929	8.641	9.322	10.275	11.305
物流园区增值服务额（万亿元）	4.383	5.000	5.800	7.300	9.800	11.500	13.200	15.300	15.900	17.600	19.100
物流园区配套服务额（万亿元）	2.070	2.364	2.780	3.290	3.731	4.229	4.762	5.293	5.714	6.357	6.913
固定资产投资额（万亿元）	17.283	22.462	27.812	31.149	37.469	44.629	51.202	56.200	60.647	64.124	64.568

数据来源：中华人民共和国国家统计局，中国2008—2018年物流年鉴。

在表5.1数据的基础上，运用系统动力学软件Vensim，对产业园区与物流园区功能联动进行模拟，每两个相关变量都涉及一个方程公式以表达二者之间的关系。本书将ILSD模型在Vensim软件模拟过程中的公式从模型中导出，并绘制成一览表，结果如表5.2所示：

表5.2　ILSD模型中变量间公式表达式

变量性质	变量名称	公式表达	单位
状态变量	GDP	GDP = INTEG（ + GDP增加值，18.494）	万亿元
	物流园区基本服务额	物流园区基本服务额 = INTEG（ + 物流园区基本服务额，3.171）	万亿元
	物流园区增值服务额	物流园区增值服务额 = INTEG（ + 物流园区增值服务额，2.394）	万亿元

续表

变量性质	变量名称	公式表达	单位
状态变量	物流园区配套服务额	物流园区配套服务额 = INTEG（+物流园区配套服务额，1.157）	万亿元
	出口交易额	出口交易额 = INTEG（+出口交易额增加值，6.265）	万亿元
	进口交易额	进口交易额 = INTEG（+进口交易额增加值，5.427）	万亿元
	第三产业产值	第三产业产值 = INTEG（+第三产业产值增加值，7.492）	万亿元
辅助变量	GDP 增加值	GDP 增加值 = GDP * GDP 增长率	万亿元
	物流园区服务额对 GDP 贡献率从而对 GDP 增长率的影响	物流园区服务额对 GDP 贡献率从而对 GDP 增长率的影响 = [（0.32，0）-（0.43，0.3）]，（0.322，0.086），（0.342，0.178），（0.357，0.181），（0.36，0.178），（0.38，0.229），（0.409，0.098），（0.424，0.17），（0.427，0.095）]	Dmnl
	GDP 增长率	GDP 增长率 = 物流园区服务额对 GDP 贡献率从而对 GDP 增长率的影响（物流园区服务额对 GDP 的贡献率）	Dmnl
	物流园区服务额对 GDP 的贡献率	物流园区服务额对 GDP 的贡献率 = 物流园区基本服务额对 GDP 的贡献率 + 物流园区增值服务额对 GDP 的贡献率 + 物流园区配套服务额对 GDP 的贡献率	Dmnl
	电子商务交易额增加值	电子商务交易额增加值 = GDP 增加值 * 电子商务交易额占 GDP 的比例	万亿元
	物流园区增值服务额增加值	物流园区增值服务额增加值 = 电子商务交易额增加值/电子商务投入对物流园区增值服务额的贡献率	万亿元
	物流园区增值服务额对 GDP 的贡献率	物流园区增值服务额对 GDP 的贡献率 = XIDZ [（物流园区增值服务额 - 物流园区增值服务额初始值），（GDP - GDP 初始值），0.168]	Dmnl
	物流固定资产投资额增加值	物流固定资产投资额增加值 = GDP 增加值 * 物流固定资产投资额占 GDP 的比例	万亿元
	物流园区配套服务额增加值	物流园区配套服务额增加值 = 物流固定资产投资额增加值/物流固定资产投资额对物流园区配套服务额的贡献率	万亿元

续表

变量性质	变量名称	公式表达	单位
辅助变量	物流园区配套服务额对GDP的贡献率	物流园区配套服务额对GDP的贡献率 = XIDZ［（物流园区配套服务额 - 物流园区配套服务额初始值），（GDP - GDP初始值），0.069］	Dmnl
	出口交易额增加值	出口交易额增加值 = 出口交易额 * 出口交易额增长率	万亿元
	进口交易额增加值	进口交易额增加值 = 进口交易额 * 进口交易额增长率	万亿元
	跨境交易额增加值	跨境交易额增加值 = 出口交易额增加值 + 进口交易额增加值	万亿元
	第三产业增加值	第三产业增加值 = 第三产业产值 * 第三产业产值增长率	万亿元
	境内运输、仓储和邮政业产值占第三产业产值的比例	境内运输、仓储和邮政业产值占第三产业产值的比例 = 0.1424 - RAMP（0.00479，2005，2013）+ 0.1	Dmnl
	跨境交易外交通运输、仓储和邮政业增加值	跨境交易外交通运输、仓储和邮政业增加值 = 第三产业增加值 * 跨境交易外交通运输、仓储和邮政业产值占第三产业产值的比例	万亿元
	基本物流服务额增加值	基本物流服务额增加值 = 跨境交易产生物流费用占跨境交易额比例 * 跨境交易额增加值 + 跨境交易外交通运输、仓储和邮政业增加值	万亿元
	物流园区基本服务额对GDP的贡献率	物流园区基本服务额对GDP的贡献率 = XIDZ［（物流园区基本服务额 - 物流园区基本服务额初始值），（GDP - GDP初始值），0.186］	Dmnl
常量	GDP初始值	GDP初始值 = 18.494	万亿元
	电子商务投入对物流园区增值服务额的贡献率	电子商务投入对物流园区增值服务额的贡献率 = 0.937	Dmnl
	物流园区增值服务额初始值	物流园区增值服务额初始值 = 2.394	万亿元
	物流固定资产投资额对物流园区配套服务额的贡献率	物流固定资产投资额对物流园区配套服务额的贡献率 = 1.149	Dmnl

续表

变量性质	变量名称	公式表达	单位
常量	物流园区配套服务额初始值	物流园区配套服务额初始值 =1. 157	万亿元
	出口交易额增长率	出口交易额增长率 =0. 113	Dmnl
	进口交易额增长率	进口交易额增长率 =0. 115	Dmnl
	跨境交易产生物流费用占跨境交易额比例	跨境交易产生物流费用占跨境交易额比例 =0. 180	Dmnl
	物流园区基本服务额初始值	物流园区基本服务额初始值 =3. 171	万亿元
转型升级前后的调节变量	第三产业产值增长率	转型升级前：第三产业产值增长率 =0. 184	Dmnl
		转型升级后：第三产业产值增长率 = IF THEN ELSE (Time <2012，0. 184，0. 13)	Dmnl
	电子商务交易额占 GDP 的比例	转型升级前：电子商务交易额占 GDP 的比例 = 0. 0703 + RAMP（0. 01296，2005，2020）	Dmnl
		转型升级后：电子商务交易额占 GDP 的比例 = 0. 0703 + RAMP（0. 00836，2005，2011） + RAMP（0. 02063，2011，2020）	Dmnl
	物流固定资产投资额占 GDP 的比例	转型升级前：物流固定资产投资额占 GDP 的比例 = 0. 05438	Dmnl
		转型升级后：物流固定资产投资额占 GDP 的比例 = IF THEN ELSE（Time <2012，0. 05438，0. 07434）	Dmnl

5. 1. 5　仿真模拟及结果分析

1. 模型有效性验证

在针对产业园区与物流园区功能联动进行系统动力学模拟时，可以区分产业转型升级前和产业转型升级后两个数据集进行对比模拟。为了验证模型的有效性，本书选择 GDP、第三产业产值、出口交易额和进口交易额 4 个变量的模拟值与实际值进行误差描述。

首先，我们通过模型的运行得出产业转型升级前后 GDP、第三产业产值、出口交易额以及进口交易额的模拟值，如图 5.4 所示（每个指标中第一列为产业转型升级后模拟值，第二列为产业转型升级前模拟值）：

Table Time Down

Time (年)	选择的变量	GDP		出口交易额		第三产业产值		进口交易额	
2005	运行:	18.494	18.494	6.265	6.265	7.492	7.492	5.427	5.427
2006	产业转型升	21.5492	20.3896	6.97044	6.97044	8.87053	8.86678	6.04839	6.04839
2007	级后联动数	23.4024	23.5023	7.75531	7.75531	10.5027	10.4938	6.74093	6.74093
2008	据集0825	28.2778	28.3877	8.62856	8.62856	12.4352	12.4195	7.51277	7.51277
2009	产业转型升	31.8569	32.6092	9.60013	9.60013	14.7233	14.6984	8.37298	8.37298
2010	级前联动数	37.5457	38.4222	10.6811	10.6811	17.4324	17.3956	9.33169	9.33169
2011	据集0825	43.7065	45.2655	11.8838	11.8838	20.6399	20.5877	10.4002	10.4002
2012		51.5033	53.3435	13.2219	13.2219	24.4377	24.3655	11.591	11.591
2013		60.7388	62.8966	14.7107	14.7107	27.6146	28.8366	12.9182	12.9182
2014		71.6342	74.2114	16.3671	16.3671	31.2045	34.1281	14.3973	14.3973
2015		84.5292	87.6314	18.2101	18.2101	35.261	40.3906	16.0458	16.0458
2016		99.782	103.631	20.2605	20.2605	39.845	47.8023	17.883	17.883
2017		118.781	124.21	22.5419	22.5419	45.0248	56.574	19.9306	19.9306
2018		143.87	150.573	25.0801	25.0801	50.878	66.9553	22.2127	22.2127
2019		175.821	184.403	27.9041	27.9041	57.4922	79.2417	24.756	24.756
2020		207.401	224.175	31.0461	31.0461	64.9662	93.7825	27.5906	27.5906

图 5.4 产业转型前后 2005—2020 年相关指标模拟值

在得出模拟值的基础上，本书采用 2005—2013 年产业转型升级前和产业转型升级后两个不同背景下 GDP、进口和出口交易额以及第三产业产值的实际值与模拟值进行误差对比，如表 5.3 和表 5.4 所示：

由表 5.3 和表 5.4 可知，GDP 以及第三产业产值的模拟值与实际值的平均误差基本控制在 5.2% 左右，这说明模型的有效性。但进口和出口交易额的模拟值与实际值之间分别出现了较大误差，这是由于 2008 年发生的金融危机，导致 2009 年的进出口交易额出现了较大的负增长，实际值中出现明显的波动（由于 2008 年全球金融危机的影响，进出口交易额增长率出现了从 23.86% ~ −18.29% 的大幅度变化），故在仿真模拟中出现了 2009 年进口交易额模拟值与实际值之间的最大误差值达到 22.02%。虽然受金融危机的影响，但进出口交易额的模拟值和实际值之间的平均误差也能大致控制在 6% ~ 8%，表明模型总体是有效的。

2. 产业园区转型升级变化分析

本书反映产业转型升级的调节变量有三个，包括第三产业产值增长率、固定资产投资额占 GDP 的比例以及电子商务交易额占 GDP 的比例。本书通过模型运行，得到产业转型升级前后三个变量的趋势图，如图 5.5、图 5.6 和图 5.7 所示，进而分析产业转型升级对物流园区服务功能的影响。

表 5.3 产业转型升级前 GDP、进出口交易额及第三产业产值模拟值与实际值比较表

类别	2008	2009	2010	2011	2012	2013	2014	2015	2016	2017	2018
GDP 模拟值与实际值的误差	9.61%	4.34%	4.31%	4.32%	2.69%	10.57%	4.90%	6.24%	0.10%	5.33%	6.97%
平均误差						5.40%					
进口交易额模拟值与实际值的误差	5.53%	22.02%	1.46%	8.09%	0.97%	6.73%	4.30%	7.43%	8.48%	5.05%	3.14%
平均误差						6.65%					
出口交易额模拟值与实际值的误差	14.05%	17.03%	0.20%	3.57%	2.20%	7.28%	4.76%	3.93%	8.10%	7.05%	11.42%
平均误差						7.24%					
第三产业产值模拟值与实际值的误差	5.44%	0.71%	0.21%	0.33%	5.06%	9.98%	11.62%	9.62%	18.34%	15.81%	18.77%
平均误差						8.72%					

表 5.4 产业转型升级后 GDP、进出口交易额及第三产业产值模拟值与实际值比较表

类别	2008	2009	2010	2011	2012	2013	2014	2015	2016	2017	2018
GDP 模拟值与实际值的误差	9.96%	6.55%	6.49%	7.62%	0.85%	6. 78%	1.26%	9.56%	3.81%	0.73%	2.21%
平均误差	5.07%										
进口交易额模拟值与实际值的误差	5.53%	22.02%	1.46%	8.09%	0.97%	6.73%	4.30%	7.43%	8.48%	5.05%	3.14%
平均误差	6.65%										
出口交易额模拟值与实际值的误差	14.05%	17.03%	0.20%	3.57%	2.20%	7.28%	4.76%	3.93%	8.10%	7.05%	11.42%
平均误差	7.24%										
第三产业产值模拟值与实际值的误差	5.32%	0.55%	0.41%	0.58%	5.37%	5.32%	2.06%	4.30%	26.12%	28.30%	9.75%
平均误差	8.01%										

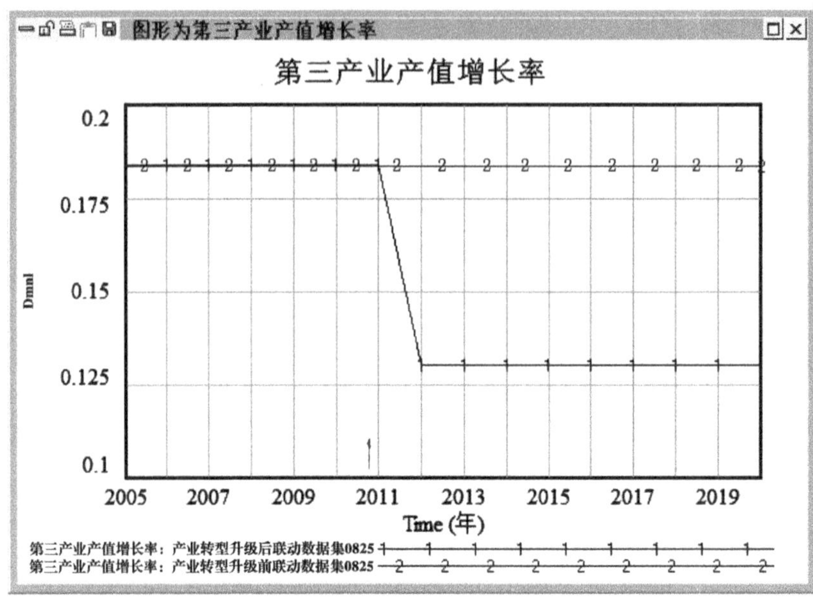

图 5.5　第三产业产值增长率转型升级前后变化图

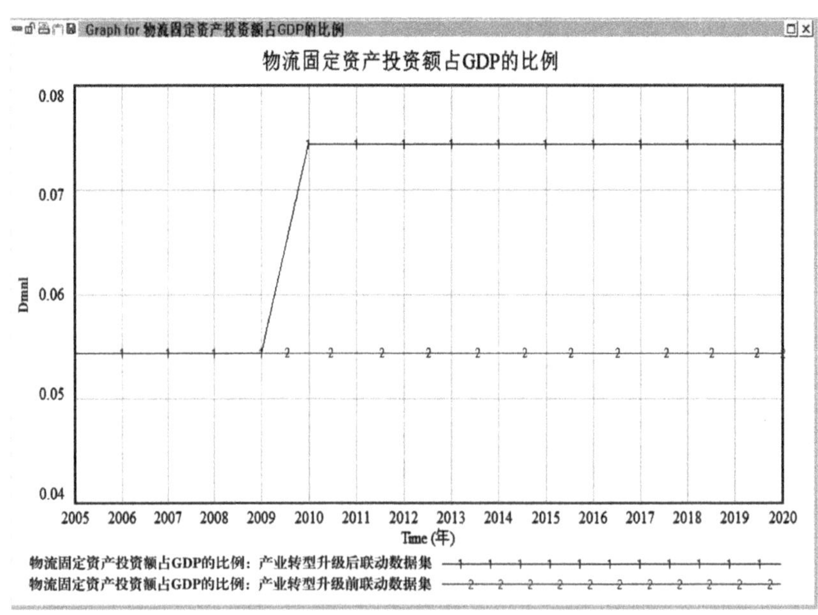

图 5.6　固定资产投资额占 GDP 比例转型升级前后变化图

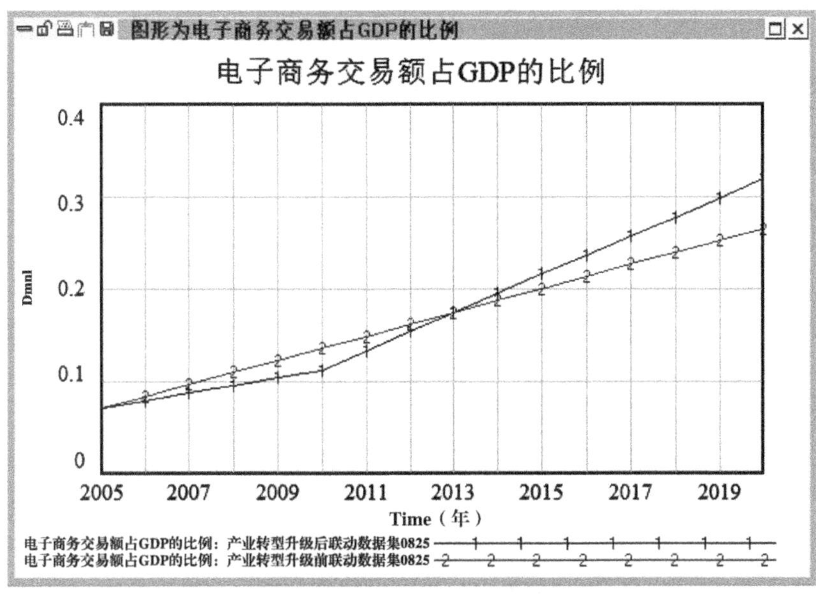

图 5.7 电子商务交易额占 GDP 比例转型升级前后变化图

由图 5.5 可知，第三产业产值在产业转型后有增速放缓的趋势，这与我国 GDP 增速放缓在一定程度上是吻合的，第三产业产值的增速放缓与第三产业产值逐年上升并不矛盾，第三产业产值在未来仍然呈现增长趋势。

由图 5.6 可知，固定资产投资额占 GDP 的比例在产业转型升级前后的变化较大。2010 年之后，固定资产投资额占 GDP 的比例陡增，说明在产业转型升级后固定资产投资有明显增加的趋势。

由图 5.7 可知，尽管在产业转型升级前，电子商务交易已经呈现了逐年上升的发展趋势，但在产业转型升级前，电子商务交易额占 GDP 的比例增速较慢，而在产业转型升级后，电子商务交易额占 GDP 的比例增速明显加快。

3. 产业园区转型升级对物流园区服务功能的影响分析

在上述模型基础上，本书进一步分析在产业转型升级前后物流园区基本服务额、增值服务额以及配套服务额的增长变化趋势，如图 5.8、图 5.9 和图 5.10 所示。

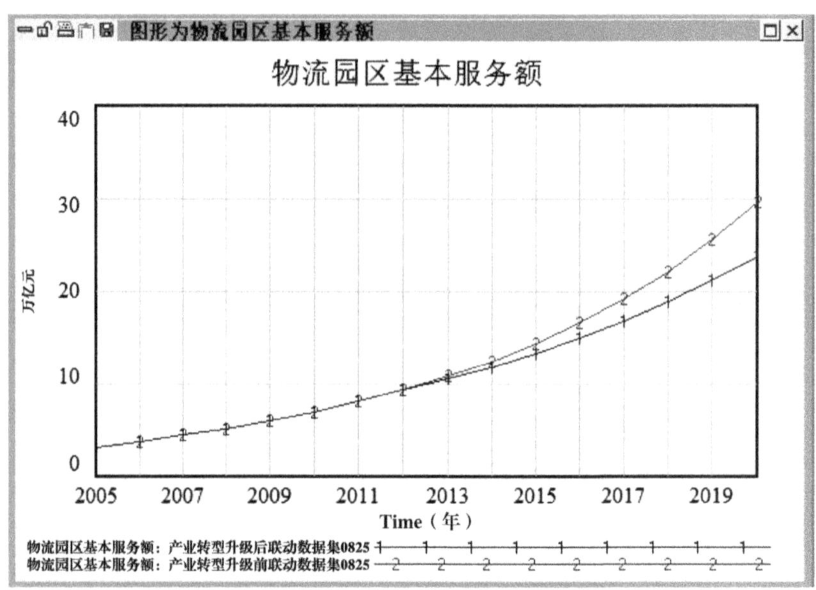

图 5.8　产业转型升级前后物流园区基本服务额增长趋势

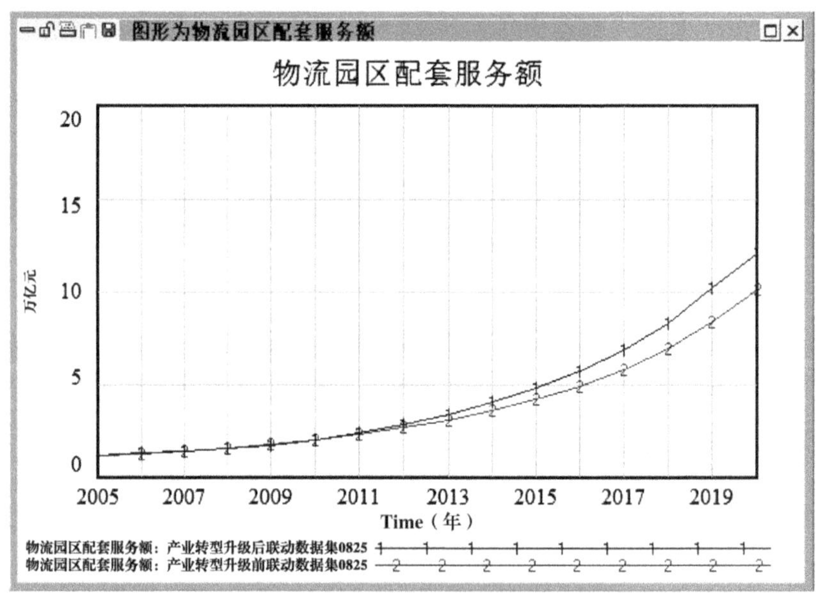

图 5.9　产业转型升级前后物流园区配套服务额增长趋势

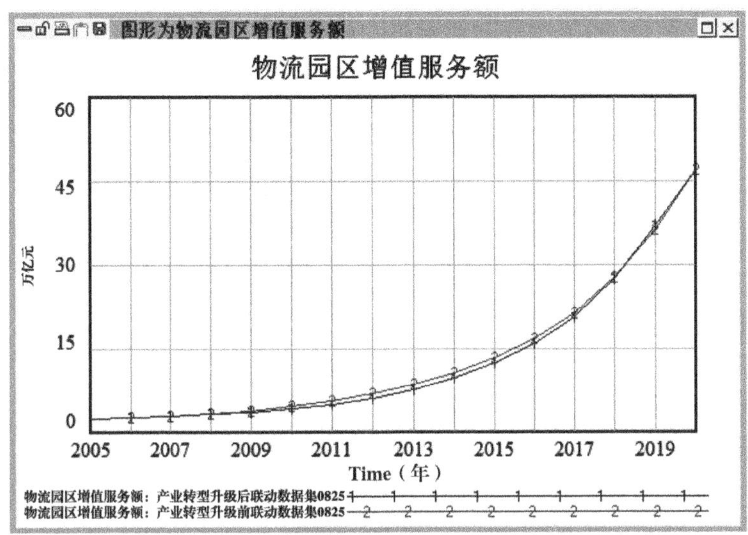

图 5.10　产业转型升级前后物流园区增值服务额增长趋势

由图 5.8 可知，在产业转型升级前后，物流园区基本服务额均呈现出了不断增长的趋势，且增长速度越来越快，这说明现阶段我国物流园区的盈利基础仍然以提供基本服务为主。但相对于产业转型升级前，物流园区基本服务额在转型升级后的增速明显下降，表明物流园区的基本服务功能将被逐渐弱化。

图 5.9 表明在产业转型升级前后，物流园区配套服务额也均呈现了不断增长的趋势，且增长速度越来越快。物流园区配套服务额在产业转型升级后相对于产业转型升级前有较大幅度的增长，表明未来物流园区的配套服务功能将被强化，物流园区配套服务功能的建设和完善是未来物流园区服务功能建设的重点之一。

图 5.10 表明在产业转型升级前后，物流园区增值服务额均呈现出了不断增长的趋势。我国电子商务从 2005 年起已呈现快速发展的趋势，但从图 5.10 的曲线式增长趋势来看，2011 年后电子商务交易额增长更为迅速，且相对于图 5.8 和图 5.9 而言，图 5.10 中所表达的物流园区增值服务额的增速更快，表明未来物流园区的增值服务功能将会得到强化，并成为未来物流园区服务功能建设的重点。

在了解物流园区基本服务额、增值服务额以及配套服务额增长趋势的基础上，本书通过运行 Vensim 软件，得到物流园区基本服务额、增值服务额以及配套服务额的具体模拟值，如图 5.11 所示（每个指标中第一列为产业转型升级后模拟值，第二列为产业转型升级前模拟值）：

（单位：亿元）

Table Time Down

Time (年)	选择的变量	物流园区基本服务额		物流园区增值服务额		物流园区配套服务额	
2005	运行:	3.171	3.171	2.394	2.394	1.1567	1.1567
2006	产业转型升	3.74398	3.74308	2.62322	2.53622	1.28983	1.2393
2007	级后联动数	4.39774	4.39562	2.7788	2.81281	1.37058	1.37493
2008	据集0825	5.14378	5.14005	3.23158	3.31449	1.58302	1.58781
2009	产业转型升	5.99525	5.98945	3.5959	3.80638	1.73897	1.77175
2010	级前联动数	6.96717	6.95871	4.22574	4.56412	1.98685	2.02504
2011	据集0825	8.07667	8.06483	4.9628	5.5508	2.35384	2.32323
2012		9.34331	9.32721	6.06724	6.82725	2.81827	2.67522
2013		10.5137	10.768	7.57885	8.46892	3.36841	3.09149
2014		11.8108	12.4122	9.60198	10.5698	4.01741	3.58452
2015		13.2671	14.3188	12.2803	13.2472	4.78553	4.16927
2016		14.9024	16.5311	15.7843	16.6606	5.6941	4.86643
2017		16.7387	19.1005	20.567	21.3356	6.8258	5.76314
2018		18.8008	22.0867	27.4353	27.6891	8.32029	6.91187
2019		21.1168	25.5602	36.8856	36.3102	10.2235	8.38598
2020		23.7179	29.6035	46.9215	46.9955	12.1047	10.119

图 5.11　物流园区三种服务额在产业转型升级前后的模拟值

由图 5.11 可知，物流园区的基本服务额由 2005 年的 3.171 亿元增长到 2020 年的 23.7179 亿元，年平均增幅为 43.2%；物流园区配套服务额由 2005 年的 1.1567 亿元增长到 2020 年的 12.1047 亿元，年平均增幅为 63.10%；物流园区增值服务额由 2005 年的 2.394 亿元增长到 2020 年的 46.9215 亿元，年平均增幅为 124%。虽然三种服务额整体均呈现增长的趋势，但至 2020 年左右，物流园区的增值服务额的增速是配套服务额增速的 2 倍左右以及基本服务额增速的 3 倍左右。

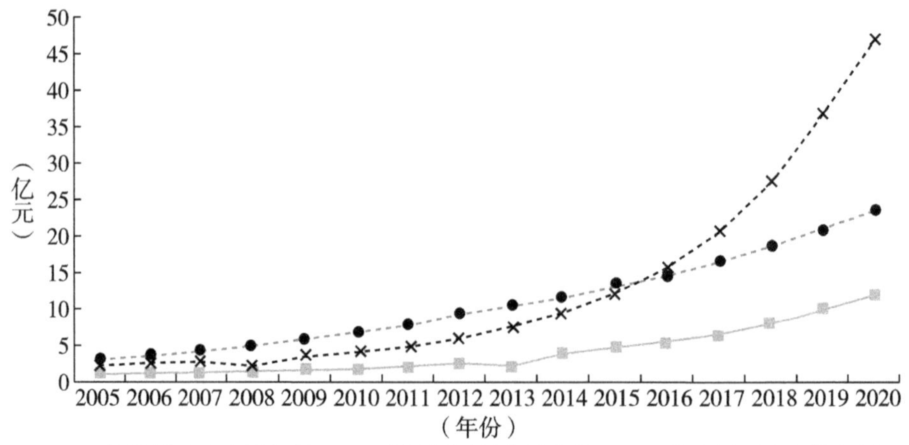

图 5.12　物流园区的三种服务额在产业转型升级后的发展趋势

从图5.12看，我国物流园区增值服务额大约在2016年开始超过基本服务额而处于主导地位，表明我国物流园区未来将加快园区信息化建设，运用物联网、互联网和大数据等技术和手段改造传统产业和传统功能，创造新的增值空间，这是物流园区功能创新的主要趋势。我国物流园区在发展初期主要是通过大力发展运输、仓储等基本服务功能，增加进出口交易额，以聚集产业和增加规模，但随着产业园区转型升级的发展，物流园区转型升级的趋势也逐渐明显，物流园区逐渐由以提供基本服务功能为主向以提供配套服务特别是增值服务为主转变，进而向服务创新、管理创新的发展阶段转型。

5.2　面向产业转型升级的物流园区服务功能创新

我国经济正处于转型升级的关键期，产业园区转型升级对推动我国经济转型升级具有十分重要的作用，而服务于产业园区的物流园区，同样面临转型升级的压力。物流园区转型升级能使自身更适应于产业园区的发展，在一定程度上推动产业园区的转型升级。物流园区的服务功能创新是其转型升级的重要内容，因此，在产业联动基础上，促进物流园区的服务功能进行合理创新，从而推动物流园区服务功能符合产业园区转型升级的要求，是目前研究的重点内容之一。

目前，对于物流园区转型升级的研究多集中在对转型升级的内涵、影响因素以及转型升级路径的研究，本书从研究物流园区与产业园区的微观联动关系着手，构建相应的联动关系模型，进而研究产业转型升级背景下物流园区服务功能创新，并针对每一类物流园区特点探索相应的服务功能创新路径。

5.2.1　引言

国外学者对物流园区服务功能的研究较早，主要成果包括物流园区的服务功能类型、功能评价、驱动因素以及功能定位方法等。Bates和Granger（1969）使用组合预测法研究物流园区的功能定位。Eiichi Taniguchi和Michihiko Noritake（1995）对物流园区的整体功能进行了研究，指出物流园区在缓解交通堵塞、节省能源、降低劳动成本等方面发挥着重要作用。Estomih（1995）对物流园区设施布局与服务功能之间的关系进行了研究，得出物流园区设施布局与物流园区服务功能之间存在双向影响的结论。Dubois和Prade（1999）克服了德尔菲法（Delphi）主观性较强的缺点，选取了二级模糊综合评价法进行研究，并对物流园区的服务功能进行了评价计算。Brian Slack（2000）认为物流市场需求、劳动力成本、交通设施等都是影响物流园区服务功能的因素。Robinson（2002）在研究港口物流园区时，发现物流园区服务功能的完善能够强化自身与周边产业的联动关系。Soosay Claudine A. 和 Paul W.（2004）在对新加坡10家物流园区进行问卷调查的基础上，发现财务因素、客户需求、员工需求、产业领先度、运营绩效、竞争和投资者权益等7个因素对物流园区服务功能有重要影响，且影响程度依次减弱。Haezendonck（2006）综合采用多样化分析法、转移分享分析法和产品组合分析法对物流园区的功能定位进行了研究，这在研究物流园区的规划和功能定位中起到了一定的作用。Liao C. N. 和 Kao H. P.（2014）综合使用质量功能开发、扩展的模糊层次分析法以及多目标规划三种方法研究如何对物流服务功能进行管理，以提高物流园区服务效率。Kaynak（2014）针对物流园区应急服务功能，运用产业集群理论，将相关产业与物流产业关联起来进行研究。

国内学者从21世纪初开始对物流园区的功能定位进行研究。鞠鸽腾（2003）认为上海江桥现代物流园区要从资源要素的禀赋特征和经济流动的量能级别出发，适时进行有效的功能规划。马成林、毛海军、李旭宏（2008）分析了物流园区外部条件和内部影响因素，建立了物流园区服务可靠性评价指标体系，提出了基于物流园区服务可靠性的内部功能区布局方法。王之泰（2009）认为物流园区服务功能应包括具体运作服务和信息服务等一站式的常规物流服务功能。魏天赋、韦恒（2011）通过阐释农产品物流园区功能，运用SLP（Systematic Layout Evaluation）布置方法，对黑龙江省农产品物流园区的内部功能区进行规划设计，提出了实际设计中需要考虑的问题和遵守的原则。张俊（2012）在深入分析山西省现代物流业发展现状及发展趋势的基础上，整合国内外物流园区规划理论，合理确定了不同类型物流园区布局和功能定位的方法，并提出了切合实际的建议和措施。胡钊涵（2012）以徐州为例，对物流园区宏观布局规划和功能定位进行研究，能够帮助规划者有效避免区域内园区重复建设、资源浪费等问题。罗建（2013）认为物流园区应该具备两大功能，一是物流的功能，二是园区的综合功能。和炳全、亢丹（2014）认为目前物流园区规划过程中主要存在“需求不清、定位不准、功能太泛、布局不顺、实施不力”五大软肋，影响了物流园区的规划建设和运营效益，他们运用模糊SWOT分析方法，从战略层面研究了昭通市物流园区的功能定位。陈继红、郑师禹（2015）等选取模糊聚类分析方法，从港口物流的综合服务、配套服务和衍生支持服务等方面进行长三角港口物流服务功能归类。苗治国、杨倩洪、王文杰（2016）提出了在内陆地区经济中心区域依托交通运输网、满足物流需求、适应城市发展的物流园区功能定位和选址思路。

5.2.2　物流园区服务功能创新发展趋势

在产业转型升级的影响下，物流园区服务功能问题已经成为一个亟待解决的问题。本书通过对已有相关文献的归纳和总结，梳理出物流园区的服务功能面临跨境化、信息化、增值化以及配套化的发展趋势。其中跨境化是网络化在海外的延伸，是物流园区加速产业整合的一种方式；信息化与增值化是物流园区平台化和专业化的进一步体现，是加快物流园区增值服务发展的重要途径；而配套化是综合化和集聚化的进一步要求，体现了物流园区对于服务功能进一步完善的需求。

信息化及增值化将成为未来物流园区发展的重点，二者的结合符合“互联网+”思维，未来物流园区的服务功能创新将运用“互联网+”思维方式，对传统功能进行改造，同时也将结合其他两个功能发展趋势，形成综合性的创新功能。因此，本书在总结物流园区服务功能四个发展方向的基础上，将信息化与增值化两个功能发展趋势合并为“互联网+”思维，构建物流园区服务功能创新思维模型，如图5.13所示。

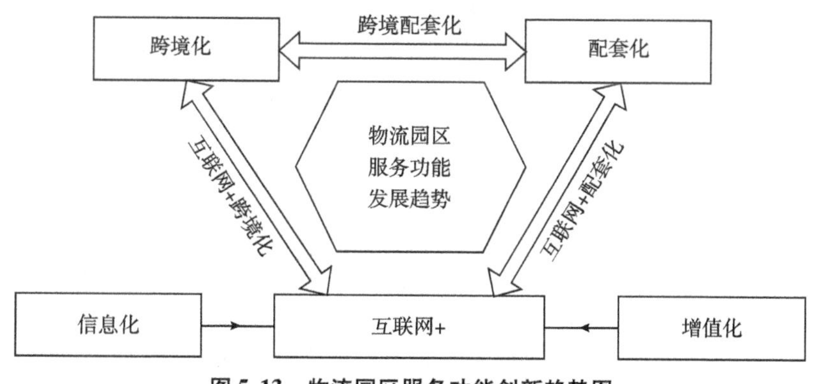

图5.13　物流园区服务功能创新趋势图

本书根据图5.13中的物流园区服务功能创新趋势，结合国家标准《物流术语》的五类物流园区分类，研究每一类物流园区所面临的服务功能创新问题。

5.2.3 各类物流园区服务功能创新方法

1. 货运枢纽型物流园区服务功能创新

货运枢纽型物流园区的主要功能是利用综合交通网络优势，开展国际性或区域性货物中转服务。因此，本书认为该类物流园区未来服务功能创新主要体现在“互联网+货运供求服务”“互联网+跨境物流服务”以及跨境配套服务三个方面。

（1）互联网+货运供求服务功能

货运APP管理是“互联网+货运供求服务”的一个具体创新途径。①创设货运管理APP。货运枢纽型物流园区需要创设一个货运APP，提供一定范围内物流园区的需求信息以及货车车主的车辆信息。②做好货运管理APP的监管审核。监管审核工作主要是为了建立良好的信誉，杜绝虚假信息。③利用平台整合资源。通过货运APP平台，整合零担货运企业等物流信息，同时推动金融、保险、支付、评估、搜索平台等多方集聚和参与。

（2）互联网+跨境物流服务功能

随着我国跨境电子商务交易量的不断上升，跨境物流线上服务平台将迎来发展机遇。

货运枢纽型物流园区构建跨境物流线上服务平台，主要是就线下物流进行线上整合，具体可以通过以下路径进行创新：①建立并推广线上物流信息服务平台。货运枢纽型物流园区需要建立线上物流信息服务平台，并通过进一步推广，集聚众多客户资源。②完善物流信息。对各类物流信息进行分类管理，完善客户所需的物流信息，包括物流路线、物流费用等。③配套线上金融支付和及时沟通等功能。构建线上金融支付和及时沟通平台，给电商企业、银行、第三方支付、担保公司、中小企业、电商用户等各类业主搭建沟通桥梁。

（3）跨境配套服务功能

货运枢纽型物流园区所面临的跨境配套服务功能的创新包括海外仓、产权维护中心、先进的金融支持中心三方面的内容：①构建海外仓。为国际货运提供服务的枢纽型物流园区可以在海外设立仓库，为中国跨境电商提供海外仓储、小包、专线、国际快递、订单管理等物流服务。②建立产权维护中心。在跨境交易过程中，设立产权维护中心，与我国产权保护中心进行对接，对境内外交易货物的产权进行明确界定。③建立金融支持中心。通过引进金融体系（如财付通与美国运通及境外电子支付提供商CyberSource、AsiaPay达成战略合作协议，布局全球支付市场），促使货主国选择第三方支付，提高支付效率。

2. 生产服务型物流园区服务功能创新

生产服务型物流园区的功能主要是为制造企业提供采购供应、库存管理、物料计划、准时配送、运输分拨、信息服务、分销贸易及金融保险等供应链一体化服务。本书认为其主要创新功能体现在“互联网+需求定制”“互联网+供应链”、物流金融配套服务功能以及供应链金融配套服务功能四个方面。

（1）互联网+需求定制服务功能

大数据增值平台的设定是生产服务型物流园区进行“互联网+需求定制”的一个创新途径。在生产服务型物流园区中进行大数据增值平台的创新，可以通过以下几种方式：①构建大数据平台收集相关数据信息。通过构建大数据平台，搜集、分析和整理加工有价值的数据信息，从而全面了解以及准确预测客户需求。②设立“延迟生产坊”。整合调研团队、研发团队、制造团队及营销团队等各种资源，构建“延迟生产坊”，由调研团队对消费者需求进行调研预测，将信息传递给研发团队，研发团队将消费者需求信息设计成实物，并将实物信息传递给制造团队。③推广符合客户需求的产品。园区通过大数据预测，了解客户需求，“延迟生产坊”通过研发与设计，推出符合客户需求的产品，并通过线上和线下推广，输出物流园区自行设计的品牌。

（2）互联网+供应链服务功能

生产服务型物流园区是上游供应商与下游客户之间的桥梁，需要努力成为供应链中的核心企业，可以通过以下路径进行创新：①建立供应链服务平台。生产服务型物流园区成为供应链核心企业后，建立供应链服务平台，满足供应链服务需要。②加强信息共享。推进产业链上各企业间的信息共享，使其通过信息共享、技术交流、订单处理等，保持良好的合作共赢关系，降低运营成本及风险，实现多赢。

（3）物流金融服务配套功能

生产服务型物流园区开展物流金融，需要做到以下几点：①开展物流仓单质押服务。生产服务型物流园区出具仓单进行质押担保，为原料提供商、生产制造企业以及零售企业提供融资服务。②提供物流授信金融服务。生产服务型物流园区充分利用自身资产规模大、信用程度高等特点，获得金融机构的更高信用额度，为物流园区内的服务对象提供物流金融服务。③开展物流结算金融。生产服务型物流园区在获得融资业务的基础上，通过承兑汇票、垫付货款或代收货款等方式，为入驻企业（中小企业）融资，从而使得入驻企业的资金流转更加通畅。

（4）供应链金融服务配套功能

生产服务型物流园区开展供应链金融业务既能实现增值服务，又能促进传统仓储业务的转型升级，实现客户个性化、差别化服务功能。生产服务型物流企业作为银行和入驻客户都信任的第三方，需要更好地融入入驻客户的商品产销供应链中，同时加强与银行的同盟关系，给自己带来新的利润增长点，为生产服务型物流园区的服务功能创新带来更多的机遇。

3. 商贸服务型物流园区服务功能创新

商贸服务型物流园区的主要功能是为各大专业市场提供产成品物流服务，随着产业转型升级，商贸服务型物流园区面临着信息化、增值化以及配套化的发展趋势。本书认为其主要创新功能体现在“互联网+众筹”“互联网+商贸服务”以及配套化功能创新三个方面。

（1）互联网+众筹服务功能

随着互联网的发展，众筹已经由最初的资本众筹发展到当今的资源众筹。对于商贸服务型物流园区而言，开展众筹服务功能，可以从以下几点着手。第一，建立众筹服务信息平台。构建的众筹服务信息平台整合生产供应商、经销商、批发零售商、物流服务商以及终端客户等的信息，实现信息共享。第二，优化货源众筹途径。通过众筹服务信息平台发出货源需求信息，面向众筹服务平台内的各个生产供应商进行货源众筹，保证在最短时间内获得充足货源，提高社会资源的利用率。

（2）互联网+商贸服务功能

对于商贸服务型物流园区，开展电子商务平台建设，有以下三个途径：①开展B2B业务。商贸服务型物流园区通过电子商务平台，连接园区下游的批发零售企业，将线下交易搬到线上，拓展了园区交易模式。②开展B2C业务。商贸服务型物流园区通过电子商务平台直接对接终端消费者，可以获得较大的经济利益，自身的物流资源也能得到充分利用。③开展大数据服务。商贸服务型物流园区利用接近终端消费者的优势，获得有价值的大数据信息，利用大数据信息，分析、挖掘客户所需要的信息资源。

（3）配套服务功能

对于商贸服务型物流园区而言，其不仅与供应链上下游的中小企业有着紧密的联系，同时也与物流园区内外部的金融机构有着紧密的联系。作为上下游中小企业和内外部金融机构之间的桥梁，物流园区自身有着明显的开展物流金融、供应链金融的优势，因此，可以在商贸服务型物流园区中开展物流金融以及供应链金融服务。

4. 口岸服务型物流园区服务功能创新

口岸服务型物流园区的主要功能是为国际贸易提供产成品物流服务，面临着跨境化、信息化、增值化以及配套化的发展趋势。本书认为主要创新功能体现在“互联网＋通关”“互联网＋跨境贸易”和物流金融及供应链金融配套等方面。

（1）互联网＋通关服务功能

互联网与通关服务功能相结合成为转型升级的一个重要表现。信息化通关服务的开展可以从以下几个方面着手：①服务理念和风险管理理念。信息化通关服务功能需要构建风险决策系统，引入诚信管理理念以提高口岸风险控制能力和监管查验效率。②全天候通关服务。通过信息化管理提供全天候货物进出口通关和转口服务，克服因时差造成的货物滞留，增加货物通关效率。③无纸化通关服务。应用电子数据交换（EDI）技术实现各部门数据共享和无纸化通关，简化通关手续，提高通关效率。

（2）互联网＋跨境贸易服务功能

跨境贸易电子商务是“互联网＋跨境贸易服务”的一个具体途径，对于口岸服务型物流园区，设立跨境电子商务平台，开展跨境电子商务服务功能，需要以下几个方面的实践：①建立跨境电子商务平台，交易方式从单一的线下交易转变为线上线下两种交易方式。②做好金融支付、跨境物流等支撑服务。跨境电子商务交易服务对象具有广泛性，货币品种及汇率转换比较复杂，因此跨境电商平台需要金融支付来实现跨国交易，简化支付手续。③做好信息透明化处理，避免国际纠纷。通过跨境电子商务平台将中转、贸易等信息变得透明，方便查询交易合同信息、物流信息等各种信息。

（3）物流金融及供应链金融服务功能

口岸服务型物流园区是国际物流的集散地，因此需要较为全面的配套，诸如转口贸易中心、保税中心、通关服务中心、堆场、停车场、配件检修中心、住宿餐饮、银行保险等。除了传统的配套服务功能，口岸服务型的物流园区同样适于开展物流金融以及供应链金融服务。

5. 综合服务型物流园区服务功能创新

综合服务型物流园区的功能主要是集结了货运枢纽型物流园区、生产服务型物流园区、商贸服务型物流园区以及口岸服务型物流园区的一些功能。综合服务型物流园区功能创新除可以借鉴前四种物流园区外，还可以结合自身的特点开拓新的思路。

（1）综合服务信息平台功能创新

综合服务型物流园区的服务功能涉及范围广，为了园区的运营更加高效，需要以下几个方面的实践：①建立综合服务信息平台。通过建立综合服务信息平台，将园区的运作线上化和信息化。②通过综合服务信息平台监管园区运营状况。园区运作流程直接搬到线上，可以简化现实中的审批手续，管理者可以通过线上审批使运营流程进入下一环节，提高园区的运营效率。③通过综合服务信息平台进行交易。通过先进的金融支付手段和即时信息交流的技术支撑，实现园区内外部客户通过线上服务平台便可自助下单，自主支付，大大节省交易的时间。

（2）产业链服务平台功能创新

综合服务型物流园区适合构建产业链服务平台，将园区客户集聚到产业链服务平台，通过合作交流、信息共享等方式，使产业链成员共同发展。

综合服务型物流园区开展产业链服务平台，包含以下几个方面的内容：①在产业链服务平台上实现园区加工信息的透明化。搭建产业链服务平台，有利于园区内的企业根据共享信息进行生产运作过程中的策略调整，方便园区内企业之间的合作，创造合作机会。②产业链成员在产业链服务平台上实现信息交流、技术共享。在产业链服务平台中，包括供应商、生产商、制造商、经销商、零售商以及终端客户在内的产业链成员，通过信息共享，提高信息透明度，削弱供应链上的牛鞭效应，通过技术共享，带动供应链成员技术的共同进步。③产业链成员在产业链服务平台上实现交易。

产业转型升级视角下的物流园区服务功能创新是我国物流产业发展中需要解决的关键问题之一。本书通过构建物流园区服务功能创新思维模型，从物流园区的标准分类出发，针对五类物流园区分析了产业转型升级背景下的物流园区服务功能创新趋势。

5.2.4 实例分析

以上在研究了产业转型升级背景下物流园区创新服务功能模型的基础上，按照国家对物流园区的分类，对每一类物流园区的服务功能创新进行了一些研究。本书着重选择南京都市圈某实际综合型物流园区（以下简称 A 物流园区）进行具体实例分析，在分析其服务功能现状基础上，探讨其未来发展的创新性。

1. A 物流园区性质界定

A 物流园区位于南京都市圈内，距离主城区约 30 千米，江南沿江高等级货运通道穿越而过，水陆铁等综合交通便利。

本书在研究 A 物流园区服务功能创新之前，首先分析该实际物流园区的类型归属。通过综合分析，本书从运输方式、服务内容以及辐射区域范围三个方面来分析其类型定位。

1）运输方式：A 物流园区以港区为依托，以多式联运集装箱为载体，以水路、公路、铁路的快速便捷转换为方式，能够实现多式联运和无缝衔接。

2）服务内容：①A 物流园区作为铁路、公路、水路三种常用运输方式的便捷转换平台，具有靠近重要交通枢纽、干支线转换效率较高和运输成本较低的独特优点，同时物流仓储成本适中，因此该实际物流园区能够提供良好的货运中转服务；②A 物流园区以深水港口和保税物流中心为核心优势，重点发展出口加工型产业、粮油食品加工产业、新材料技术和产品生产业、机械加工制造业等产业，因此该实际物流园区能够提供生产服务；③A 物流园区适合发展一些大型生产企业，可以建立专业交易市场和展示中心，使商流、物流、资金流、信息流相互融合，从而使自身发展成为面向全国和境外的批发交易市场的集聚地，目前园区已经入驻了一些商业企业，因此该实际物流园区能够提供一定的商贸服务；④A 物流园区是国家级 B 型保税物流中心，保税物流中心“境内关外”的优势使之具有出口退税、进口保税、简单加工免收增值税等功能，因此我们可以认为 A 物流园区能够提供口岸服务。

3）辐射区域范围：A 物流园区位于南京都市圈内，位于长江三角洲物流圈和中西部物流圈的交汇点，贯串南北、承东启西，立足长三角，辐射安徽、苏北、长江中上游区域，乃至国外部分区域。

综上所述，A 物流园区具有铁路、公路、水路三种运输方式，能够实现多式联运和无缝衔接，能够提供货运中转服务、生产服务、商贸服务、口岸服务等，满足长江中下游区域乃至国际物流需求。由此可见，按照我国对物流园区的分类标准，A 物流园区应属于综合服务型物流园区。

2. A 物流园区特色服务现状分析

在调研分析的基础上，可以总结出 A 物流园区特色服务现状，主要包括以下几个方面。

（1）集装箱运输服务

A 物流园区具备了开展江海联运、海铁联运、铁公联运的外部交通条件，在此先天优势的基础上，A 物流园区以集装箱运输为主要运输方式。目前，A 物流园区是南京都市圈中规模较大、设施较先进、专业化程度较高的集装箱深水港区。该港区最终将形成 3000 万吨和 400 多万集装箱的年吞吐能力。另外，为配合 A 集装箱码头建设，其后方规划了一个 2 平方千米的物流园区和一条双向 8 车道的疏港公路，物流基地与集装箱港口联动将会拉动南京都市圈集装箱运输进一步高速发展。

近几年，作为南京都市圈中专门致力于集装箱吞吐的 A 物流园区，其集装箱多式联运业务发展较为迅猛，这可以通过南京港近几年集装箱的吞吐量来观测。

表 5.5　2009—2018 年南京港集装箱吞吐量一览表

（单位：万标准箱）

2009	2010	2011	2012	2013	2014	2015	2016	2017	2018
121	145.32	184.24	230	266.92	276.5	292.25	310	324.6	338.56

由表 5.5 可知，南京港集装箱吞吐量从 2009 年至 2018 年，由 121 万标准箱增长至 338.56 万标准箱，增长态势明显，因此可以预测，作为南京都市圈集装箱吞吐的重要港区的 A 物流园区，其集装箱运输吞吐量增长较快。由此可见，A 物流园区利用其先天的交通优势发展集装箱运输是其主要的物流功能之一。

（2）多式联运服务

由前文可知，A 物流园区具有先天的地理优势，其运输方式包括水路、公路、铁路等方式，能够实现水运、陆运、铁运的快速便捷转换，从而更好地对周边腹地进行货物的分拨配送。由此可见，A 物流园区在高效快捷、转换自如的多式联运方面有着独特的服务优势。

（3）保税物流服务

A 物流园区是南京都市圈中的国家级 B 型保税物流中心，具备出口退税、进口保税、简单加工免收增值税等优势，另外自身的基础设施优势较明显，目前 A 物流园区的仓库面积较大，现有可供出租的标准仓库面积达 6 万平方米，这些优势的集合为 A 物流园区赢得一定量的客户。A 物流园区可以为服务企业提供特有的保税物流服务以及仓储服务，从而获得一定的服务利益。

综上所述，A 物流园区的保税物流服务是其特色的服务功能之一。

（4）临港加工服务

A 物流园区以服务贸易和货物贸易为主导，服务贸易主要利用其保税物流中心的优势，货物贸易主要包含食品粮油、机械产品、家电产品、化学产品、金属材料等货物的进出口贸易，进行货物贸易时涉及的原料加工服务就是这里所说的临港加工服务。

①食品粮油原料加工服务功能。食品粮油贸易主要是奶制品、食用油、冷链食品等食品的进口贸易，因此涉及对进口原料的加工。A 物流园区为了更好地对食品粮油的原料进行加工，区内进行了冷链物流配置，更加高效、高质地保障对进口食品粮油的原料进行加工。

②机械产品加工服务功能。机械产品贸易主要是高端机械装备零部件及整机、汽车零部件及进口整车、光伏、风电新能源零部件等产品的进出口贸易，因此涉及对机械产品零部件的加工。A 物流园区主要对高端机械零部件、汽车零部件、风电新能源零部件等进行贸易前加工。

③家电产品加工服务功能。家电产品贸易主要是液晶电视、洗衣机、冰箱、空调、微波炉等高档白色家电的进出口贸易，因此涉及对家电产品零部件的加工。A 物流园区主要对各种高档白色家电的零部件等进行贸易前加工。

④化学产品加工服务功能。化学产品贸易主要是化学原料、危险化学品等货物的进出口贸易，因此涉及化学原料的加工。A 物流园区内进行了危险化学品加工的设施配置，对各种化学品原料进行贸易前加工。

⑤金属材料加工服务功能。金属材料贸易主要是金属硅、钢材等各类金属产品的进出口贸易，因此涉及金属材料的加工。A 物流园区内进行了金属材料加工的设施配置，对各种金属材料进行贸易前加工。

3. A 物流园区服务功能发展趋势分析

分析 A 物流园区的服务功能的发展趋势，既需要立足现有的特色服务功能总结，又需要结合 A 物流园区的发展潜力分析。

A 物流园区服务功能发展趋势主要包括以下四个方面。

（1）A 物流园区需要建设信息化服务平台

近几年随着互联网的快速发展，各行各业都进行着基于互联网的转型升级，物流园区也是如此，互联网发展带来的信息化平台建设也逐渐被各大物流园区所接受。

A 物流园区也面临着信息化平台建设的发展趋势，这与信息化发展的背景密切相关。南京都市圈在人力资源和信息技术方面具有比较明显的竞争优势，因此对于地处南京都市圈的A物流园区而言，信息化平台建设的基础较好。A物流园区也具备着信息化平台建设的技术基础。园区内具备条形码技术、数据库技术、电子订货系统（EOS）、电子数据交换（EDI）等信息技术，这些对于信息化平台建设而言，将起到重要的技术支撑作用。

综上所述，A物流园区需要建设信息化平台服务功能。

（2）A物流园区需要发展商贸服务，拓宽增值空间

物流园区加强商流与物流的集合，越来越多的物流园区在做好物流服务业务的同时逐渐开展商贸服务，在园区内建设相应的配套设施，利用产业集聚地的地理优势，开展较大规模的商贸活动，诸如商贸交易市场、批发市场等各种形式。

A物流园区一直以来以集装箱国际货运为主要服务项目，在此基础上通过临港产业原料加工以及产业园区内的流通加工拓展增值服务，然而这些增值服务项目已经显示出局限性，因此，A物流园区需要转型升级。根据其实际情况，A物流园区可以建立包括汽车、化工、电子电器、纸业在内的四大类别的专业交易市场和展示中心以及服饰服装、工艺品等批发交易市场，使A物流园区周边发展成为面向全国和境外的批发交易市场的集聚地，从而为A物流园区开展商贸服务提供充足的货源。由此可见，A物流园区具有商贸服务的发展趋势，以拓宽增值服务空间。

（3）A物流园区需要进行区域联动发展服务

长三角地区是“黄金海岸”和“黄金水道”交汇之地，是沿海地区连接国际市场和国内市场的重要通道，其腹地广阔、发达，辐射范围包括长江流域庞大的内陆市场甚至国际市场。长三角优良的区位地理优势，以及丰富的物流资源为长三角一体化资源整合创造了基本条件。

A物流园区的发展需要贴合长江三角洲一体化联动发展的大趋势，积极响应与上海洋山物流园区的联动发展战略。而近年来A物流园区与洋山物流园区的联动发展态势也逐渐明显：①在长三角联动发展趋势的推动下，目前两大物流园区已经有一定的对接，双方可以就具体事宜、方针拟定相应的合作协议。②南京都市圈内的南京港是中国内河第一大港，洋山港是中国最大海港，未来南京港将作为上海港的补充港，成为长江沿线地区的近洋运输支线港。作为南京都市圈中比较重要的港口，其与上海洋山港的合作具有必然性。③南京港是长江万吨级海轮航道的终端，是长江流域地区物资进出口的

必经节点，洋山港与南京港的合作有利于物资转运的高效完成，同时也能降低双方的交易成本。

（4）A物流园区将重视增强配套服务功能

A物流园区的配套服务还不够完善，基础设施配套、物流服务配套以及其他相关服务配套均处于比较薄弱的状态。在今后的发展过程中，A物流园区需要着重完善相关配套服务，以更好地支撑未来多样化的功能定位，诸如先进的金融服务中心、产业配套生活区、商贸研发服务区、城市社区等。

4. A物流园区服务功能创新分析

上述分析了A物流园区在服务功能上的创新趋势，在了解特色服务现状以及发展趋势的基础上，本书将结合之前提出的各类物流园区的创新服务功能理论，对A物流园区进行具体的服务功能创新分析。

（1）集装箱多式联运信息服务平台功能

集装箱多式联运信息服务平台建设是实现“互联网+”集装箱多式联运的一个具体途径，A物流园区的集装箱运输服务以及其便捷转换的多式联运优势是其自身的特色，A物流园区在未来的发展中需要把握好自身优势，结合互联网的优势，将优势服务打造成核心服务，赢得更多的客户。

A物流园区的集装箱多式联运信息服务平台建设，可以在以下几个方面开展：

①建立集装箱多式联运信息服务平台。A物流园区在打造这一信息服务平台时，需要将其自身的集装箱运输的服务内容、服务对象及其他标准化信息以及提供多式联运时的路线、运量等重要信息整合到信息服务平台上，方便平台使用者进行信息查询。

②提供最优的运输方式。在集装箱多式联运信息服务平台，可以将每条运输线路的成本、时间等作为重要指标，通过计算机模拟帮助用户计算出最优的运输方式。客户也可以根据自己的时间需求或者运输成本，在该信息平台中进行自主模拟，择优选取最佳路线。

③物流信息透明化。在集装箱多式联运信息服务平台，要让用户可以查询得知其物流信息现状，提高客户满意度。

④集装箱多式联运信息服务平台的推广。A物流园区的集装箱和多式联运两大优势需要通过互联网的推广让更多的潜在客户知晓，可以通过线上线下宣传、口碑效应、广告推送等方式，将A物流园区的主打优势传播出去。

（2）跨境电子商务服务平台功能

A 物流园区所在的港区是南京都市圈中重要的集装箱运输港口，A 物流园区是南京都市圈中的国家级 B 型保税物流中心，以集装箱为载体的跨境贸易是其主要的业务。而在“互联网+”思维的推动下，A 物流园区可以进行互联网与跨境贸易相结合的服务功能创新，即建设 A 物流园区跨境电子商务平台。

在 A 物流园区内设立跨境电子商务服务平台，能够为用户带来以下几大便捷：

①线上交易的顺利进行。将 A 物流园区内的流转产品，包括食品粮油、高端机械产品、家电产品、化学品、金属材料等产品进行线上分类并展示，国内外的消费者或潜在消费者可以在电子商务平台上了解产品性能或进行选购。如果下单支付，由 A 物流园区提供物流服务，将产品交到国内外客户手中。

②交易信息透明化，避免交易纠纷。A 物流园区跨境电子商务平台的设立，将中转、贸易信息变得透明，国内外的客户都可以通过跨境电子商务平台进行查询，避免不必要的贸易纠纷。

③简化支付手续。此外跨境交易涉及的货币品种及汇率的问题在 A 物流园区设立了跨境电子商务平台之后将会得到解决。跨境电商平台通过在线支付等互联网金融手段的运用，支持多个国家的金融货币的使用和直接兑换，让线上交易的流程也更加简便。

④物流信息透明化。A 物流园区跨境电子商务平台建立后，可以拓展一项服务，即国际物流信息查询，跟踪国内外的产品订单物流信息，并提供较为详细的物流信息，包括买方卖方信息、承运人信息、物流流转信息、物流中涉及的权利与责任信息等，使物流信息透明化的同时，减少国际物流纠纷。

⑤自身品牌的宣传。A 物流园区可以借助线上传播进行品牌宣传，扩大自身的影响力，使园区在以集装箱为载体的国际货运服务中脱颖而出，赢得国内外更多的客户。

（3）临港加工产业链服务平台功能

A 物流园区拥有较强大的临港加工产业支柱，这从其主要开展的诸如食品粮油、机械产品、家电产品、化学产品、金属材料等加工业务中便可看出。近年来园区入驻了一部分生产企业、商贸企业等，完善了上述贸易产业的产业链条。此外，A 物流园区拥有广泛的客户，包括供应商、生产商、经销商、终端消费者等在内的产业链成员比较多，作为辐射范围较广的物流集散地，A物流园区有必要同时也适合建设产业链服务平台，将产业链上的成员集聚到产业链服务平台，通过合作交流、信息共享等方式，共同进步。

A物流园区开展的临港加工产业链平台服务，将具有以下几个方面的优势：

①在临港加工产业链服务平台上实现园区加工信息的透明化。A物流园区可将园区内部的运作流程与较重要的生产、加工信息通过平台展现，便于园区内的企业根据共享的信息进行生产运作过程中的策略调整。此外该产业链服务平台还可以展现园区内入驻企业的基本信息、生产能力、产品规格等重要信息，区内的企业一定程度的透明化可以使区内企业之间的合作更加容易，也让外部合作者更加快捷高效地了解园区内的企业，从而创造合作的机会。

②产业链成员在临港加工产业链服务平台上实现信息交流、技术共享。A物流园区不只是服务于园区内部的企业，外部供应商、经销商乃至国内外客户也是其合作的伙伴，而这些合作伙伴处于产业链的不同位置，也分散于各地，通过A物流园区临港加工产业链服务平台的整合，这些供应链伙伴在平台上进行信息共享，有利于弱化供应链上的牛鞭效应，从而使供需在一定程度上能够平衡，避免不必要的资源浪费。此外，各成员在供应链服务平台上进行技术共享，供应链中技术先进的成员带领技术力量薄弱的成员，共同发展，共同进步，可以提高整个供应链上的生产技术水平。

③产业链成员在临港加工产业链服务平台上实现交易。该服务平台集聚了临港加工产业链条上的合作成员，各成员可以根据自身的需要在该服务平台上进行交易，线上支付、交易查询使交易更简单。

综上所述，在A物流园区内建立临港加工产业链服务平台，园区信息透明化、产业链成员可以在平台上进行信息交流和技术共享以及实现现实交易，可以大大提升临港加工产业运作效率，加强产业链伙伴的合作，实现多方共赢。

（4）港口联动服务平台功能

根据A物流园区的服务功能创新发展趋势可知，南京都市圈中的港口与上海洋山港之间具有联动大发展的趋势，因此通过港口联动服务平台，将洋山港物流园区乃至其他物流园区纳入进来，共享运作信息、供求信息等资源，有利于园区之间的合作，促进长三角地区联动发展。

在A物流园区中建设港口联动服务平台，需要把握以下几点内容。

①共建港口联动服务平台。由于目前港口服务内容逐渐趋于同质化，同

类竞争比较激烈，通过港口合作联动，建立港口联动服务平台是解决问题的一个有效措施。

②优势互补，合作共赢。港口联动服务平台可以整合众多港口的重要信息，形成区域联盟，在接到货物周转或加工订单后，可以根据客户需求，根据最近原则，将订单在联动的港口群中合理分配，在弥补某一港口由于自身条件的限制无法完成订单产生的损失的同时，实现港口之间的合作联动。

由于目前各港口主要考虑自身利益，港口联动服务平台的建设与实施任重道远，需要政府的推动与监督，也需要各港口之间建立起高度的信任，把握好合作共赢的联动发展趋势，要认识到，只有努力将港口联动服务平台建设好、维护好，才能更加适应未来港口物流园区的发展趋势。

（5）物流地产创新服务功能

作为拥有综合保税功能的物流园区，A 物流园区具备一系列的基础设施优势。A 物流园区“境内关外”的优势使之具有出口退税、进口保税、简单加工免收增值税等功能，因此，其可以提供保税仓库给合作伙伴，且目前 A 物流园区的仓库面积较大，可供出租的标准仓库面积达 6 万平方米。根据这一现有优势，A 物流园区可以通过开拓物流地产服务，拓宽增值服务空间。

A 物流园区是一个国际性的货运枢纽，货运压力较大，而很多货物运至园区之后需要办理一系列手续后才能进行运输，因而货物在 A 物流园区内的逗留时间较长，这便要求物流园区建有一定的设施存放货品，而有些货品的特殊存放标准，对存放地点提出了更严苛的要求，因此 A 物流园区可以在园区内投资一定标准的物流地产，将可供出租的 6 万平方米的标准仓库的配置进行优化，合理分布冷链仓储、危化品仓储、普通货物仓储等，同时进行诸如加工中心、配送中心、分拨中心的地产建设，为国内外的合作企业在物流园区内提供更好的仓储、配送及分拨条件。除了方便企业的货物存放，物流园区还可以为国内外合作企业提供地产内的项目投资机遇，通过获取项目投资收益来获利。

总体来说，A 物流园区有着开发物流地产的现实基础和发展趋势，通过提供出租服务，让更多的合作企业能够在园区内得到诸如仓储、加工、分拨、配送等优质服务，从而使得 A 物流园区获得可观的增值服务收入，因此未来发展中应当重视物流地产服务的开展。

（6）物流金融创新服务功能

A 物流园区作为产业集聚区，区域乃至国际物流的枢纽区，在整个产业链上的作用举足轻重，因此其可以在园区内开展物流金融服务，促进产业链上金融业务的顺畅运作。

A 物流园区在内部开展物流金融，可以考虑做到以下几点：

①开展物流仓单服务。A 物流园区可以为上游的原料提供商或者下游的生产制造企业甚至是国内外企业客户提供仓单金融服务，原料提供商、生产制造企业甚至是国内外企业客户将各自的货物存放在 A 物流园区内的仓储中心，由 A 物流园区出具仓单在园区内、外的金融机构中进行质押担保，金融机构根据 A 物流园区提供的融资担保为原料提供商、生产制造企业甚至是零售企业提供融资服务，使得产业链上的资金流动更加顺畅，产品供应也能顺利完成。

②开展物流授信金融。在未来的 3 ~ 5 年的发展中，A 物流园区在运营良好，资产负债比例良好，业绩、信用程度都较高的情况下，可以向金融机构提出信用额度申请，金融机构评估通过后，授予 A 物流园区融资业务权利，于是 A 物流园区可以为服务对象提供物流授信金融服务。具体操作形式是需要融资的供方将其拥有所有权的货物放到 A 物流园区内部的仓储中心，并开具发票出售给物流园区，A 物流园区将从银行融得的资金支付给供方，使得供方的资金流转更加顺畅，在此基础上物流园区再开具发票将货物出售给供方指定的需方。

③开展物流结算金融。A 物流园区采用承兑汇票、垫付货款或代收货款等方式为企业融资，这在一定程度上类似于在园区内部开展物流授信金融服务，只是融资的手段与授信金融不一样，但二者最终都是为了让服务对象更方便快捷地融资，加快资金的流转。

总体来说，随着金融方式越来越多元化，A 物流园区根据物流金融服务的创新发展趋势，通过为供应链上的合作伙伴提供物流金融服务，使得资金在各大合作企业间顺利周转，而 A 物流园区可以通过提供物流金融服务获得一定的增值收入。

5.2.5 结论

本章通过应用系统动力学理论，对产业园区和物流园区在转型升级背景下功能联动进行了研究。通过因果反馈分析图确定了研究模型的界限，并通过系统流图的设计，结合变量之间量化公式的构造，构建了 ILSD 模型，在模型的仿真模拟过程中用 GDP、第三产业产值以及进口交易额和出口交易额四个状态变量的模拟值与真实值的误差值检验了模型的有效性。研究结果表明，在产业转型升级的背景下，产业园区功能转型升级影响物流园区功能转型升级，二者在功能上是紧密联动的。在此基础上，本章通过对比转型升级前后物流园区的基本服务功能、增值服务功能以及配套服务功能，认为未来在产业转型升级的背景下，物流园区在功能建设中将强化增值服务功能、配套服务功能，而弱化基本服务功能，至2020年左右，我国物流园区的增值服务额的增速是配套服务额增速的2倍左右和基本服务额增速的3倍左右。因此，未来我国物流园区的发展将以信息化和增值化为趋势。为了适应物流园区转型升级后的发展趋势，需要加快物流园区信息化建设，运用物联网、互联网和大数据等技术和手段改造传统产业和传统功能，创造新的增值空间，这是未来物流园区功能创新的主要趋势。同时，还需要加强生产配套、生活配套以及商业配套等配套服务的支撑，才能够推动物流园区实现全面转型升级。

本章还需要在以下两个方向做进一步研究：①进一步考虑是否有其他重要指标因素可以参与整个模型的构建，从而更加精确地探索功能联动；②进一步细分产业园区转型升级过程中的功能需求变化，从微观角度构建物流园区与产业园区功能联动模型，从而探索物流园区适应产业转型升级的服务功能创新发展具体路径。

产业转型升级视角下的物流园区服务功能创新是我国物流产业发展中需要解决的关键问题之一。本章通过构建物流园区服务功能创新思维模型，从物流园区的标准分类出发，针对五类物流园区分析了在产业转型升级背景下的服务功能创新趋势。

本章在研究产业转型升级背景下物流园区服务功能创新时，主要结合了“互联网 +”这一发展趋势。但是，随着产业转型升级的进一步深入发展，一些新的理论或新的因素将会相继出现，给物流园区的服务功能创新赋予新的内涵。因此，本章对物流园区服务功能创新的研究还不够深入，文中提到的每一项功能创新都有待我们继续探索。

本章以A物流园区为实例，探讨了A物流园区服务功能创新。首先本章对A物流园区进行简介，又对其服务功能现状进行了描述，包括基本服务功能、增值服务功能以及配套服务功能，在此基础上探讨了A物流园区服务功能创新发展趋势，概括了信息化服务平台建设，发展商贸服务、拓宽增值空间，配合进行地区联动发展以及增强配套服务四大发展趋势。在探究了发展趋势的基础上，结合之前提出的产业转型升级背景下物流园区服务功能创新发展理论，为A物流园区的服务功能发展提供了六大创新思路，分别为：集装箱多式联运信息服务平台功能创新、跨境电子商务平台功能创新、临港加工产业链服务平台功能创新、港口联动服务平台功能创新、物流地产服务功能创新以及物流金融服务功能创新。而物流金融服务功能创新思路是最为重要的一种，详细内容将在下一节进行介绍。

5.3 物流园区开展物流金融服务功能创新

5.3.1 产业转型升级对物流金融的影响

产业转型升级离不开资金支持。从产业转型升级的影响因素和路径来看，一方面，金融（包括融资渠道、融资条件、信贷规模、金融工具）是产业转型升级的重要影响因素之一，在市场机制作用下，金融调节了资金流向，使生产要素在各个产业、部门间合理分配，进而为产业的转型和升级创造资金条件；另一方面，强化金融支持和创新是实现产业转型升级的途径之一，而物流金融作为一种创新性金融产品和物流业的一种创新服务，对提高供应链的资本运作效率与整体绩效有重要作用，逐渐在产业转型升级中发挥造血功能。因此，为了使物流金融能够更好地促进产业转型升级，有必要先了解产业转型升级对物流金融产生的影响，再根据物流金融产生的新变化，对物流金融服务进行创新，以满足产业转型升级的需要。本书认为产业转型升级对物流金融产生的影响体现在：

①面对企业结构的调整以及产品、技术、功能、价值链等的升级，企业产生更多的融资需求，这就要求物流金融能够为更多的企业提供资金支持。同时，不同企业的融资需求不同，拥有的资产状况不同，物流金融服务供给方需要提供差异化的服务和产品，使客户有更多的选择。

②资金是重要的生产要素之一，产业转型升级就是通过生产要素的重新配置来提高资本的运作效率，因此，有必要提高资金的利用率，使社会闲散资金得到充分利用。同时，资金需求扩大，仅仅依靠银行或物流企业无法满足，需要更多的资金供给者和更广的资金来源。这就要求物流金融服务的开展主体多元化，使服务对象可以依据自身的资金需求选择合适的融资工具，从而提升融资效率。

③随着产业结构的调整和产业空间布局的变化，开展物流金融业务的

环境也发生了变化。产业集聚效应越来越明显，推动了区域内产业供应链和生态圈的形成。充分整合、利用生态圈内和供应链上的资源，有利于实现集合融资，扩大整体效益。另外，电子商务和大数据的发展，使企业间商流和信息流更加通畅。在此情况下，应充分利用网络技术改变物流金融的征信方式和风险监管方式，提高融资效率，推进在线物流金融发展，实现融资平台化。

综上所述，产业转型升级使企业的融资需求和融资环境发生了变化，从而对物流金融的融资主体、服务对象、业务模式以及管理方式产生了影响。物流金融的融资主体向多元化方向发展，服务对象范围变广，而且需要根据客户需求提供差异化的融资服务，进行业务模式创新，结合互联网技术、电子商务、大数据等进行融资工具创新。

5.3.2 物流园区转型升级对物流金融的影响

产业转型升级大环境下物流园区也面临着转型升级，物流园区的转型升级对物流金融业务的开展也产生了影响，也就是说，产业转型升级通过影响物流园区转型升级，进而对物流金融产生间接影响。物流园区的转型升级为创新开展物流金融创造了条件，主要体现在：

①随着物流园区内产业结构的调整，园区内企业类型增多，如一些新兴企业和高新技术企业的出现。因而，除了传统型企业以外，物流金融的服务对象类型增多。同时，新兴企业和高技术型企业需要的资金量较大，物流金融服务的支持力度也要随之增大。另外，产业空间布局的变化，使物流园区内企业逐渐呈现出基于供应链上下游分布的态势，物流园区向供应链化方向发展，物流金融业务将逐渐面向整条供应链，对上下游的全部资源实行整合，演变成供应链金融。

②信息技术和网络技术的发展以及创新的推动，使物流园区逐渐向服务功能增值化、信息化方向发展。物流金融作为一项增值性服务，需要持续创新以适应园区的变化与发展。所以，物流金融要利用信息技术和网络技术，在传统物流金融模式的基础上进行集成创新，改变业务模式与风险管理手段，如与电子商务相结合开展线上物流金融，实现平台化等。

③物流园区运营模式的变化和产业生态圈的建设，要求推行多元化的合作和多业联动发展的理念，增强物流园区内部、外部的互动与合作。同时，物流园区能较好地掌控商流、物流与信息流，形成一种独有的优势。而且，物

流园区有较强的资金实力和良好的信用状况，能够吸引更多的资金供给者或者第三方机构与其合作开展物流金融业务，扩大资金来源，使融资主体多元化。

④物流园区的信息化建设将大数据与传统产业结合，能够使用户更准确地了解企业的交易、信用、资产以及资金使用状况。同时，利用大数据建立高效的征信系统和风险监控系统，更好地保证交易安全和资金安全。物流金融逐渐向信用担保方向发展，实物担保情况下担保品种类增多，市场监管方式也将更加灵活。

综上所述，物流园区转型升级对物流金融的四方面产生了影响，即物流金融的融资主体、服务对象、业务模式以及管理方式。融资主体向多元化方向发展，服务对象范围更广，物流金融需要根据客户需求提供差异化的服务，在原有的物流金融业务模式的基础上集成创新，整合供应链上中小企业的各种资源进行集合融资，结合互联网技术、大数据、电子商务等创新物流金融产品和管理方式，向在线物流金融发展，实现运作模式平台化。

产业转型升级对物流园区转型升级方向和物流金融转型升级方向都产生了影响，同时，物流园区转型升级既对物流金融模式的发展提出新的要求，又为物流金融向新的方向发展创造了条件，如图 5.14 所示：

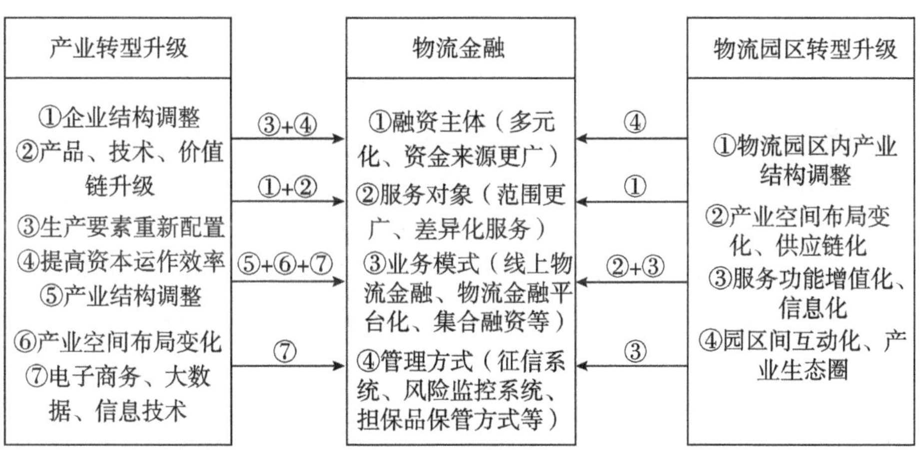

图 5.14　产业转型升级与物流金融转型升级方向关系图

5.3.3　物流金融在产业转型升级中的作用

1. 对产业经济转型升级的重要性分析

物流金融主要是用于解决产业转型升级中的资金问题。在经济运行中，银行、证券、基金等金融机构占有虚拟资本（金融资本），属于虚拟经济范畴；工商企业等非金融机构占有实体资本（产业资本），属于实体经济范畴，需要虚拟经济作支撑。物流金融是将金融机构的资金流与供应链的物流、信息流结合起来，促进了金融资本对产业资本的支持作用。

虚拟经济和实体经济的结合，或者说产融结合，不仅有利于解决产业发展的资金需求问题、拓宽资金出口，而且促使经济运行成本的提高速度远远低于经济业务规模的扩张速度，形成规模经济优势。同时，产融结合降低了产融双方交易过程中产生的交易成本。因此，必须加强产业资本和金融资本的融合，为产业结构的调整、产业转移提供金融支持，这对加速产业转型升级有重要的支撑作用。由此可见，物流金融是产业转型升级的一个造血功能。

2. 对物流园区转型升级的重要性分析

物流园区转型升级中，物流金融也占有十分重要的地位。物流金融不仅有助于盘活企业资产，加速商品、资金流通，而且能促进传统物流企业实现现代化，从而提升整个产业链的管理效益。物流金融领域的资本具有一般资本的三大特征，即流动性、增值性、竞争性，这些特性决定了大量资本将流入发展前景好的产业，使这些产业具有充足的资金创新发展，而发展前景差的产业将缺乏资金，逐渐衰退。物流金融在产业发展中发挥资金配置功能，形成了一种优胜劣汰的机制促进产业升级换代，对物流园区内产业生态圈的良性发展具有重要作用。

另外，从物流园区的业务发展趋势来看，随着电子商务的发展，一方面，园区货物流通呈现多批次、少批量的态势，要求货物周转加快，从而对资金运营周期提出更高的要求；另一方面，这种货物快速交付的交易方式，要求生产企业有更多的预存货物，要求生产商将库存前移、扩大生产，这就需要有更多的资金支持企业生产。所以，电商物流应该与金融高度融合，供应链金融将成为物流园区转型的必然选择。

产业转型升级对物流园区转型升级的影响，以及物流金融在产业转型升级中的作用如图 5. 15 所示。

图 5. 16 是根据本章前四节的分析汇总得出的，概括了产业转型升级、物流园区、物流金融三者之间的关系。

①外部环境变化迫使物流园区必须转型升级。我国经济增长放缓，社会需求不足，物流业的发展压力大。此外，经济结构的战略性调整，产业转型升级政策的实施，助推产业转型升级的互联网技术、物联网、大数据的发展

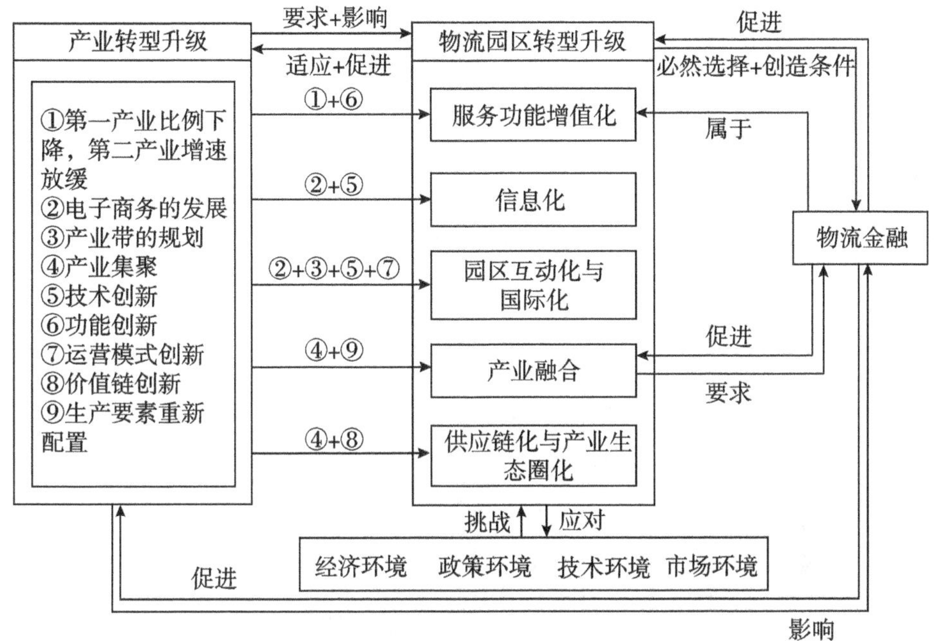

图 5.15 产业转型升级与开展物流金融业务关系图

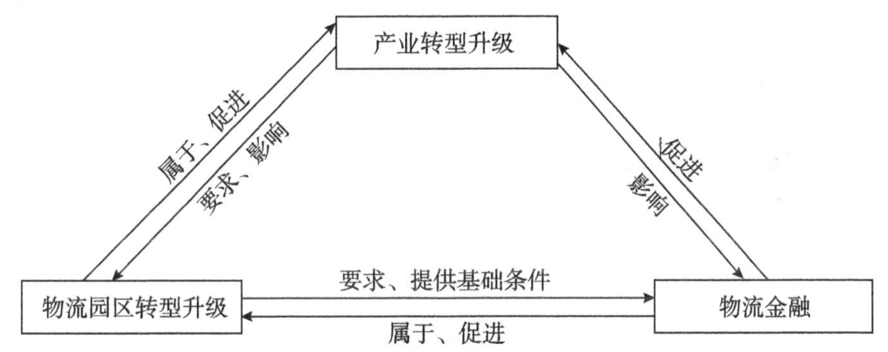

图 5.16 产业转型升级与物流园区发展物流金融业务关系图

等都在改变着物流园区的外部环境。发展环境的变化使物流园区面临转型升级的压力，物流园区通过转型升级来适应发展环境的变化。

②产业转型升级对物流园区提出新的要求，并影响其转型和升级的方向。物流园区作为不同类型产业集聚地，必然要求园区不断转变服务功能，以满足企业转型的需要。产业转型升级中产业结构的调整、产业转移、生产要素的重新配置、产业政策的实施等都对物流园区转型升级产生影响。物流园区转型升级是产业转型升级的一个重要组成部分，是为了适应产业转型升级，

也是为了更好地谋求自身的发展。同时，物流园区的转型和升级也推动了产业转型升级，通过提供转型和升级的基础性条件，促进园区内产业布局、构成合理化，以及企业内部的升级。

③产业转型升级环境下产业结构的调整、产业空间布局的变化以及企业内部转型升级的需要，使企业的融资需求和融资环境发生了变化，从而影响物流金融的融资主体、服务对象、业务模式、管理方式。同时，物流金融主要是解决产业转型升级中资金这一要素的配置问题，增强金融资本对产业资本的支持力度，对产业转型升级具有重要促进作用。

④物流金融属于一种增值性服务功能，实现这一服务功能是物流园区转型升级的一个方向。同时，物流金融是产融结合的一种方式，虚拟资本对实体经济的支持能够促进产业融合。因此，物流园区转型升级中的产业融合趋势要求产融结合手段的支持，物流金融服务将成为物流园区转型升级必然的选择。物流金融能够为园区内企业的发展提供资金支持，并通过优胜劣汰促进企业转型升级，对物流园区的转型升级具有支撑和促进作用。物流园区转型升级的信息化建设、园区间的互动、国际化等，也为物流金融业务的开展创造了有利的条件。

综上所述，产业转型升级与物流园区开展物流金融的关系可以概括为：产业转型升级背景下，物流园区开展物流金融业务有其必要性、可行性。必要性体现为，园区利用物流金融工具，有助于解决转型升级中的资金配置问题，为企业提供资金支持；可行性体现为，受产业转型升级影响，物流园区转型升级为创新开展物流金融创造了有利条件。

5.3.4 物流园区开展物流金融的创新模式

本书分析了产业转型升级与物流园区转型升级、物流金融转型升级的关系，同时，探索出了产业转型升级背景下物流园区创新开展物流金融业务的新方向。针对物流金融的发展现状，基于现有模式，以园区为主体，提出四种融资模式。

1. B2B 网贷模式

（1）模式产生背景

我国法律一般不允许非金融企业间的借贷行为和变相融资，但企业间借贷省去了金融中介，加速了资本流动，有利于资金充足的企业将闲置资金转化为金融资本，改变企业的资产负债比例，优化企业资本结构，同时为融资企业提供资金支持，有助于其长期发展。近些年来，随着我国经济形势的变化，为帮助中小企业渡过难关，一些地方也强烈呼吁在不损害国家和社会利益的条件下，放宽民间资本市场，允许企业间完全自愿、款项来源合法的拆借行为。而且，随着我国经济结构的调整、法律法规的完善、资本市场和金融业的机制体制的不断成熟，企业间为生产经营而发生的拆借行为将会合法化。

在产业转型升级背景下，物流园区呈现信息化、供应链化、产业生态圈化的发展趋势。借贷企业处于供应链上下游，具有长期的业务往来关系，电子商务平台上汇集了企业间交易信息、信用数据，为融资的合法性和风险的有效监控创造了条件。

综合以上考虑，本书提出了 B2B 网贷这一模式。

（2）模式运作流程

B2B（Business to Business）网贷即企业对企业贷款。通过建立 B2B 网贷平台，物流园区作为平台运营商，利用平台完成借方和贷方的信息匹配，基于一定的融资条件，帮助借款企业找到合适的资金提供者，促成企业间的借贷行为。具体操作流程如下：

借款企业和贷款企业分别将借款信息和申请材料、贷款信息提交给物流园区，物流园区再将借贷信息传递给 B2B 网贷平台进行线上登记。同时，物流园区选择合适的第三方物流企业对借款企业的财务状况、资产状况以及抵押物或质押物的状况进行实地考察和尽职调查，并将结果反馈给园区。物流园区负责所有上交的资料的详细审核和评估。若审核通过，则物流园区为借款企业提供担保，同时，借款企业将质物移交第三方物流企业代为监管，作为对物流园区的反担保。物流园区根据借贷信息在 B2B 平台上进行匹配，为借款企业选择合适的贷款企业。匹配完成后，将借款企业的审核结果、担保证明以及质物信息传递给贷款企业。此时，贷款企业将出借资金汇入 B2B 网贷平台，再由 B2B 网贷平台将资金转入借款企业账户。借款企业有义务向 B2B 网贷平台按月付息、到期归还本金，而贷款企业享有向 B2B 网贷平台按月收取利息、到期收回本金的权利。第三方银行对 B2B 平台上资金收支状况进行管理。B2B 网贷模式运作流程图如下：

（3）模式特点及风险分析

模式特点包括：

①线上登记和线下审核相结合。物流园区将借贷信息和资金管理信息进

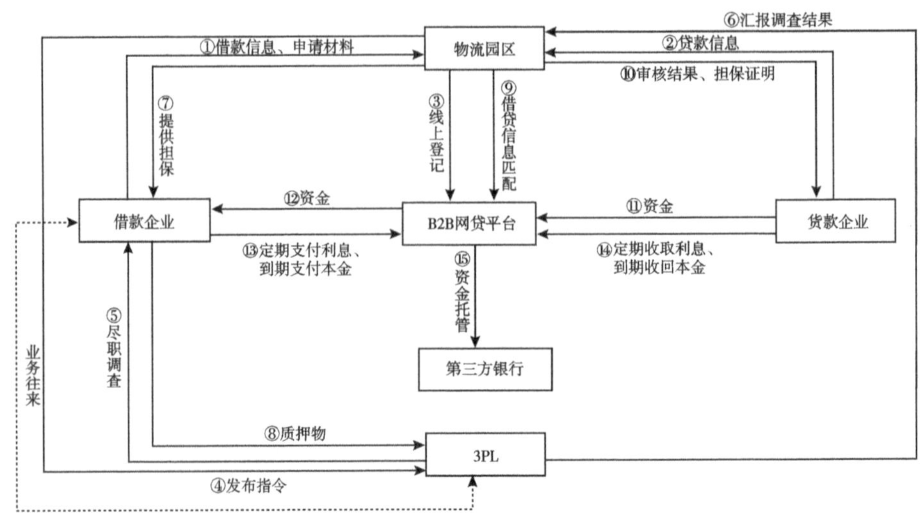

图 5.17 B2B 网贷模式流程图

行线上登记，第三方物流企业对贷款企业的资信状况和还款能力实行入户式调查。这种规范化操作方式不仅降低了贷款风险，而且通过线上登记形成了企业的诚信记录。

②在 B2B 网络信贷模式下，一家借款企业的资金可能来源于多个贷款企业。这种共同分担机制，有利于分散同一笔款项带来的风险，也给了借款企业更充分的选择空间。

③去中介化的直接融资。传统信贷业务和物流金融模式是以银行为中介，进行间接融入资金。B2B 网贷模式通过电子平台根据资金需求和资金供给直接进行供需匹配，有利于提高融资效率，降低融资成本。另外，物流园区根据借款企业的资产状况选择质物类型，增强了融资的灵活性。

④借款企业是园区内的企业、贷款企业是园区内的企业或者是与园区内企业有供应链上下游关系的企业，这样保证了贸易的真实性。同时，借款企业的质物反担保、园区电子交易平台的交易与信用记录，保证了货权的可控性和风险的可偿性。而且，企业的借贷行为、借贷资金的使用状况、质物等由园区统一监管，又保证了管理的规范性。

B2B 网贷模式的风险主要有以下几种。

①质押物风险：质押物的真实性、合法性，市场需求变化与价格波动导致变现能力降低，保管不当导致资产损坏、变质等。

②借款企业风险：一方面是信用风险，即企业出现道德和信誉缺失导致

违约的现象；另一方面是财务风险，即企业的不良经营使财务状况恶化、无力偿还借款。

③物流园区风险：物流园区作为担保机构和网贷平台运营商，可能产生对借款企业资格审核不准确，网贷平台操作失误，信息和资金监管失误，对借款方的资金使用情况、财务状况监管失误等问题。

④物流企业风险：对借款企业的资格调查失误或故意隐瞒事实导致的风险，质物监管失误导致的质物损毁、失窃等。

⑤网贷平台风险：技术不成熟、系统故障、操作和管理失误导致的风险。

⑥合同的法律风险：由于合同内容、形式不完整或不完善，导致合同效力争议而产生纠纷等。

2. 众筹模式

（1）模式产生背景

众筹即大众筹资，自2011年在我国兴起，近两年呈现蓬勃发展趋势。众筹作为一种集投资、募资、孵化与运营服务于一体的互联网金融工具，能与具体的行业实现巧妙融合。传统产业可结合自身优势，利用众筹模式增强竞争力、实现跨行业转型升级。同时，新兴产业、高技术产业也可以通过众筹模式募集资金，实现项目孵化与运营。由此可见，众筹既是传统企业实现产业融合发展、跨行业转型升级的良好媒介，又是新兴企业发展的有效工具。

随着互联网技术的发展、“互联网＋”政策的提出，传统产业也在积极与互联网相结合，产业融合发展趋势明显。将新技术融入传统产业组织中，有助于变革旧的生产模式、服务方式，促进企业内部升级。因此，触网融合发展已成为传统产业转变的一个重要手段。此外，我国产业结构调整政策强调，增加第三产业比重，鼓励支持发展新兴的、高新技术型产业。新兴产业和高技术的发展成长需要大量的资金支持，但从目前来看，政府的资金扶持力度较大，而金融业的支持力度不够。所以，有必要发挥金融在新兴产业成长中的重要支撑作用。

随着产业转移与产业集聚的推进，以及物流园区内产业结构的调整和升级，将会有更多新兴产业和高新技术产业入驻物流园区，园区内原有的传统企业也将积极投入转型和升级大潮中。另外，重视信息化建设的投入，为开展众筹模式创造了技术条件和平台基础。因此，本书选取众筹模式作为物流园区开展物流金融的模式，以期园区充分利用该模式，促进园区内传统产业的转型升级、新兴产业和高技术产业的发展。

（2）模式运作流程

本书中众筹模式指非股权型众筹，投资者可以从中分得一定比例的利润。物流园区众筹是以物流园区作为中介方，以物流园区内传统的中小企业、新兴企业和高科技企业为项目发起人，通过众筹平台向机构投资者和个人投资者募集项目资金。具体操作流程如下：

项目发起人向物流园区提交项目规划书，物流园区选择合适的第三方物流企业，并向物流企业发布调查指令。第三方物流企业接到指令后，对中小企业进行实地考察，核实其资产、财务、资信状况以及项目信息，并将收集的相关资料提交给物流园区。园区根据项目发起人和物流企业提供的资料，进行详细审核和审慎评估。若审核通过，则向众筹平台提交项目规划书及相关信息，同时，发起人交纳一定额度的保证金给物流园区。众筹平台运营商向专业投资机构进行项目咨询，专业投资机构负责项目的可行性、成长性的审核，并将审核结果通知运营商。若审核通过，运营商则将项目信息登记在电子平台上，并向投资者推荐项目。投资者接到项目推荐后，如决定出资，向众筹平台汇入款项，经平台转入发起人的账户。资金转入、转出都由运营商委托第三方银行进行管理。物流园区安排第三方物流企业对项目发起人的资金使用状况、财务状况、项目执行情况等进行监管。项目发起人定期向物流园区披露信息。项目到期时，发起人分给投资者一定比例的利润。众筹模式运作流程图如图 5. 18 所示。

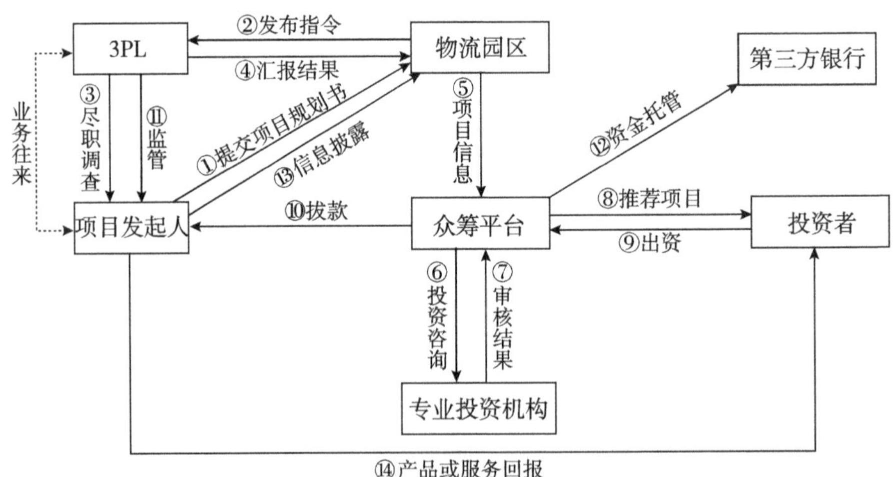

图 5. 18　众筹模式流程图

（3）模式特点及风险分析

模式特点包括以下几点。

①项目投资前专业审核和投资后管理。项目投资前的专业审核，指平台运营商聘请专业投资机构进行投资咨询，为投资者寻找可靠的、有投资价值的项目。投资后的管理，指对项目发起人的资金使用和项目执行情况、信息披露等的管理。这一特点是现有众筹模式所不具备的。投资前的审核和投资后的管理，不仅减少了投资方的风险，为项目收益提供保障，而且有利于克服项目不按期执行、项目发起人和投资者之间信息不对称、道德风险等问题。

②筹资门槛低。一方面，融资企业不需要质押资产作为融资条件，降低了融资成本；另一方面，投资者主要看中企业的项目的创意、可行性和成长性，对企业目前的资产状况、资信状况、财务状况要求相对低一些。

③众筹模式是面向社会大众筹集资金，其资金来源广泛，对于激发民间资本在产业转型升级中的活力有重要作用，同时，资金提供方众多，有利于实现风险共担与收益共享。

④线上登记、线下审核相结合。众筹平台记录了项目筹资的相关信息，保持信息的透明度，供融资企业和投资者随时查阅。同时，众筹平台也会形成一个对物流园区信誉度、可靠性的评价体系，以便与信誉良好的物流园区建立长期合作关系。另外，第三方物流企业在众筹过程中进行实地考察和尽职调查，这种方式在一定程度上保证了信息真实、可靠。

⑤众筹模式的服务对象是中小企业，包括传统的和新兴的中小企业，主要是针对创新型企业和高技术企业，为其解决初创期的资金短缺问题。

众筹模式的风险主要来源于以下几个方面。

①专业投资机构风险：投资机构对项目审核失误，或者故意隐瞒事实导致的投资风险。

②融资企业风险：一方面是信用风险，即企业因道德、信誉缺失违约；另一方面是项目执行失败，无法向投资者兑现承诺的回报。

③物流园区风险：物流园区对项目发起人的资格审核失误或故意隐瞒事实、监管失误或不当导致的风险。

④物流企业风险：对融资企业的资格调查失误或故意隐瞒事实、投资后的监管不当导致的风险。

⑤众筹平台风险：平台的技术不成熟、系统漏洞、操作不当等导致的风险。

3. 企业集合资产证券化模式

（1）模式产生背景

资产证券化是将企业内部流动性差、但在未来有现金流入的资产证券化处理，让企业提前获得现金流，提高资产流动性，缓解资金短缺和周转压力。企业资产证券化对我国实体产业的转型和升级具有重要作用，具体表现有：

①有利于企业的发展、转型和升级。企业资产证券化一方面提前变现了未来现金流、拓宽了融资渠道，为企业发展提供资金支持；另一方面盘活企业资产存量，优化企业资产结构，通过企业资本要素的优化配置推进企业转型升级。

②促进金融市场结构变革。目前，我国金融市场中间接性融资占比较高，金融产品种类不够丰富，资产证券化能增加直接性融资所占比重，丰富债权产品种类，从而改善金融市场结构。

③对银行业而言，资产证券化帮助银行改善资产负债结构、缓解集中度风险、增加中间业务收入来源、调整收入结构，推进了银行业内部的升级。

资产证券化这一创新金融产品的推出，曾对西方发达国家中小企业的发展做出重要贡献。在国内金融市场，企业资产证券化业务起步晚、发展相对缓慢，很少有中小企业作为发起人，主要是因为中小企业拥有的可证券化资产的类型和规模有限、信用水平不高，市场机制不完善等。但随着我国经济结构的调整、产业转型升级的推进，产业集聚效应使物流园区内汇聚了供应链上下游各类企业，为企业集群融资创造了条件。物流园区通过对供应链上企业产生的应收账款、知识产权、出租收益等可证券化资产进行整合，发起企业集群资产证券化，同时，利用园区电子交易平台上的业务来往、信用数据进行风险管控。以物流园区作为发起人的方式，使资产证券化在企业的发展中发挥更大的作用，尤其是在企业面临转型升级的关键时期。因此，本书选取企业集合资产证券化作为物流园区开展物流金融的创新模式之一。

（2）模式运作流程

本书中企业集合资产证券化模式是，以物流园区作为发起人，整合园区服务范围内各条供应链上中小企业的缺乏流动性但具有预期稳定现金收入的基础资产，汇聚形成资产池，并真实出售给 SPV（特殊目的机构），由 SPV 进行资产组合、证券化处理，由证券承销商出售给投资者。具体操作流程如下：

①选择资产类型，构建基础资产池。能够实行证券化操作的资产要符合的条件是：具有稳定的未来现金流，持续一段时期的良好记录，未来违约损失的发生概率较小等。对中小企业而言，满足条件的资产有：应收账款、具

体项目、知识产权。物流园区作为发起人，根据中小企业可证券化的资产类型，以供应链为单位，对各条供应链上的证券化资产进行筛选、整合、归类，形成类型一致的基础资产池。

②出售基础资产池，设立专项资产管理计划。物流园区出售基础资产池给发行人 SPV，并设立专项资产管理计划。

③SPV 分别委托资产评估、信用评级和信用增级三类机构，实施资产评估、信用评级、信用增级。信用评级机构根据基础资产池未来的本金收益和利息收益情况进行信用评级，若原有基础资产支持的证券达不到“投资级”，则必须通过信用增级提高信用级别，改善发行条件，降低交易风险。

④律师事务所就基础资产是否合法、有效及其所有权情况出具意见；会计师事务所负责出具基础资产审计报告、会计处理意见、专项计划设立的融资报告，年度资产管理报告和清算报告的审计意见。

⑤发行人委托承销机构进行证券承销，承销机构受托后向投资者出售证券，并将承销收入，即投资者购买证券的资金汇入 SPV 的管理计划，再由发行人将证券出售收入转给发起人即物流园区，物流园区根据不同企业的基础资产状况实行资金分配。

⑥发行人将现金流和资产分别委托给受托人和服务人管理。受托人负责支付给投资者本息，服务人对证券化资产进行管理，将未来现金流收入汇给受托人，再由受托人转汇到发起人账户。

企业集合资产证券化模式的运作流程图如下：

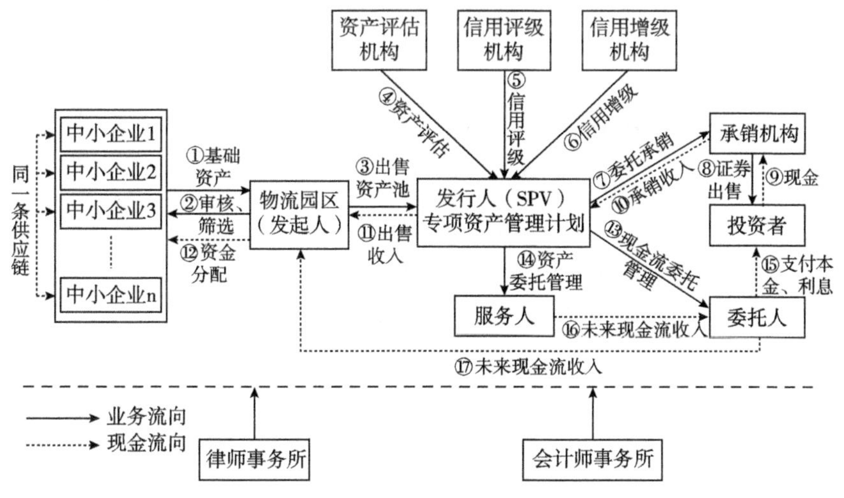

图 5.19　企业集合资产证券化模式流程图

（3）模式特点及风险分析

该模式的特点主要体现在以下几个方面。

①中小企业集合资产证券化。由于基础资产和信用水平达不到资产证券化要求，市场机制和法律法规不完善，单个中小企业很难实施这一融资方式。集合资产证券化是基于每条供应链，将多个中小企业零散的资产打包组合，从而实现证券化操作。

②证券化的基础资产来源于多条供应链上的多个中小企业，这种具有真实贸易基础的资产，降低了证券化风险，同时，广泛的资产来源也有利于分散风险。

③物流园区作为资产证券化的发起人，能够实现对中小企业的统一管理，准确、及时地掌握中小企业的资产状况、财务状况、交易情况等方面的信息，有利于风险防范与控制。同时，物流园区能根据资产池中各中小企业的基础资产贡献率，合理分配承销收入，避免纠纷。

④SPV 是长期存续的实体，能够实现多宗销售交易模式，可从物流园区多次购买资产，从而形成规模效益，降低交易成本。

企业集合资产证券化模式的风险主要来源于以下几个方面。

①基础资产风险：对基础资产价值评估的风险，市场或政策的变化导致基础资产质量下降的风险。尤其是在基于供应链条的集合资产证券化业务中，某个行业的衰退会导致与该行业相关的整条供应链上贸易需求减少、资产状况恶化、基础资产受损。

②信用风险：如资产债务人拖欠债务，证券化资产的真实性和价值的评估、信用评级、专业机构出具意见书等环节都可能存在欺诈风险。

③道德风险：主承销商在承销业务中没有明确的职责规定，一般不参与资产池的尽职调查，容易放松对风险的防制。发起人和投资者间存在信息和利益不对称，发起人可能故意隐瞒负面信息。

④集合资产证券化的管理风险：由于涉及的中小企业数量众多，资产、资金等方面集中管理较难，服务人和受托人容易出现管理失误。

⑤合同法律风险：由于合同内容、形式不完整导致合同效力争议而产生纠纷等。

4. 融资租赁债权转让模式

（1）模式产生背景

对于欧美国家来说，融资租赁是最主要的融资方式之一。美国 GDP 中租赁业的贡献率高达30%以上。近些年，我国融资租赁也进入成长期，政府出台了相关支持政策，截至2014年6月，融资租赁企业共有1350家，交易额增长率达到2.6%。融资租赁的快速推进对我国经济转型升级具有重要作用。

融资租赁能够促进产业转型升级，主要表现为以下四点。

①促进传统产业改造升级。目前，我国传统型企业存在技术和设备较落后现象，但又缺少资金投入。设备融资方式，有利于提高资产质量，更新设备，实现产品和技术升级。

②加速高新技术产业化进程。高新技术产业在初创期也面临着资金短缺问题，缺乏从银行等金融机构进行融资的有效渠道。融资租赁业务更注重承租企业的项目成长性，对企业提供的担保和抵押要求相对低一些，能够为企业提供急需的设备，并灵活制定租金偿还协议，这对高技术产业的发展具有重要作用。

③优化金融业组织结构。融资租赁业的发展，改变了金融体系结构，增加非银行金融机构占比，逐渐改变银行业的绝对优势地位，同时增加了贷款以外的金融业务在金融市场中的比重，使我国的金融组织体系更加灵活，创新性更强。

④融资租赁将企业闲置设备出租出去，有利于供货商盘活资产存量、提高设备利用率，从而促进企业资产结构优化、重组、升级。

显然，融资租赁对产业转型升级意义重大。因此，本书选取融资租赁业务作为物流园区开展物流金融业务的模式之一，并提出将融资租赁产生的债权进行转让，以及向传统融资租赁业务模式注入互联网思维，最终形成融资租赁债权转让模式。

（2）模式运作流程

本书中融资租赁债权转让模式是，物流园区设立融资租赁公司，以物流园区作为设备租赁的出租方和融资租赁债权的转让方，建立基于融资租赁债权转让的电子平台，通过平台实现设备租赁、债权转让、资金账户管理以及信息披露等融资租赁业务流程的操作，为物流园区服务范围内的中小企业提供融物和融资服务。具体操作流程如下：

中小企业向物流园区提出融资租赁申请，提供设备型号、规格、质量、价格，以及租赁期限、租金、售后服务等信息；物流园区根据承租企业的要求，为其选择合适的供货商和设备，并与承租企业签订融资租赁合同，承租企业交纳一定比例的保证金；物流园区与供货商签订购货合同，供货商向承租企业交货，并提供售后服务，承租企业进行验收；物流园区向担保公司申请债权转让担保；担保公司对物流园区的融资租赁合同涉及的事项和参与方进行风险审查，审查通过则向投资者提供履约担保；投资者根据担保公司提供的担保先进行风险评估，风险评估通过后再向物流园区购买债权；物流园区对投资者定期付息，到期归还本金，同时进行信息披露；承租企业定期支付租金，到期支付设备购置价款给物流园区，或退还租赁物；投资者在满足赎回条件时，可以向保理公司申请资金赎回，与平台合作的保理公司对债券进行无条件收购，投资者顺利退出，此时，债权由保理公司享有，物流园区向保理公司定期付息，到期还本；融资租赁平台的资金由物流园区委托第三方银行进行监管。融资租赁债权转让模式的运作流程图如下：

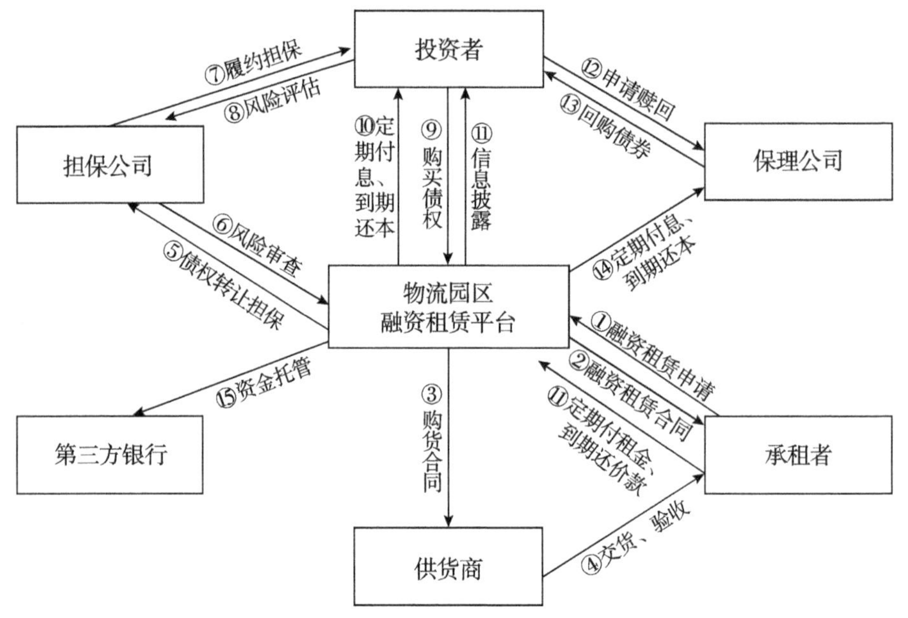

图 5.20　融资租赁债权转让模式流程图

（3）模式特点及风险分析

该模式特点体现在以下几个方面。

①融资租赁模式与互联网相结合，拓宽了资金来源，增强了信息交流和风险控制管理，有效实现了融资、融物双重功能。

②投资与融资相结合，通过融资租赁债权转让为投资者提供新的投资渠道，同时也为物流园区开展融资租赁业务提供资金支持，而大多数融资租赁

公司受规模、资金限制，难以开展这一项业务。

③由担保公司提供担保、保理公司提供托收保付服务，不仅确保了投资者的本金和收益，而且可以使投资者灵活赎回本金。

④融资租赁业务拓宽了设备制造商的产品销售渠道，帮助其改善资产结构，发挥了促销和资产管理功能。

融资租赁债权转让模式的风险主要来源于以下几个方面。

①承租人的风险：承租人的还租能力，主要受企业的经营管理能力、产品的研发能力和销路等因素的影响；承租人的道德风险，如不按期付租金、到期不偿还设备购置价款。

②技术风险：承租企业的目的是引进先进的技术和设备，但设备是否先进、技术是否成熟、交易是否合法等都具有不确定性。

③法律风险：债权份额化分割转让的有效性、分割方式的有效性，合同的合法性等方面的风险。

④平台的风险：平台的技术不成熟、系统漏洞、操作不当导致的风险。

5.3.5 物流金融参与主体的 Stackelberg 博弈均衡状态分析

综合上文中提出的各种新型融资工具，本书构建物流园区开展物流金融模式的博弈论模型，研究物流金融主要参与者如何选择融资策略，以实现自身与整体的利益最大化。通过逆向归纳法求出 Stackelberg 博弈模型均衡解，基于各种均衡状态需要满足的条件，分析影响参与主体决策的关键因素，从数理分析角度论证在完全信息情况下，科学的物流园区开展物流金融的模式能够使各参与主体达到更优的经济均衡状态，信息对称是提高融资效率的关键因素。

1. Stackelberg 博弈概述

Stackelberg 博弈模型是一种完全信息的动态博弈，最早于 1952 年，由德国的经济学家 Stackelberg 提出，起源于对市场经济领域问题的研究。在这类问题中，决策者类型分为两种，有着明显的主从递阶结构，处于较高决策层的是领导者，拥有跟随者的相关信息，可以自上而下对从属方行使某种控制和引导，处于较低层的是跟随者，它的决策权居于相对从属的地位，受主导方决策行为的制约，但同时也会影响上层领导者的策略选择行为。Stackelberg 决策问题具有以下特征：

①有多个决策者参与博弈，他们之间相对独立，且都有自己可以控制的

决策变量。

②通常情况下，某个（或某些）决策者的利益会受其他某个（或某些）决策者的决策影响。

③决策系统呈主从递阶结构，位于不同层次的决策者所拥有的权力不相同。一般来说，层次高的决策者拥有的权力也较大，可以通过自己的决策来直接或间接调节控制下级决策行为，下级的决策也可以影响到上级。

④最终的均衡策略是由各参与主体共同决定的，而且是每个参与者都接受的决策。

Stackelberg 博弈一般用逆向归纳法求解。逆向归纳法，是一种动态博弈均衡的常用求解方法，也可以称作逆推法，即从动态博弈的最后一步往前推出结果，属于完全归纳推理。基于“所有参与者都是理性人”的假设，逆向归纳法首先选出博弈的最后一个节点上的最优策略，从该节点出发解出前面一个相邻节点的策略，不断重复往前推，到达第一个决策点时，得到均衡解。

2. 博弈论应用于物流金融分析的可行性

物流金融基于物流园区的资金和信用，为园区内有融资需求的中小企业提供资金，物流园区、中小企业和资金提供者等主体间通过竞争与合作共同使各参与主体的效益实现最大化。应用博弈论研究物流金融系统里主要参与者在各种模式中进行决策的博弈行为，可以促进物流金融的参与主体处于均衡状态，形成多方共赢局面。

（1）物流园区物流金融系统具备博弈要素特征

一个标准的博弈一般包括参与者、策略空间、收益这三个要素。从主体构成来看，物流金融是这样开展的：在物流园区及园区内融资企业的物流、信息流和资金流的基础上，资金供给者根据稳定的、可监管的质押资产、应收账款、存货、预付账款等资产的信息及其未来产生现金流的状况，决定是否提供给融资企业一定的资金。因此，物流园区开展物流金融是由物流园区、融资企业、投资者以及其他参与方构成的具有网络结构的融资模式，物流金融的参与主体共同构成了博弈的参与者。从策略空间来看，物流金融中每一个参与者，均有相对独立的决策权、可控的决策变量，以及独立的、不同的想法与目的，从而组成多个博弈的策略空间。从收益来看，各参与主体通过融资活动获得了不一样的收益，物流金融参与主体共同决定的策略集就是均衡。由此可见，物流金融系统具备明显的博弈要素特征，满足基本的博弈论分析研究条件。

（2）物流金融系统存在信息不对称

物流金融中资金提供方和融资企业间信息是不对称的，主要由两方面原因导致：一方面，中小企业的生命周期较短，违约的可能性较大，处于资金短缺、经营困难情形的中小企业为了获得外部资金支持，会故意隐瞒部分重要信息，而在获得资金后，可能难以按期归还本金和利息；另一方面，中小企业的财务制度、内部管理不完善，信息的透明度不高，资金供给者无法获得中小企业真实、完整的信息。这种信息不对称使资金供给者因无法准确评估中小企业的信用水平而对中小企业缩减资金供给额度，或要求提高风险回报率，从而增加了中小企业筹资成本，而且也增加了资金提供方的借贷风险、投资风险。在物流园区开展的物流金融融资模式中，资金供给者考虑的不仅是中小企业自身的资信水平，也包括物流园区的资金实力和资信水平，将物流园区纳入物流金融系统中。这就缓解了中小企业融资过程中的信息不对称问题，也降低了资金供给者的借贷和投资风险。信息不对称是融资难的关键所在，信息流既是物流金融运作的基础，又是博弈分析的基础，因此，利用完全信息动态博弈分析能够协调物流金融的参与主体，使各方的收益更优。

（3）物流金融的参与主体具有主从结构

Stackelberg 博弈中，领导者首先选择策略，跟随者再根据上级的决策来选择自己的策略。博弈双方都有各自的目标函数，使自身的利益最大化，上级决策相对重要，它形成了下级的决策参数。领导者的 Stackelberg 最优决策也就是跟随者最优策略。Stackelberg 博弈主要用于研究具有主从递阶结构的决策问题，物流金融系统涉及物流园区、中小企业、资金提供者以及其他参与方，每个参与者拥有独立的决策权，以利益最大化为标准，各自的目标可能产生冲突，从而导致整体的效益降低。Stackelberg 博弈分析能够使系统达到新的均衡，使参与者达到更好的经济状态，实现整体效益的优化。本书中物流金融不同模式中参与主体的主从关系如下所示：

B2B 网贷模式中：借款企业申请融入资金，物流园区决定是否提供担保，在这个博弈中，物流园区是领导者，借款企业是跟随者；根据物流园区的担保情况，贷款企业决定是否提供资金，在这个博弈中，贷款企业是领导者，借款企业和物流园区作为一个整体是跟随者。

众筹模式中：项目发起人提出融资申请，物流园区判断是否向众筹平台推荐项目，在这个博弈中，物流园区是领导者，项目发起人是跟随者；根据物流园区和平台的项目推荐情况，投资者决定是否提供资金，在这个博弈中，投资者是领导者，项目发起人和物流园区作为一个整体是跟随者。

企业集合资产证券化模式中：中小企业和物流园区作为整体是资产证券化的发起人，发起人提出资产出售申请，SPV 判断是否购买资产，在这个博弈中，SPV 是领导者，发起人是跟随者；根据发起人基础资产的质量以及资产证券化情况，投资者决定是否提供资金，在这个博弈中，投资者是领导者，中小企业和物流园区作为一个整体是跟随者。

融资租赁债权转让模式中：承租方提出设备租赁申请，物流园区作为出租方决定是否出租设备，在这个博弈中，出租方是领导者，承租方是跟随者；根据出租方的融资租赁债权的情况，投资者决定是否投资，在这个博弈中，投资者是领导者，出租方和承租方作为一个整体是跟随者。

3. 物流园区开展物流金融模式的博弈分析模型假设

博弈论用于研究各个理性决策个体在其行为对彼此产生直接作用时，如何选择策略以及达到何种均衡状态，分析得到预测博弈的均衡结果。基于以上分析，本书将构建一个双重 Stackelberg 博弈，通过物流金融的 Stackelberg 博弈得到 Stackelberg 均衡解，在均衡的状态下各参与主体的利益达到最优。本书假设物流金融的其他参与主体不存在信用风险和操作风险，针对物流园区开展物流金融的四种融资模式，在构架模型前做出如下假设：

假设一："理性人"假设。假设中小企业、物流园区以及投资者等各参与主体的目的都是实现自身利益最大化，在客观条件约束下通过选择行为最大化自己的效用水平，且每个参与主体都有良好的判断和选择能力。本研究假定物流园区不存在违约情形，即无论融资企业是否违约，物流园区都会履行承诺（在 B2B 网贷模式中物流园区在中小企业违约时支付承诺的担保金额；在众筹模式中物流园区只是中介，没有做出任何违约承诺；在企业集合资产证券化模式中，物流园区起组织、代表作用，基础资产优劣取决于企业；在融资租赁债权转让模式中物流园区作为出租方，只要承租方守约，物流园区就会定期支付利息、到期偿还本金），这样就只分析融资企业违约这一种状态，即融资企业不向投资者支付本金和利息、不支付投资回报、出售不良资产、不支付租金这四种情况。

假设二：策略空间和信息假设。博弈的参与者都知道彼此的策略空间、支付函数等信息，其中投资者/借款企业的策略是"投资/不投资""借款/不借款"，物流园区的策略是"担保/不担保""推荐/不推荐""出售优质资产/出售劣质资产""出租/不出租"，融资企业的策略是"守约/不守约""出售优质资产/出售劣质资产”。物流金融融资模式中参与者都清楚彼此的策略空间与期望收益，因此，这属于完全信息博弈。

假设三：博弈次序假设。在博弈过程中，假设融资企业提出借款申请（项目融资申请/证券化资产出售申请/租赁申请），先由物流园区选择是否担保（推荐/出售/租赁），再由借款企业或投资者选择是否提供资金，这种博弈是动态博弈。因此，本书构建双重 Stackelberg 博弈模型。博弈一是借款企业和物流园区（项目发起人和物流园区/资产证券化发起人和 SPV/承租方和出租方）之间的博弈，物流园区（SPV）是领导者，借款企业（项目发起人/资产证券化发起人/承租方）是跟随者；博弈二是借款企业（投资者）和物流园区与中小企业作为整体的博弈，借款企业（投资者）是领导者，物流园区与中小企业作为整体（出租方）是跟随者。博弈一是物流金融业务发生的前提，博弈二的发生基于博弈一的发生。

4. 物流金融融资模式的博弈模型分析

在物流金融系统的博弈中，物流园区、融资企业以及投资者等主体间既有斗争，又有合作，以此实现各参与者的效益最大化。融资过程中，每一个参与主体的决策行为既受他人影响，同时又影响着他人，其效用函数既取决于自己，也依赖其他主体。本研究在下文中对每种模式的博弈进行具体分析。

（1）B2B 网贷模式的选择博弈

变量定义如下：借款企业的融资金额为 I，贷款利率是 r_0，获得资金后用于再生产时收益率是 r_1，只有借款企业的再生产收益率大于贷款利率（即 $r_1 > r_0$）时，借款企业才会进行借款，如果贷款企业不提供贷款，将资金存入银行或投资没有风险的项目，设无风险收益率是 r_b，则贷款利率大于无风险收益率（即 $r_1 > r_b$）时，贷款企业才会提供贷款。设借款企业质押物的价值为 V，物流园区按照质押物价值的一定比例提供担保，担保的比例为 θ，则担保金额为 θV。物流园区在融资过程中获得的收益为 E，如果借款企业违约，则物流园区处理质押物的变现价值为 v。借款企业的借款手续费为 K；物流园区的业务成本为 C，指委托第三方物流监管和仓储费用、B2B 网贷平台运营费用、第三方银行资金托管成本；贷款企业的交易成本为 T。物流园区给没有获得贷款但长期信用良好的借款企业一定信任收益为 y，如提供更多合作机会、融资条件等；贷款企业给没有获得贷款但长期信用良好的借款企业一定奖励为 Y，如放松放贷条件、简化手续、提高贷出金额等。如果借款企业不还款，会导致自身的信誉等级下降，物流园区不再为其提供担保，贷款企业也不再为其提供资金，借款企业遭受的信任损失为 L。假设借款企业的守约概率为 p，物流园区担保的概率是 g，贷款企业贷款的概率为 q。

模型构建如下：构建物流园区与借款企业二者的博弈模型，支付矩阵如表 5.6 所示。

表 5.6　物流园区与借款企业博弈支付矩阵

物流园区	借款企业	
	守约	不守约
担保	$E-C$ r_1I-r_0I-K	$-\theta V+v-C$ $I+r_1I-V-K-L$
不担保	0，y	0，0

构建贷款企业与物流园区和借款企业整体二者的博弈模型，支付矩阵如表 5.7 所示。

表 5.7　贷款企业与物流园区和借款企业整体博弈支付矩阵

贷款企业	物流园区和借款企业整体	
	守约	不守约
贷款	r_0I-T $r_1I-r_0I-K+E-C$	$-I-r_0I+\theta V-T$ $I+r_1I-V-K-L-\theta V+v-C$
不贷款	r_bI，Y	r_bI，0

由表 5.6 可得物流园区的期望收益，即：

$$E（担保）=p*(E-C)+(1-p)*(-\theta V+v-C) \tag{5.2}$$

$$E（不担保）=p*0+(1-p)*0 \tag{5.3}$$

令 E（担保）= E（不担保），求解借款企业的守约概率为：

$$p=\frac{\theta V-v+C}{E+\theta V-v} \tag{5.4}$$

由于 $0<p\leqslant1$，则 $\theta V-v+C>0$，$E\geqslant C$。

当 $p>\frac{\theta V-v+C}{E+\theta V-v}$ 时，E（担保）> E（不担保），表示借款企业守约的概率大于 $\frac{\theta V-v+C}{E+\theta V-v}$ 时，物流园区担保比不担保所获得的期望收益更高。此时，物流园区选择为借款企业提供担保，即在借款企业不支付本金和利息时，物流园区按承诺的担保金额偿还给贷款企业。否则，选择不提供担保。

由 p 对 V 求导，得$\frac{\partial p}{\partial V}=\frac{\theta(E-C)}{(E+\theta V-v)^2}$，由于 $E>C$，所以$\frac{\partial p}{\partial V}>0$，表示借款企业选择守约的概率伴随质押物价值增大而增大，质押物价值越高，违约造成的损失越大，借款企业选择守约的可能性也越大。但实际情况中，借款方受自身规模和资金的约束，所提供的质押物价值不可能无限大。

由表 5.6 可得借款企业的期望收益，即：

$$E（守约）=g*(r_1I-r_0I-K)+(1-g)*y \tag{5.5}$$

$$E（不守约）=g*(I+r_1I-V-K-L)+(1-g)*0 \tag{5.6}$$

令 E（守约）= E（不守约），求解物流园区担保的概率为：

$$g=\frac{y}{I+r_0I+y-V-L} \tag{5.7}$$

由于 $0<g\leqslant 1$，则 $I+r_0I-V-L\geqslant 0$，$I+r_0I+y-V-L>0$。

当 $g>\frac{y}{I+r_0I+y-V-L}$时，E（守约）>E（不守约），表示物流园区选择担保概率大于$\frac{y}{I+r_0I+y-V-L}$时，借款企业守约比违约所获得的期望收益更高。此时，借款企业选择守约。否则，选择不守约。

由 g 对 L 求导，得$\frac{\partial g}{\partial L}=\frac{y}{(I+r_0I+y-V-L)^2}$，且$\frac{\partial g}{\partial L}>0$，表示借款企业出现违约时，所遭受的信任损失越大，物流园区提供担保的概率会越大。信任损失提高制约了借款企业违约行为，因此物流园区越倾向于进行担保。

由表 5.7 可得贷款企业的期望收益，即：

$$E（贷款）=p*(r_0I-T)+(1-p)*(-I-r_0I+\theta V-T) \tag{5.8}$$

$$E（不贷款）=p*r_bI+(1-p)*r_bI \tag{5.9}$$

令 E（贷款）= E（不贷款），求解借款企业的守约概率为：

$$p=\frac{r_bI}{I+2r_0I-\theta V} \tag{5.10}$$

由于 $0<p\leqslant 1$，则 $2r_0I+I-\theta V>0$，$(1+2r_0-r_b)I-\theta V\geqslant 0$。

当 $p>\frac{r_bI}{I+2r_0I-\theta V}$时，E（贷款）>E（不贷款），表示借款企业守约的概率大于$\frac{r_bI}{I+2r_0I-\theta V}$时，贷款企业贷款比不贷款所获得的期望收益更高。此时，贷款企业选择为借款企业提供贷款。否则，选择不贷款。

由 p 对 r_0 求导，得$\frac{\partial P}{\partial r_0}=\frac{-2r_0r_bI}{(I+2r_0I-\theta V)^2}$，显然$\frac{\partial P}{\partial r_0}<0$，表示借款企业守约的概率因贷款利率增加而减小，借款方所支付利息越多，违约的可能性会提高。但现实生活中，r_0不可能无限小，当 r_0过小时，资金提供者的风险大于收益甚至大于成本，资金供给者将退出市场。由于风险和利率呈正相关关系，物流园区参与到物流金融融资中能够降低风险，从而降低利率。

由表 5.7 可得物流园区和借款方整体的期望收益，即：

$$E（守约）=q*(r_1I-r_0I-K+E-C)+(1-q)*Y \quad (5.11)$$

$$E（不守约）=q*(I+r_1I-V-K-L-\theta V+v-C)+(1-q)*0 \quad (5.12)$$

令 E（守约）= E（不守约），求解贷款企业贷款的概率为：

$$q=\frac{Y}{I+r_0I+v+Y-E-V-L-\theta V} \quad (5.13)$$

由于$0<q\leqslant 1$，则$I+r_0I+v-V-\theta V-E-L\geqslant 0$，$I+r_0I+Y+v-V-\theta V-E-L>0$。

当$q>\frac{Y}{I+r_0I+v+Y-E-V-L-\theta V}$时，E（守约）>E（不守约），表示贷款方贷款概率大于$\frac{Y}{I+r_0I+v+Y-E-V-L-\theta V}$时，物流园区和借款方整体选择守约比违约所获得的期望收益更大。此时，借款企业选择守约。否则，选择不守约。

由 q 对 θ 求导，得$\frac{\partial q}{\partial \theta}=\frac{VY}{(I+r_0I+v+Y-E-V-L-\theta V)^2}$，显然$\frac{\partial q}{\partial \theta}>0$，即贷款企业贷款的概率随着物流园区的担保比例的增加而增加，物流园区进行担保能够与贷款方共同承担风险，担保比例越高，则贷款方需要承受的风险越小，提供贷款的概率也就越大。

（2）众筹模式的选择博弈

变量定义如下：项目发起人的筹资金额为 I，企业获得资金后项目投资成功的概率为 α，项目投资成功的收益率为 β。发起人向物流园区交纳的保证金为 D，向资金提供方承诺的回报率是 λ，则投资方可以获得 λαβI 的收入。项目发起人的成本为 C_1，即为发布项目信息进行筹备的费用和项目运营费用，给物流园区的服务费用为 K。在项目发起人守约的情况下，物流园区参与融资活动获得的未来收益为 E，即项目发起人稳健运营给园区带来了口碑效应；

园区的成本为 C，包括委托第三方物流公司展开调查与监管的费用、平台服务费用。投资者的交易成本为 T，无风险收益率为 r_b。物流园区给得不到推荐但长期信用良好的企业信任收益为 y，投资者给得不到投资但长期信用良好的企业的奖励为 Y。如果项目发起人不守约，会导致自身的信誉等级下降，物流园区不再与其合作，投资者也不再为其提供资金，融资企业遭受的信任损失为 L。假设项目发起人守约的概率是 p，物流园区推荐的概率是 h，投资者的投资概率是 q。模型构建如下：

构建物流园区与项目发起人二者的博弈模型，支付矩阵如表 5.8 所示。

表 5.8　物流园区与项目发起人博弈支付矩阵

物流园区	项目发起人	
	守约	不守约
推荐	$E+K-C$ $\alpha\beta I-\lambda\alpha\beta I-K-C_1$	$K-C+D$ $I+\alpha\beta I-K-C_1-D-L$
不推荐	0，y	0，0

构建投资者与物流园区和项目发起人整体间的博弈模型，支付矩阵如下表 5.9 所示。

表 5.9　投资者与物流园区和项目发起人整体博弈支付矩阵

投资者	物流园区和项目发起人整体	
	守约	不守约
投资	$\lambda\alpha\beta I-T$ $\alpha\beta I-\lambda\alpha\beta I-C_1+E-C$	$-I-T$ $I+\alpha\beta I-C_1-L-C$
不投资	r_bI，Y	r_bI，0

由表 5.8 可得物流园区的期望收益，即：

$$E（推荐）=p*(E+K-C)+(1-p)*(K-C+D) \quad (5.14)$$

$$E（不推荐）=p*0+(1-p)*0 \quad (5.15)$$

令 E（推荐）= E（不推荐），求解项目发起人的守约概率为：

$$p=\frac{K-C+D}{D-E} \quad (5.16)$$

由于 $0<p\leqslant 1$，则 $D>E$，$K+D>C$，$K+E\leqslant C$。

当 $p>\frac{K-C+D}{D-E}$，E（推荐）> E（不推荐），表示项目发起人守约的概率大于$\frac{K-C+D}{D-E}$时，物流园区推荐项目比不推荐所获得的期望收益更高。此时，物流园区选择为发起人推荐。否则，选择不推荐。

由 p 对 D 求偏导，有$\frac{\partial p}{\partial D}=\frac{C-E-K}{(D-E)^2}$，由于 $K+E\leqslant C$，所以$\frac{\partial p}{\partial D}>0$，表示项目发起人守约的概率因交给物流园区的保证金数额增加而提高，保证金数额大，不守约带来的损失较大，项目发起人选择守约的概率就会提高。

由表 5.9 可得项目发起人不同情况下的期望收益，即：

$$E（守约）=h*(\alpha\beta I-\lambda\alpha\beta I-K-C_1)+(1-h)*y \quad (5.17)$$

$$E（不守约）=h*(I+\alpha\beta I-K-C_1-D-L)+(1-h)*0 \quad (5.18)$$

令 E（守约）= E（不守约），求解物流园区担保概率是：

$$h=\frac{y}{I+\lambda\alpha\beta I+y-D-L} \quad (5.19)$$

由于 $0<h\leqslant 1$，则 $I+\lambda\alpha\beta I+y-D-L>0$，$I+\lambda\alpha\beta I-D-L\geqslant 0$。

当 $h>\frac{y}{I+\lambda\alpha\beta I+y-D-L}$，E（守约）> E（不守约），表示物流园区推荐的概率大于$\frac{y}{I+\lambda\alpha\beta I+y-D-L}$时，项目发起人选择守约比选择违约所获得的期望收益更高。此时，项目发起人选择守约。否则，选择不守约。

由 h 对 L 求导，得$\frac{\partial h}{\partial L}=\frac{y}{(I+\lambda\alpha\beta I+y-D-L)^2}$，有$\frac{\partial h}{\partial L}>0$，即项目发起人不守约所遭受信任损失越大，物流园区推荐项目概率会越大，信任损失提高制约了发起人不守约行为，因此，物流园区为其推荐项目有更大可能。

由表 5.9 可得投资者的期望收益，即：

$$E（投资）=p*(\lambda\alpha\beta I-T)+(1-p)*(-I-T) \quad (5.20)$$

$$E（不投资）=p*r_bI+(1-p)*r_bI \quad (5.21)$$

令 E（投资）= E（不投资），求解项目发起人的守约概率为：

$$wp=\frac{r_bI+I+T}{I+\lambda\alpha\beta I} \quad (5.22)$$

由于 $0<p\leqslant 1$，则 $\lambda\alpha\beta I-T-r_bI\geqslant 0$。

当 $p>\frac{r_bI+I+T}{I+\lambda\alpha\beta I}$，E（投资）> E（不投资），表示项目发起人守约的概率大于$\frac{r_bI+I+T}{I+\lambda\alpha\beta I}$，投资者投资比不投资所获得的期望收益更大。此时，投资

者选择提供资金。否则，选择不投资。

由 p 对 λ 求导，得$\frac{\partial p}{\partial \lambda}=\frac{-\alpha\beta I\ (r_b I+I+T)}{(I+\lambda\alpha\beta I)^2}$，显然$\frac{\partial p}{\partial \lambda}<0$，即项目发起人守约的概率随着投资回报率的增加而减小，可以理解为项目发起人支付的报酬越高，违约的可能性越大。另外，投资回报率与风险有关，高回报率往往说明项目风险较大，较容易失败。一般来说，好项目受投资者欢迎，市场回报率相对也低一些。

由表5.9可得物流园区和项目发起人整体的不同情况下期望收益，即：

$$E（守约）=q*(\alpha\beta I-\lambda\alpha\beta I-C_1+E-C)+(1-q)*Y \quad (5.23)$$

$$E（不守约）=q*(I+\alpha\beta I-C_1-L-C)+(1-q)*0 \quad (5.24)$$

令E（守约）= E（不守约），求解投资者投资的概率为：

$$q=\frac{Y}{I+\lambda\alpha\beta I+E+Y-L} \quad (5.25)$$

由于$0<q\leqslant 1$，则$\lambda\alpha\beta I+I+E-L\geqslant 0$。

当$q>\frac{Y}{I+\lambda\alpha\beta I+E+Y-L}$时，E（守约）>E（不守约），表示投资者投资的概率大于$\frac{Y}{I+\lambda\alpha\beta I+E+Y-L}$时，物流园区和项目发起人整体选择守约比选择违约所获得的期望收益更高。此时，项目发起人选择守约。否则，选择不守约。

由 q 对 L 求导，得$\frac{\partial q}{\partial L}=\frac{Y}{(I+\lambda\alpha\beta I+E+Y-L)^2}$，显然$\frac{\partial q}{\partial L}>0$，即投资者投资的概率随着项目发起人违约遭受的信任损失增加而增加，项目发起人的信任损失越大，越不容易出现违约情况，投资者出资的概率也会变大。

由 q 对 λ 求导，得$\frac{\partial q}{\partial \lambda}=\frac{-\alpha\beta IY}{(I+\lambda\alpha\beta I+E+Y-L)^2}$，显然$\frac{\partial q}{\partial \lambda}<0$，即投资者投资的概率随着投资回报率的增加而减小，一般来说，好项目的投资回报率相对低一些；投资回报率高，通常也意味着风险较大，因此，投资者选择投资的概率较小。

（3）企业集合资产证券化模式的选择博弈

变量定义如下：发起人持有优、劣质资产获得的收益分别为R_1、R_2。为了降低资产证券化风险，发起人出售资产时不能以现金形式获得全部价款，只能获得一部分现金，并持有一定比例的基础资产支持证券。假设发起人出

售优质资产可获得 E_1 收入（包括现金、证券投资收益），出售劣质资产可获得 E_2 收入。发起人进行资产筛选的成本为 K。优质资产可能遭受的风险损失为 H_1，劣质资产可能发生的风险损失为 H_2，则 $H_2 > H_1$。证券化处理成本 C 由 SPV 承担。无风险收益率是 r_b，出资金额是 I，证券收益率是 r，交易费用为 T。假设发起人以 P 的概率提供优质资产，SPV 购买概率为 b，投资者选择投资的概率为 q。

模型构建如下：构建 SPV 与发起人二者的博弈模型，支付矩阵如表 5.10 所示。

表 5.10　SPV 与发起人博弈支付矩阵

SPV	发起人	
	优质资产	劣质资产
购买	$R_1 - E_1 - H_1 - C$ $E_1 - K + H_1$	$R_2 - E_2 - H_2 - C$ $E_2 - K + H_2$
不购买	0，R_1	0，R_2

构建投资者与发起人之间的完全信息动态博弈，博弈模型的支付矩阵如表 5.11 所示。

表 5.11　投资者与发起人博弈支付矩阵

投资者	发起人	
	优质资产	劣质资产
投资	$rI - T - H_1$ $E_1 - K + H_1$	$rI - T - H_2$ $E_2 - K + H_2$
不投资	r_bI，R_1	r_bI，R_2

由表 5.10 可得 SPV 的期望收益，即：

$$E(\text{购买}) = p*(R_1 - E_1 - H_1 - C) + (1-p)*(R_2 - E_2 - H_2 - C) \tag{5.26}$$

$$E(\text{不购买}) = p*0 + (1-p)*0 \tag{5.27}$$

令 E（购买）= E（不购买），求解发起人出售优质资产的概率为：

$$p = \frac{E_2 + H_2 + C - R_2}{(R_1 - R_2) - (E_1 - E_2) + (H_2 - H_1)} \tag{5.28}$$

由于 $0 < p \leq 1$，则 $R_2 - E_2 - H_2 - C < 0$，$R_1 - E_1 - H_1 \geq C$。

当 $p > \frac{E_2 + H_2 + C - R_2}{(R_1 - R_2) - (E_1 - E_2) + (H_2 - H_1)}$，E（购买）>E（不购买），表示发起人提供优质资产概率大于 $\frac{E_2 + H_2 + C - R_2}{(R_1 - R_2) - (E_1 - E_2) + (H_2 - H_1)}$ 的情况下，SPV 购买资产比不购买所获得的期望收益更高。此时，SPV 选择购买。否则，选择不购买。

由 $p = \frac{E_2 + H_2 + C - R_2}{(R_1 - R_2) - (E_1 - E_2) + (H_2 - H_1)}$ 可知，当 $H_2 - H_1$ 值越大（p 越小），即优质资产与劣质资产可能发生的风险损失差越大时，发起人选择出售劣质资产概率越大。当 $R_1 - R_2$ 数值越大（p 越小），即保留优质资产所能获得未来收益远大于保留劣质资产，发起人选择出售劣质资产的可能性越大。当 $R_1 - R_2$ 数值越小时，两种类型资产带来的收益差不多，发起人选择出售优质的资产，以此赢得良好声誉。

由表5.11 可得发起人的期望收益，即：

$$E（优质资产）= b * (E_1 - K + H_1) + (1 - b) * R_1 \tag{5.29}$$

$$E（劣质资产）= b * (E_2 - K + H_2) + (1 - b) * R_2 \tag{5.30}$$

令 E（优质资产）= E（劣质资产），求解物流园区担保概率是：

$$b = \frac{R_1 - R_2}{(R_1 - E_1 - H_1) - (R_2 - E_2 - H_2)} \tag{5.31}$$

由于 $0 < b \leqslant 1$，则 $E_1 + H_1 \leqslant E_2 + H_2$。

当 $b < \frac{R_1 - R_2}{(R_1 - E_1 - H_1) - (R_2 - E_2 - H_2)}$ 时，E（优质资产）>E（劣质资产），即 SPV 购买概率小于 $\frac{R_1 - R_2}{(R_1 - E_1 - H_1) - (R_2 - E_2 - H_2)}$ 时，发起人出售优质资产比出售劣质资产所获得的期望收益更高。此时，发起人选择出售优质资产；否则，选择出售劣质资产。

由 $b = \frac{R_1 - R_2}{(R_1 - E_1 - H_1) - (R_2 - E_2 - H_2)}$ 可知，当 $R_1 - E_1 - H_1$ 和 $R_2 - E_2 - H_2$ 的数值越接近时（b 越大），SPV 购买资产的概率越大。当 $H_2 - H_1$ 的值越大（b 越小），即两种类型资产可能发生的风险损失差越大时，SPV 选择购买资产的概率越小。当 $R_1 - R_2$ 值越大（b 越小），发起人选择保留优质资产，SPV 选择购买概率越小。

由表5.11 可得投资者的期望收益，即：

$$E（投资）=p*(rI-T-H_1)+(1-p)*(rI-T-H_2) \quad (5.32)$$

$$E（不投资）=p*r_bI+(1-p)*r_bI \quad (5.33)$$

令E（投资）= E（不投资），求解发起人出售优质资产的概率为：

$$p=\frac{r_bI-(rI-H_2-T)}{H_2-H_1} \quad (5.34)$$

由于$0<p\leqslant1$，则$r_bI\leqslant rI-T-H_1$。

当$p>\frac{r_bI-(rI-H_2-T)}{H_2-H_1}$时，E（投资）>E（不投资），发起人以大于$\frac{r_bI-(rI-H_2-T)}{H_2-H_1}$的概率售出优质资产时，投资者进行投资比保留资金所获得的期望收益更高。此时，投资者选择投资。否则，选择不投资。

由$p=\frac{r_bI-(rI-H_2-T)}{H_2-H_1}$可知，当$H_2$与$rI-T-r_bI$数值越接近时（p越小），即投资者的风险溢价与劣质资产在未来遭受的损失越接近时，发起人售出劣质资产概率越大。当H_2-H_1值越大（p越小），即两种类型资产可能出现的风险损失差越大时，发起人选择售出劣质资产概率越大。

由p对H_2求导可得$\frac{\partial p}{\partial H_2}=\frac{rI-H_1-T-r_bI}{(H_2-H_1)^2}$，由于$r_bI\leqslant rI-T-H_1$，所以$\frac{\partial p}{\partial H_2}>0$，即发起人出售优质资产概率随着劣质资产预期未来损失增加而增加，如果H_2过大，发起人会考虑到投资者可能损失太多，从而不会售出劣质资产。

由表5.11可得发起人的期望收益，即：

$$E（优质资产）=q*(E_1-K+H_1)+(1-q)*R_1 \quad (5.35)$$

$$E（劣质资产）=q*(E_2-K+H_2)+(1-q)*R_2 \quad (5.36)$$

令E（优质资产）= E（劣质资产），求解投资者投资的概率为：

$$q=\frac{R_1-R_2}{(R_1-E_1-H_1)-(R_2-E_2-H_2)} \quad (5.37)$$

由于$0<q\leqslant1$，则$E_1+H_1\leqslant E_2+H_2$。

当$q<\frac{R_1-R_2}{(R_1-E_1-H_1)-(R_2-E_2-H_2)}$时，E（优质资产）>E（劣质资产），即投资者投资概率小于$\frac{R_1-R_2}{(R_1-E_1-H_1)-(R_2-E_2-H_2)}$时，发起人出售优质资产比出售劣质资产所获得的期望收益更高。此时，发起人选择出售优质资产。否则，选择出售劣质资产。

由 $q=\frac{R_1-R_2}{(R_1-E_1-H_1)-(R_2-E_2-H_2)}$ 可知，当 H_2-H_1 值越小（q 越大），即两种类型资产预期损失差越小时，投资者进行投资的可能性更大。当 R_1-R_2 的数值越大（q 越小），即优质资产能够带来的未来收益更大，发起人选择持有优质资产，投资者选择购买证券的可能性也就越小。

（4）融资租赁债权转让模式的选择博弈

变量定义如下：融资租赁设备的初始购置价款为 P_0，租赁期限为 n 年，每期支付的租金为 P_t（$1\leq t\leq n$），整个租赁期所付出的保养、维修总费用为 F_n，期满设备的余值现值为 V_n。设折现率为 r，则各期租金折现后的现值之和为 $NPV_n=\sum_{t=1}^{n}\frac{P_t}{(1+r)^t}$。承租方项目运营成功的概率是 α，预期可获得收益是 W；如果项目运营失败，则承租方的收益为 0。假设承租方在第 i 期（$1\leq i\leq n$）因投资失败无法继续支付租金和设备余值，则第 1 期到第 i 期支付的租金折现现值之和为 $NPV_i=\sum_{t=1}^{i}\frac{P_t}{(1+r)^t}$，第 i 期到第 n 期未支付的租金折现现值之和 $NPV_{n-i}=\sum_{t=i}^{n}\frac{P_t}{(1+r)^t}$。承租方在 i 期支付的设备维修保养费用总和为 F_i。当承租方发生违约行为时，出租方行使设备处置权，获得设备处置价款为 V_i。设无风险收益率为 r_b，投资金额是 I，收益率是 r_0，交易成本是 T。物流园区向担保公司交纳的违约金比率为 θ，则支付的违约金为 θI。物流园区（出租方）给没有获得融资租赁服务仍保持信用良好的企业信任收益为 y，投资者给没有获得资金支持仍保持信用良好的企业信任收益为 Y，承租方违约遭受的信任损失为 L。假设承租方守约的概率为 p，出租方供应设备概率为 f，投资者投资概率为 q。

模型构建如下：构建出租方与承租方二者的博弈模型，支付矩阵如表 5.12 所示。

表 5.12　出租方与承租方博弈支付矩阵

出租方	承租方	
	守约	不守约
出租	$NPV_n+V_n-P_0-nr_0I$ $\alpha W-NPV_n-V_n-F_n$	$NPV_i-P_0+V_i-ir_0I-\theta I$ $-NPV_i-F_i-L$
不出租	0，y	0，0

构建投资者与出租方和承租方整体二者的博弈模型，支付矩阵如表5.13所示。

表5.13　投资者与出租方和承租方整体博弈支付矩阵

投资者	出租方和承租方整体	
	守约	不守约
投资	nr_0I-T $\alpha W-P_0-nr_0I-F_n$	$\theta I+ir_0I-I-T$ $-L-F_i-P_0+V_i-ir_0I-\theta I$
不投资	nr_bI，Y	ir_bI，0

由表5.12可得出租方的期望收益，即：

$$E(出租)=p*(NPV_n+V_n-P_0-nr_0I)+(1-p)*(NPV_i-P_0+V_i-ir_0I-\theta I) \tag{5.38}$$

$$E(不出租)=p*0+(1-p)*0 \tag{5.39}$$

令E（出租）=E（不出租），求解承租方的守约概率为：

$$p=\frac{ir_0I+\theta I+P_0-NPV_i-V_i}{NVP_{n-i}+\theta I+V_n-V_i-(n-i)r_0I} \tag{5.40}$$

由于$0<p\leqslant 1$，则$P_0+nr_0I\leqslant NPV_n+V_n$。

当$p>\frac{ir_0I+\theta I+P_0-NPV_i-V_i}{NVP_{n-i}+\theta I+V_n-V_i-(n-i)r_0I}$，E（出租）>E（不出租），表示承租方守约概率大于$\frac{ir_0I+\theta I+P_0-NPV_i-V_i}{NVP_{n-i}+\theta I+V_n-V_i-(n-i)r_0I}$情况下，出租方给予融资租赁服务比不供应设备所获得的期望收益更高。此时，出租方选择向承租方提供租赁设备。否则，选择不提供融资租赁服务。

由$p=\frac{ir_0I+\theta I+P_0-NPV_i-V_i}{NVP_{n-i}+\theta I+V_n-V_i-(n-i)r_0I}$可知，$P_0-NPV_i$的值越大，p越大，即设备初始购置价款与第i期支付的租金现值之和的差值越大，承租方守约的概率越大。因为设备购置成本越高、支付的租金越少，承租方租赁比自己购买更划算，承租方守约的可能性越大。$NPV_{n-i}+V_n$的值越大，p越小，即需要支付的剩余年份租金现值和租赁期满设备的余值现值越大，承租方违约的可能性越大。

由表5.12可得承租方的期望收益，即：

$$E(守约)=f*(r_1I-r_0I-K)+(1-f)*y \tag{5.41}$$

$$E(不守约)=f*(I+r_1I-V-K-L)+(1-f)*0 \tag{5.42}$$

令 E（守约）＝E（不守约），求解出租方出租的概率为：

$$f=\frac{y}{NVP_{n-i}+V_n+y+(F_n-F_i)-\alpha W-L} \tag{5.43}$$

由于 $0<f\leqslant 1$，则 $NPV_{n-i}+V_n+F_n-F_i-\alpha W-L\geqslant 0$。

当 $f<\frac{y}{NVP_{n-i}+V_n+y+(F_n-F_i)-\alpha W-L}$，E（守约）>E（不守约），表示出租方以小于 $\frac{y}{NVP_{n-i}+V_n+y+(F_n-F_i)-\alpha W-L}$ 的概率出租设备情况下，承租方守约比违约所获得的期望收益更高。此时，承租方选择守约。否则，选择不守约。

由 $f=\frac{y}{NVP_{n-i}+V_n+y+(F_n-F_i)-\alpha W-L}$ 可知，α 越大，f 越大，即承租方项目运营成功的概率越大，出租方进行设备出租的概率越大；L 越大，f 越大，即承租方遭受的违约信任损失越大，出租方选择设备租赁的可能性越大；$NPV_{n-i}+V_n$ 的值越大，f 越小，即剩余年份租金现值和租赁期满设备的余值现值越大，出租方出租的概率越小。

由表 5.13 可得投资者的期望收益，即：

$$E(投资)=p*(nr_0I-T)+(1-p)*(\theta I+ir_0I-I-T) \tag{5.44}$$

$$E(不投资)=p*nr_bI+(1-p)*ir_bI \tag{5.45}$$

令 E（投资）＝E（不投资），求解承租方守约的概率为：

$$p=\frac{I+ir_bI+T-ir_0I-\theta I}{(n-i)r_0I-(n-i)r_bI+I-\theta I} \tag{5.46}$$

由于 $0<p\leqslant 1$，则 $n(r_0-r_b)I\geqslant T$。

当 $p>\frac{I+ir_bI+T-ir_0I-\theta I}{(n-i)r_0I-(n-i)r_bI+I-\theta I}$，E（投资）>E（不投资），即承租方守约概率大于 $\frac{I+ir_bI+T-ir_0I-\theta I}{(n-i)r_0I-(n-i)r_bI+I-\theta I}$ 情形下，投资者购买债权比保留资金所获得的期望收益更高。此时，投资者选择投资。否则，选择不投资。

由 p 对 r_0 求偏导，有 $\frac{\partial p}{\partial r_0}=\frac{iIT+nI(\theta I-T)}{[(n-i)r_0I-(n-i)r_bI+I-\theta I]^2}$，当 $nI(\theta I-T)+iIT>0$ 时，承租方守约概率随着投资回报率提高而上升，不符合一般经济规律。因此，考虑 $nI(\theta I-T)+iIT<0$ 的情况，有 $\frac{\partial p}{\partial r_0}<0$，即承租方守约的概率随着投资回报率的增加而减小，由于租金包含了支付给投资者

的投资回报部分，因此投资回报率越高，承租方支付的租金越多，违约的可能性越大。

由表5.13可得出租方和承租方整体的期望收益，即：

$$E（守约）=q*(\alpha W-P_0-nr_0I-F_n)+(1-q)*Y \quad (5.47)$$

$$E（不守约）=q*(-L-F_i-P_0+V_i-ir_0I-\theta I)+(1-q)*0 \quad (5.48)$$

令E（守约）=E（不守约），求解投资者的投资概率为：

$$q=\frac{Y}{(n-i)r_0I+(F_n-F_i)+V_i+Y-\theta I-\alpha W-L} \quad (5.49)$$

由于$0<q\leqslant1$，则$(n-i)r_0I+(F_n-F_i)+V_i-\theta I-\alpha W-L\geqslant0$。

当$q<\frac{Y}{(n-i)r_0I+(F_n-F_i)+V_i+Y-\theta I-\alpha W-L}$，E（守约）>E（不守约），表示投资者以小于$\frac{Y}{(n-i)r_0I+(F_n-F_i)+V_i+Y-\theta I-\alpha W-L}$的概率投资情况下，出租方和承租方整体守约比违约所获得的期望收益更高。此时，承租方选择守约。否则，选择不守约。

由q对θ求导，得$\frac{\partial q}{\partial\theta}=\frac{IY}{[(n-i)r_0I+(F_n-F_i)+V_i+Y-\theta I-\alpha W-L]^2}$，显然$\frac{\partial q}{\partial\theta}>0$，即投资者投资的概率随着物流园区交纳的违约金比例的增加而增加，物流园区能够与投资者共同承担风险，违约金比例越高，则投资者可能产生的损失越小，进行投资的概率也就越大。

由q对α求导，得$\frac{\partial q}{\partial\alpha}=\frac{WY}{[(n-i)r_0I+(F_n-F_i)+V_i+Y-\theta I-\alpha W-L]^2}$，显然$\frac{\partial q}{\partial\alpha}>0$，表示承租方运营成功概率越大，获得投资的概率也越大。

5. 四种融资模式的均衡策略

在上述四种物流金融模式的二重博弈中，各个参与主体间相互制衡，并遵循期望收益最大化这一原则，来决定各自的行动策略。本书运用逆向归纳的方法，求出Stackelberg博弈的均衡策略，并且分析总结出四种融资模式中影响参与者决策的关键因素。

（1）B2B网贷模式的均衡策略

B2B网贷模式中，博弈参与主体借款企业、物流园区、贷款企业三者相互制约。首先借款企业提出融资请求，物流园区对其进行审核，决定是否提供担保，然后贷款企业选择是否供给资金。按照逆推方法，先从贷款企业与物流园区和借款方整体的博弈开始，选择二者最优策略。将物流园区、借款企业当作一个整体，保证了物流园区及其内部企业的稳定性和盈利性。当贷款企业提供资金时，物流园区和借款方从长远利益出发会遵守约定，均衡策略为（贷款，守约），需要符合借款方守约的概率大于$\frac{r_bI}{I+2r_0I-\theta V}$，且贷款方贷款的概率大于$\frac{Y}{I+r_0I+v+Y-E-V-L-\theta V}$。此时，双方的收益为（$r_0I-T$，$r_1I-r_0I-K+E-C$）。由此可得，决定贷款概率大小的最关键性因素为物流园区的担保比率，二者呈正相关；借款方守约概率大小的决定性因素在于贷款利率，二者呈负相关。

物流园区与借款企业的博弈中，由于博弈二是基于博弈一发生的，因此博弈一中物流园区选择的是提供担保这一策略，只有借款方决定守约，该活动才能继续，均衡策略为（担保，守约），需要符合借款方守约的概率大于$\frac{\theta V-v+C}{E+\theta V-v}$，且物流园区担保的概率大于$\frac{y}{I+r_0I+y-V-L}$。此时，双方的收益为（$E-C$，$r_1I-r_0I-K$）。由此可得，决定物流园区担保概率大小的因素中，借款企业因违约遭受的信任损失最关键，物流园区担保比率和借款方违约信任损失正向相关；影响借款企业守约概率的关键因素是借款企业向物流园区提供的质押物价值，借款企业守约概率与质押物价值呈正相关。

（2）众筹模式的均衡策略

众筹模式中，博弈的参与者项目发起人、物流园区、投资者三者相互制约。首先项目发起人提出融资申请，其次物流园区对其进行审核，决定是否推荐，最后投资者决定是否投资。按照逆推方法，先从投资者与物流园区和项目发起人整体的博弈开始，选择二者最优策略。将物流园区、项目发起人当作一个整体，保证了物流园区及其内部企业的稳定性和盈利性。当投资者选择投资时，物流园区和项目发起人从长远发展的角度考虑选择守约，均衡策略为（投资，守约），需要符合项目发起人守约的概率大于$\frac{r_bI+I+T}{I+\lambda\alpha\beta I}$，且投资者投资的概率大于$\frac{Y}{I+\lambda\alpha\beta I+E+Y-L}$。此时，双方的收益为（$\lambda\alpha\beta I-T$，$\alpha\beta I-\lambda\alpha\beta I-C_1+E-C$）。由此可得，影响投资者投资概率的关键因素是投资回报率和发起人违约遭受的信任损失，投资者投资概率与回报率负向相关，与发起人违约遭受的信任损失正向相关；影响发起人守约概率的关键因素为投资回报率，二者呈负相关。

物流园区与项目发起人的博弈中，由于博弈二是基于博弈一发生的，因此博弈一中物流园区选择的是推荐项目这一策略，只有项目发起人决定守约，该活动才能继续，均衡策略为（推荐，守约），需要符合项目发起人守约的概率大于$\frac{K-C+D}{D-E}$，且物流园区推荐项目的概率大于$\frac{y}{I+\lambda\alpha\beta I+y-D-L}$。此时，双方的收益为（$E+K-C$，$\alpha\beta I-\lambda\alpha\beta I-K-C_1$）。由此可得，决定物流园区项目推荐概率大小的关键在于借款企业因违约遭受的信任损失，二者正向相关；影响项目发起人守约概率的关键因素是项目发起人向物流园区交纳的保证金，项目发起人守约概率与保证金金额大小呈正相关。

（3）企业集合资产证券化模式的均衡策略

企业集合资产证券化融资模式中，博弈的参与主体证券化发起人、SPV和投资者三者相互制约。发起人提出出售资产，SPV对其进行审核，决定是否购买，投资者选择是否投资。按照逆推方法，先从投资者与发起人的博弈开始，选择二者的最优策略，将物流园区、中小企业当作发起人整体，保证了物流园区及其内部企业的稳定性和盈利性。在投资者购买证券情况下，发起人从长远发展的角度考虑应出售优质资产，均衡策略为（投资，提供优质资产），需要满足发起人以大于$\frac{r_b I-(rI-H_2-T)}{H_2-H_1}$的概率售出优质资产，且投资者以小于$\frac{R_1-R_2}{(R_1-E_1-H_1)-(R_2-E_2-H_2)}$的概率投资。此时，双方的收益为（$rI-T-H_1$，$E_1-K+H_1$）。由此可得，影响投资者投资概率的关键因素是优、劣质两种资产可能发生的风险损失差、预期的收益差，二者都与投资概率负向相关；影响发起人提供优质资产概率的关键因素是投资者的风险溢价与劣质资产的可能的损失差、优质资产与劣质资产的风险损失差，发起人提供优质资产概率与投资者的风险溢价和劣质资产的风险损失差呈正相关，与优质资产和劣质资产的风险损失差呈负相关，但当劣质资产的风险损失大到一定程度时，考虑到给投资者带来损失的可能性较大，发起人反而选择提供优质资产。

SPV与发起人的博弈中，由于博弈二是基于博弈一发生的，因此博弈一中SPV选择的是购买证券化资产这一策略，只有发起人出售优质资产，融资活动才能继续，均衡策略为（购买，出售优质资产），需要满足发起人以大于$\frac{E_2+H_2+C-R_2}{(R_1-R_2)-(E_1-E_2)+(H_2-H_1)}$的概率供应优质资产，且SPV购买资产的概率小于$\frac{R_1-R_2}{(R_1-E_1-H_1)-(R_2-E_2-H_2)}$。此时，双方的收益为（$R_1-E_1-H_1-C$，$E_1-K+H_1$）。由此可得，影响SPV购买资产概率的关键因素是购买优质资产与购买劣质资产的收益差、可能发生的预期损失差、持有两种类型资产的未来收益差，SPV购买资产概率与三者都呈负向相关；影响发起人提供优质资产概率的关键因素是两种资产可能遭受风险的损失差、持有优质资产和劣质资产的未来收益差，项目发起人提供优质资产概率与二者都是负向相关。

（4）融资租赁债权转让模式的均衡策略

在融资租赁债权转让模式中，博弈的参与主体承租方、出租方和投资者之间相互制约。首先承租方提出设备租赁申请，其次物流园区对其进行审核并决定是否出租设备，最后投资者决定是否投资。按照逆推方法，先从投资者与出租方和承租方整体的博弈开始，选择二者的最优策略，将出租方、承租方当作一个整体，保证了物流园区及其内部企业的稳定性和盈利性。当投资者选择投资时，承租方和出租方从长远利益来考虑会遵守约定，均衡策略为（投资，守约），需要满足承租方守约的概率大于$\frac{I+ir_bI+T-ir_0I-\theta I}{(n-i)r_0I-(n-i)r_bI+I-\theta I}$，且投资者投资的概率小于$\frac{Y}{(n-i)r_0I+(F_n-F_i)+V_i+Y-\theta I-\alpha W-L}$。此时，双方的收益为（$nr_0I-T$，$\alpha W-P_0-nr_0I-F_n$）。由此可得，影响投资者投资概率的关键因素是物流园区交纳的违约金比率、承租方项目运营成功的概率，投资者投资概率与物流园区交纳的违约金比率、承租方项目运营成功的概率都呈正相关；决定承租方守约概率大小的最重要因素为投资回报率，二者负向相关。

出租方与承租方的博弈中，由于博弈二是基于博弈一发生的，因此博弈一中承租方选择的是设备出租这一策略，只有承租方遵守约定，该活动才能继续，均衡策略为（出租，守约），需要符合承租方以大于$\frac{ir_0I+\theta I+P_0-NPV_i-V_i}{NVP_{n-i}+\theta I+V_n-V_i-(n-i)r_0I}$的概率守约，且出租方出租设备的概率小于$\frac{y}{NVP_{n-i}+V_n+y+(F_n-F_i)-\alpha W-L}$。此时，双方的收益为（$NPV_n+V_n-P_0-nr_0I$，$\alpha W-NPV_n-V_n-F_n$）。由此可得，影响出租方设备出租概率的关键因素是承租方项目运营成功的概率、承租方因违约遭受的信任损失、剩余年份租金现值和租赁期满设备的余值现值，出租方出租概率与承租方项目运营成功的概率、承租方因违约遭受的信任损失呈正相关，与剩余年份租金现值和租赁期满设备的余值现值呈负相关；影响承租方守约概率的关键因素是设备初始购置价款与第 i 期支付的租金现值之和的差值、剩余年份租金现值和租赁期满设备的余值现值，承租方守约概率与设备初始购置价款与第 i 期支付的租金现值之和的差值呈正相关，与剩余年份租金现值和租赁期满设备的余值现值呈负相关。

6. 均衡状态分析

通过上一节的分析可知，在完全信息的情况下，四种模式中主要的参与主体通过动态博弈达到了均衡状态，按次序分别为：（担保，贷款，守约）；（推荐，投资，守约）；（购买，投资，优质资产）；（出租，投资，守约）。在新的均衡状态下，各方的收益是最大化的，打破了单个企业直接面对投资者无法获得资金支持的局面，即（不投资，不守约）的均衡状态。

从数理分析角度，论证了两点：

（1）在融资过程中，信息对称是至关重要的。有效的信息流使参与主体调整决策行为，以达到更优的均衡状态。

（2）物流园区开展这四种创新型模式是有效率的。物流园区的融入，提高了资金需求方的信用水平和获得资金支持的机会，也分散了融资风险。

这四种融资模式都通过博弈达到均衡解，实现了更优的经济状态，形成多方共赢的局面。有利于中小企业提高自身的效用水平，从而获得外部资金支持，降低融资成本，盘活企业闲置资产，加速资金流转效率；有利于物流园区增加利润来源，提升市场竞争力收益；有利于企业或个人投资者拓宽投资渠道，控制与降低风险，有效利用闲置资金，增加收入来源。

5.3.6 物流金融模式的关键控制变量及对策

物流园区开展物流金融业务作为一种新兴的融资模式，在运作过程中存在诸多制约自身发展的因素。因此，本书根据对每种创新模式中的风险以及博弈论模型中影响各参与主体融资决策的关键因素的分析，总结出每种模式的关键控制变量和园区为保障模式顺利运作可以采取的一些措施。

1. 四种融资模式的关键控制变量

由上一节的分析，可以得出四种融资模式的关键控制变量，如图 5.21 所示：

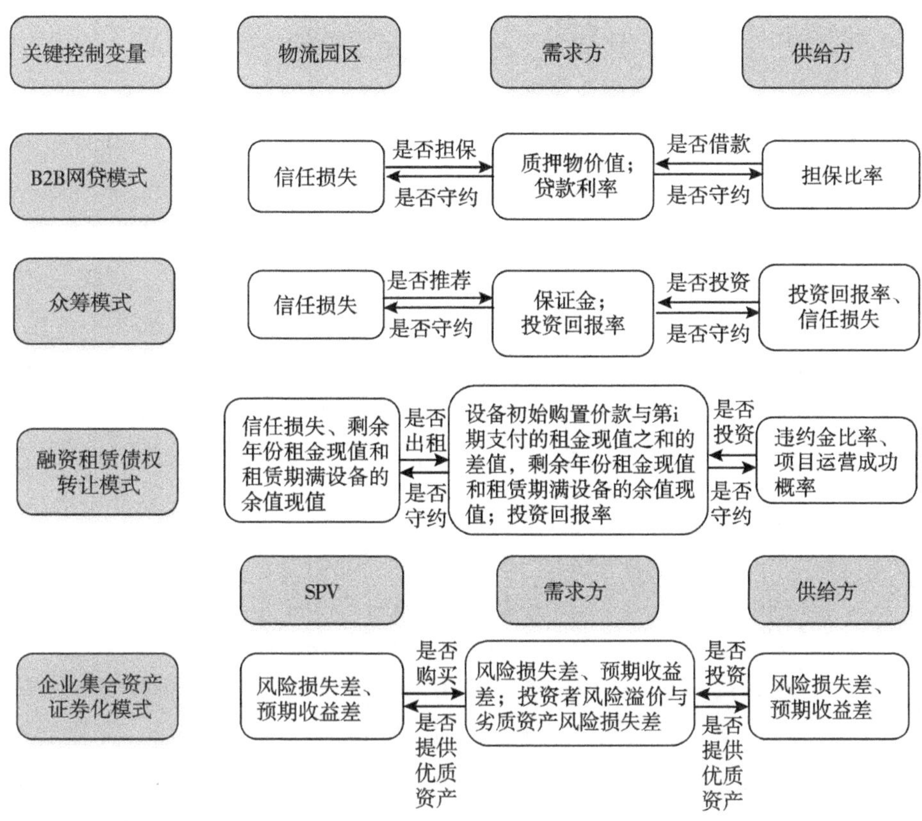

图 5.21　关键控制变量图

在上述四种创新模式中，物流园区起主导作用，应该把握好这些关键控制变量，来引导物流金融参与者的决策行为，保障融资活动有效开展。

2. 物流园区开展物流金融模式的对策

（1）建立融资企业征信系统

在融资过程中，信用水平直接决定着企业能否获得外部资金支持。因此，物流园区应对服务范围内的企业给予科学、合理的信用评估，通过建立融资企业征信系统，记录企业的信用情况，为资金供给方提供参考。物流园区可以利用大数据技术从电子商务交易平台或其他线上、线下渠道充分搜集融资企业的交易数据和信用记录，作为信用评估的数据来源。企业的信用评估可以从企业过往的信用记录、供应链上下游企业尤其是核心企业对融资企业的评价、企业目前的生产经营状况这三个维度进行。建立一套系统的信用考核评估体系，重点评估指标包括企业的经营管理能力、产品、技术、市场、成长性等，运用这些指标对融资企业的信用水平进行等级划分。同时，要持续关注企业的经营情况，根据企业内部是否发生重大变故，及时调整企业的信誉水平，以提前做好风险防控。融资企业的信用水平评估，也是对企业守约概率的一个评估，不仅可以提高信誉良好的企业成功融资的概率，也降低了物流金融的信用风险。

（2）构建物流金融信息共享平台

物流园区开展物流金融涉及众多参与主体，导致该项业务呈现复杂化、多样化特点，各参与主体间很难形成信息对称，这不仅增加了物流金融融资成本，也不利于风险监控。因此，物流园区需要构建一个物流金融信息共享平台，及时披露融资各环节中真实、准确的信息，使信息在全部参与主体之间共享。参与主体间共享的信息主要包括：融资企业的财务状况与信用水平、项目运营规划、基础资产的收益和风险、租赁设备使用情况等；物流园区的规模、资金实力、信用水平，及其对融资企业的质押物、基础资产、项目进行审核的真实信息等；平台资金流向，质押物的市场价值波动、质量和数量变化情况，项目投入不同阶段的资金使用情况以及项目收益，基础资产的风险变化，设备的使用及维修保养情况等。融资过程中的信息共享，有利于消除不同参与者之间的信息不对称，降低各参与主体信息收集的成本，同时使各参与主体间形成一种相互监督的关系，保证信息的真实性，有利于及时有效地防范风险。

（3）构建物流金融产品定价模型

产品定价模型可以对融资行为进行量化分析，主要用于金融产品的定价与风险预测，包括质押物与基础资产价值的评估，预期收益和损失的估算，投资风险的预测和评估，质押率、投资回报率、担保比率、保证金金额大小的设定，资产的组合与定价，租赁设备的租金和租期的设置等。模型的准确计量分析，使物流金融融资工具中每个参数的设置具有科学性、合理性，既保证了各参与主体的盈利性，又降低了中介机构和投资者的风险。此外，合理设定交付质押物、保证金、违约担保金的价值和金额，可以对各方参与者产生约束作用，使参与者共同承担风险，减少违约情况出现时的损失。

（4）完善违约惩罚机制

在物流金融融资过程中，信誉良好的企业，自然会获得长期合作的机会，投资主体也会对其放宽融资条件、提高信贷额度，甚至是提供直接融资的机会。而对于那些违约风险较大的企业，物流园区可以通过建立违约惩罚机制来引导与约束。融资企业一旦发生违约行为，物流园区将采取相应的惩罚措施，如罚款、取消物流园区的入驻资格、批评公示、不良信用记录存档等。违约企业也因此失去合作机会，难以再次获得融资资格，从而影响自身主营业务发展。当然，风险的控制重点在于事先的防范，在融资过程中，物流园区也可以通过要求企业进行融资担保、资产质押、交付违约金等，约束企业的融资行为，减少违约现象发生。此外，融资合同中应明确各参与主体的权责，对违约情况出现时各方所承担的责任、风险补偿机制做出明确的规定，以避免不必要的纠纷。

第6章　物流园区产权改革研究

6.1　物流园区产权改革的必要性

6.1.1　丰富产权主体，拓宽资金来源

目前，许多的国外大型物流企业进驻中国市场，如普洛斯、UPS、DHL、FedEx、TNT、MAERSK等，这些来自国外的拥有先进运营管理经验及雄厚资金支持的企业正在逐步抢占中国物流市场，它们一般通过与中国本土大型物流企业，尤其是国有企业合作开拓中国市场。我国的物流园区发展历史较短，缺乏经验，整体发展水平落后于国外发达国家物流园区，不具备与国际大型物流企业竞争的实力。当前我国已有物流园区中，还有一些物流园区处于空置率很高、亏损的状态，传统物流园区的盈利点大多集中在出租和物业管理，盈利点很少。此外，国有资本在园区中的存在又使园区经营效率低下，导致国有资本在园区投资方面的积极性降低，所以我国物流园区，尤其是中小型物流园区的压力越来越大。面对来自国际的竞争压力，我国物流园区需要改变运营模式，从园区的开发建设到园区的管理，直到盈利模式，各个方面都需要改变，以提高物流园区的盈利水平。但这些改变需要大量资金，需要寻找新的融资渠道，此时通过产权改革引进多元投资主体是很好的选择。

6.1.2　转变政府角色，建立健全法人治理结构

物流园区作为社会基础设施，对国民经济的健康稳定发展起支撑作用，它不仅可以为各类产业提供物流服务，其本身的发展也对三次产业结构的优化，在增加就业、促进社会经济稳定发展方面具有重要作用。从目前国内外发展较好的物流园区的发展历程来看，物流园区从产生到运营都需要政府参与并给予一定的支持，主要原因在于，政府在物流园区建设用地的审批、建设资金的获取、优惠政策的制定与实施、人才引进等方面具备一定的优势。

但是，物流园区既具备物流组织管理功能，也具备依托物流服务的经济开发功能。物流园区具备经济开发功能意味着物流园区是具备独立生存于社会并充分参与市场竞争的能力的。

因此，在市场经济条件下，为适应市场竞争，挖掘物流园区经济功能，需要在现代企业制度的指导下将园区改制成一个独立的企业。此外，物流专家何黎明在2016年全国物流园区工作年会上提出，物流园区发展的新趋势之一就是“两权分离”，园区所有者不干预园区经营。通过产权制度改革和建立完善的法人治理结构明确股东、监督者和经营者的权利和责任，这在保证物流园区充分发挥其作为社会基础设施的作用的同时，还能规范政府行为。政府可以通过股权而不是行政化的手段来发挥主导作用，减少行政干预，从园区的运营主体转变为宏观调控主体，充当物流园区运营的市场管理人、监督人和服务者，从而让股东大会、董事会、监事会更好地发挥作用。

6.1.3　提高整体运营和绩效水平，搞活国有资产

结合物流园区的运营模式来看，其三大组成部分，即开发模式、管理模式、盈利模式之间是相互联系的，且主从关系也比较清楚。所以，就像建造房屋要从打牢地基开始，分析物流园区存在哪些问题也需要从最基础的部分开始。物流园区的运营模式中，管理模式在很大程度上是与园区的投资开发主体相关的。物流园区的盈利模式可以分为两个层面，第一个层面是从政府角度来看的，政府作为园区的主要规划方，一方面可以通过出租土地或提供相应的基础设施来获得收入，另一方面可以借助土地升值或是提供配套服务来盈利；第二个层面是从企业的角度来看的，企业作为园区实际的运作者，主要是通过为园区的服务需求方提供相应的服务来获取盈利。但是园区两个层面的盈利是有主从关系的，第一层面的盈利模式是以第二层面的盈利模式为基础的，即稳定而良好的经营、管理可以使入园企业获利，入园企业的获利又保证了政府的盈利。所以盈利作为物流园区建设与运营的最终目标，其实现要基于物流园区的开发和管理模式，好的开发和管理模式是实现园区长期盈利的前提条件。物流园区运营模式三大组成部分之间及运营模式与园区产权之间的关系如图6.1所示。由图可以看出，物流园区的开发、建设和盈利都可以与其产权挂钩。物流园区的开发建设主体可以与产权安排相对应，因为开发建设主体作为园区的股东，对物流园区财产享有所有权，并具有处置各项财产的权利，股东的权责利依据自身产权拥有情况而确定。物流园区

的经营管理对应于产权运行，因为对物流园区经营进行管理，其实就是产权所有者通过委托—代理机制与管理者建立委托—代理关系，并根据由产权安排所确定的委托方的职责赋予管理者一定的经营管理权，代理人代委托方来行使园区经营管理的权利，委托方通过对管理者进行监督和约束来保证其权利的实现。本书中的绩效指的是物流园区的投入产出比，物流园区的经营绩效可以从园区盈利能力、抗风险能力、发展能力等方面来剖析，盈利能力是反映物流园区绩效的一个最重要的指标，在很大程度上代表着物流园区的绩效情况。

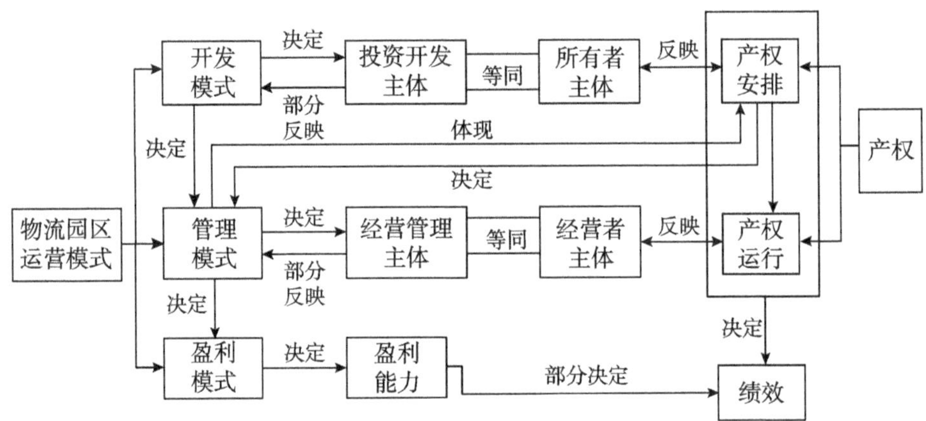

图 6.1　物流园区运营模式与物流园区产权的关系图

现代企业制度主要由三个部分组成，分别是产权制度、组织制度及管理制度，其中的核心是现代产权制度，它是建立完善的企业组织制度和管理制度的前提。所以，要解决物流园区在运营模式上存在的问题，首先要解决物流园区的产权问题。清晰合理的产权安排是实现产权运行、对物流园区进行高效管理的前提，对园区的经营绩效起基础性和决定性作用，是物流园区长久生存下去所需要认真规划的。产权运行作为产权安排的后继行动，是产权主体实现权利和履行责任的必要选择。合理高效的产权安排和产权运行在很大程度上决定了园区的经营绩效。因此，对物流园区进行产权改革，是提高物流园区绩效、搞活国有资产的关键所在。

6.2　物流园区产权改革与委托—代理问题的关系分析

2016 年 7 月 29 日，国家发展和改革委员会（以下简称为：国家发改委）

制定并印发了《“互联网+”高效物流实施意见》，意见提出，要遵循“市场主导，政府引导”的基本原则，充分尊重市场规律，落实企业的主体地位，推进简政放权，转变政府职能。在2016年的全国物流园区工作年会上，物流专家何黎明提出，未来我国物流园区转型升级的趋势之一就是要实现物流园区的两权分离，也就是经营权和所有权的分离，未来物流园区的经营管理将更多由专业化的管理团队来承担。2016年9月，国家发改委制定的《物流业降本增效专项行动方案（2016—2018年）》中要求，必须简政放权，其中，“简政”就是要求精简政府机构，“放权”就是要下放经营权，将经营权交给企业。

结合本书对物流园区产权问题的研究以及国家相关的物流产业发展政策可以看出，现阶段，我国物流园区产权改革的首要目标就是实现“两权分离”，要真正实现两权分离，其最优路径是“股份制改革”，吸引不同类型的股东加入，让每个股东以股权为基础对物流园区行使管理权，并在不同类型的股东之间建立利益制衡机制。在此，本书以国有企业改革为例进行说明，很多国家的国有企业的改革均采取了股份制改革的路径，以股份制来实现所有权和经营权的分离，并吸引更多类型的投资者参与，拓宽资金等生产要素的来源，让各类型的投资者以各自的股权为基础享受权利。我国一些政府主导型物流园区因为产权主体形式相对单一，以及园区经营不善，国有资本的投资动力已明显不足。此外，作为出现时间不长的物流园区，政府主导型物流园区与我国传统的国有企业有很多相似之处，不可避免地带有了国有企业的一些弊端，而借鉴国内外国有企业改革的相关经验，物流园区要想真正做到充分尊重市场规律，首先要做的就是进行股份制改造。股份制改革可以使物流园区实现所有权和经营权两权分离及产权多元化，以多元化的产权主体形式及多种资金来源来促进自身资本结构的改善，提高经营管理水平和组织水平，从而持续、健康、快速发展。

物流园区实行股份制必然会产生物流园区所有权和经营权相分离的情形。亚当·斯密曾经指出，在两权分离的前提下，企业的代理人，即企业的经营管理人由于其不是企业产权的所有者，不可能像维护自己的切身利益一样去捍卫企业所有者的利益。这是企业实行两权分离的关键问题，只有解决了这个问题，才能真正实现股份制改革的目标，提高物流园区产权运行的效率。而这个关键问题其实就是企业的委托—代理关系问题。

结合本书前文内容可以知道，两权分离后首先产生的问题是委托—代理关系问题，即作为物流园区产权所有者的委托方与作为物流园区经营者的代理方之间的关系问题，这个问题是制约物流园区健康稳定发展的大问题，而委托—代理关系与产权制度安排是相互影响的，产权制度安排决定委托—代理关系，委托—代理关系反作用于产权制度安排。因此，对物流园区的委托—代理关系问题进行研究既能为产权制度改革提出建议和意见，又能推动物流园区建立更好的委托—代理关系。本书后面将对物流园区委托—代理关系进行详细研究。

6.3 物流园区委托—代理关系模型研究

6.3.1 模型研究的目的

物流园区的股份制改革使物流园区所有权和经营权相分离，由本书的分析可以知道，两权分离后首先产生的关键问题是委托—代理关系问题，即作为物流园区产权所有者的委托方与作为物流园区经营者的代理方之间关系的问题。例如，政府主导型物流园区中，物流园区经营方与委托方之间形成利益冲突和信息的不对称，由此产生委托—代理问题。因此，本书选择委托—代理关系模型进行相关研究。

物流园区产权安排与物流园区委托—代理关系这两者之间是具有逻辑关系的，具体表现为：产权安排决定委托—代理关系，而委托—代理关系又反作用于产权安排。所以，建立和研究物流园区委托—代理关系模型一方面能优化物流园区委托—代理关系，另一方面又能反映物流园区产权安排的合理与否，为产权改革提出建议和意见，对于建立健全物流园区产权机制、更好地发挥产权功能将会有重要作用。

本书选择委托—代理关系模型的目的包括以下几个：

第一，解决物流园区股份制改革过程中因两权分离而产生的委托—代理关系问题，保证物流园区股份制改革的实施效果；

第二，通过扩展基础模型，探讨国有股权占比对物流园区经济效益和社会效益是否会产生影响以及会产生什么样的影响；

第三，采取相关措施来规范委托方和代理方的行为。

6.3.2 物流园区委托—代理关系分析

物流园区的委托—代理关系是一直存在着的，同时由于政府主导开发建设的物流园区的特殊性，其委托—代理关系也较为复杂，主要包括两种。

第一种委托—代理关系的委托方和代理方分为两类，一类是政府与物流园区，另一类是其他投资者与物流园区，委托方和代理方之间产生的是资本委托。政府与物流园区形成委托—代理关系时，政府运用行政手段、通过行政授权来建立委托—代理关系，政府成为物流园区开发运营的最终决策者之一。具体说来，此时物流园区的产权部分属于政府，政府将国家资本的经营权交给物流园区，并制定有利于物流园区发展的政策环境。其他投资者与物流园区形成委托—代理关系时，其他投资者将资本经营权交给物流园区。这种委托—代理关系产生时，政府因为其特殊地位，要求物流园区不仅要追求经济效益，还要注重社会效益，其他投资者一般主要关注物流园区的经济效益。

第二种委托—代理关系的主体包括物流园区的股东、董事会、经理人员、员工。这种关系是在物流园区进行股份制改造后出现的，委托方和代理方之间产生的是经营管理委托。委托—代理层级关系为：物流园区产权所有者——股东选举董事，组成董事会，董事会作为股东的代理人行使对财产的权力；经理人员由董事会聘任，并代董事会管理物流园区相关事务；经理人员又将基层经营活动交给物流园区的员工管理，员工代经理层完成相关工作。这里总共有四个委托—代理关系，委托方和代理方分别是“股东—董事会”“董事会—经理人员”“经理人员—员工”，董事会和经理人员具有委托人和代理人双重身份。

6.3.3　基础模型的选择与拓展

1. 基础模型的选择

上述第一种委托—代理关系中，政府会对物流园区的经营有两种效益要求，一是实现经济效益，二是实现社会效益。也就是说，政府主导开发建设的物流园区与其他类型的物流园区相比，更加注重自身对社会的贡献度，其他投资者则一般主要追求经济效益，所以这可以用多任务委托—代理理论进行研究。第二种委托—代理关系可以用双边委托—代理理论进行研究。由于研究重点是股份制改革过程中所有权与经营权相分离后，股东与经营者之间的委托—代理关系，所以本书选用最具代表性的 Holmstrom 双边委托—代理模型为基础模型，并将第一种和第二种委托—代理关系结合起来，在一个模型中研究物流园区的委托—代理关系。

Holmstrom（1971）提出的双边委托—代理关系模型虽然最简单，却最具有代表性。模型中的变量主要有以下几个：代理人在工作过程中的付出，用 e 表示；自然状态，用 θ 表示，分布函数 G 和密度函数 g 是 θ 的取值范围；代理人的工作结果，用 x 表示；代理人的效用函数，用 u 表示，且 $u'>u''$，$u''<0$；委托人的效用函数，用 v 表示，且 $v'>0$，$v''<0$。上述变量之间的关系表示如下：代理人在工作中的努力水平 e 决定了其工作结果 x，所以有 x = x（e），由于两者是正相关关系，又有 x/e >0；代理人的工作结果 x 决定了委托人向其支付的报酬 s，所以有 s = s（x），再有，代理人所获得的效用 u 是由委托人支付的报酬 s 决定的，所以有 u = u（s），而代理人工作过程中所付出的努力 e 产生的效用是负的 c（负效用），所以又有 c = c（e），代理人的总效用函数可以表示为 u（s，e）= u（s）- c（e）；委托人所获得的代理人的工作结果是 x，但由于其需要支付给代理人报酬 s，所以委托人获得的最终结果是 x - s，委托人的效用函数 v 取决于委托人能获得的最终结果 x - s，所以有 v（x，s）= v（x - s）；利用分布函数参数化方法（parameterized distribution formulation），用代理人的工作结果 x 在其付出的努力程度 e 条件下的分布函数来代替自然状态 θ。根据以上分析，双边委托—代理模型就可以表示为：

$$\max\int v(x-s)\,f(x/e)\,dx \tag{6.1}$$

$$\int u(s)\,f(x/e)\,dx - c(e) \geqslant u \tag{6.2}$$

$$\max\int u(s)\,f(x/e)\,dx - c(e) \tag{6.3}$$

其中，式（6.1）是委托人自身效用最大化函数体，式（6.2）是代理人的参与约束条件，式（6.3）是代理人的激励相容约束条件。总体来说，双边委托—代理模型就是在代理人的参与约束和激励相容约束两大前提条件下，寻求委托人效用最大化。

2. 基础模型的拓展

本书以 Holmstrom（1971）提出的双边委托—代理模型为基础模型来研究物流园区的委托—代理关系问题，为了将物流园区的第一种委托—代理关系和第二种委托—代理关系相结合进行研究，本书借鉴汤骏（2001）在研究国有企业委托—代理关系优化时对模型中变量的设置，对基础模型进行拓展。

在第一种委托—代理关系中，政府主导建设的物流园区不仅要追求经济效益，还要注重社会效益，所以委托人所获得的效用 v 应该包括两部分，即物流园区的社会效用和经济效用。所以在利用模型研究物流园区委托—代理关系时，委托人的效用为经济效用和社会效用这两部分的和。

在第二种委托—代理关系中，由于此时的物流园区经过股份制改革，已引进不同类型产权主体，所以资本的所有制也不仅有一种。不同资本的所有者即股东，根据各自的股权获得权利和履行义务，因此需要明确不同股东的股权比例。本书主要研究国有股权与非国有股权比例对物流园区期望效益的影响，所以，物流园区的效益 v 的表达式中需要增加非国有股权比例，即非政府投资者投入的资本量占总资本量的比例。

6.3.4　物流园区委托—代理关系模型研究

1. 假设前提

假设1：委托方与代理方对待风险的态度假设。本书假设委托方是风险中立者，既不回避风险，也不主动寻求风险刺激，代理方是风险回避者或是风险中立者，且代理方对风险具有绝对不变风险规避特性。

假设2：委托方与代理方的理性经济人假设。委托方与代理方均会追求自身效益的最大化。

假设3：委托方成员组成类型的假设。委托方人员不仅有政府，还有其他类型的投资者，且其他类型的投资者仅关注物流园区的经济效益。这个假设不仅符合一般投资者的实际情况，而且也可以强调物流园区作为一个企业对利润最大化的追求，适当弱化政府既追求经济效益又追求社会效益的矛盾特征。

假设4：委托方行为的假设。委托方既要追求物流园区的经济效益，也要追求物流园区的社会效益。另外，委托人只能通过代理人直观的行为结果，如物流园区经济、社会效益来了解代理人行为，并通过判断代理人行为效果来支付相应报酬。

假设5：代理方行为的假设。代理人的行为委托人不能直接观察到，代理人行为的效果与其努力程度呈正相关关系，代理人所获得的收入就是委托人支付的报酬，但报酬必须大于或等于代理人不做这项工作而从事其他工作所能获得的收益。另外，物流园区的社会效益和经济效益均与物流园区代理方工作的努力程度成正比。

假设6：委托方利润分配假设。委托方中非政府投资者按照其拥有的物流园区股权比例获取收益。

2. 模型的构建

基于上述6个假设，本书建立起理论模型：

$$\mathrm{MaxEU_0 = U_0\ (SB,\ EB,\ P,\ m)} \tag{6.4}$$

$$\mathrm{s.t.\ EU_M \geqslant \underline{U}} \tag{6.5}$$

$$\mathrm{(M_S,\ M_e) \in argmaxEU_M} \tag{6.6}$$

该理论模型所要表达的是：以物流园区代理方获得自身期望效用最大化为前提，实现委托方（所有者）期望效用最大化。

其中：U_0 表示物流园区所有者（委托方）所能获得的效用，EU_0 是其期望效用，主要由物流园区的社会效益 SB、经济效益 EB、支付给物流园区经营者的报酬 P 和政府投资者所占有的物流园区产权比例 m 决定。此外，由于上述假设 1 中对物流园区委托方的风险态度假设是风险中性，即委托方要求风险大小与社会经济效益呈正相关的线性关系，所以有：$\frac{\partial U_0}{\partial SB} \geqslant 0$，$\frac{\partial U_0}{\partial EB} \geqslant 0$，$\frac{\partial^2 U_0}{\partial (SB)^2} = 0$，$\frac{\partial^2 U_0}{\partial (EB)^2} = 0$。

$SB = SB(M_S)$，M_S 表示物流园区经营者（代理方）在经营过程中为了使物流园区能贡献社会而做出的带有公益性质的活动，另外，根据假设 5，SB 与 M_S 是正相关关系，所以有：$\frac{\partial (SB)}{\partial M_S} > 0$。

$EB = EB(M_e)$，M_e 表示物流园区经营者在经营过程中为了使物流园区获得经济效益而做出的带有商业性质的活动，另外，根据假设 5，EB 与 M_e 是正相关关系，所以有：$\frac{\partial (EB)}{\partial M_e} > 0$。

P 表示物流园区委托方支付给园区代理方的报酬，主要是由在园区代理方的经营下园区获得的社会经济效益决定的，公式可以表示为：$P = P(SB, EB)$，另外，根据假设 5，P 与 SB 和 EB 之间是有正相关关系的，所以有：$\frac{\partial P}{\partial (SB)} > 0$，$\frac{\partial P}{\partial (EB)} > 0$。

m 表示政府所占有的物流园区股权比例，$0 \leqslant m \leqslant 1$。

U_M 表示经营者的效用，根据假设 5，约束条件所要表达的意思是：经营者的期望效用必须大于或等于其保留效用 $\underline{U}$。

经营者付出努力的成本用 MC 表示，其与物流园区的社会经济效益呈正相关关系，所以有：$MC = MC(SB, EB)$，$\frac{\partial (MC)}{\partial (SB)} > 0$，$\frac{\partial (MC)}{\partial (EB)} > 0$，$\frac{\partial^2 (MC)}{\partial (SB)^2} > 0$，$\frac{\partial^2 (MC)}{\partial (EB)^2} > 0$。

经营者获得的最终收益用 MI 表示，MI = MI（P，MC），即经营者最终所能获得的收入由两部分组成，一部分是委托方愿意支付的报酬，还有一部分是经营者在经营活动中为了获得社会经济效益而付出的努力，具体可表示为：MI = P - MC。此外，假设 1 假设经营者具有绝对不变风险规避特性，即绝对风险厌恶系数是一个常数，对模型结果不会产生影响，所以为简化模型，本书不考虑代理人的风险规避度。

3. 模型的推导

对 U_0、SB、EB、P、MC 及 MI 的数学表达式如下：

$$U_0 = (1-t) * (SB) + t * m * (EB) + (1-m) * (EB) - P \tag{6.7}$$

$$SB = k_s * (M_s) + \gamma_1 \tag{6.8}$$

$$EB = k_e * (M_e) + \gamma_2 \tag{6.9}$$

$$P = \alpha_1 + \alpha_2 * (SB) + \alpha_3 * (EB) \tag{6.10}$$

$$MC = \beta_1 + \beta_2 * M_s^2/2 + \beta_3 * M_e^2/2 \tag{6.11}$$

$$MI = \alpha_1 + \alpha_2 * (SB) + \alpha_3 * (EB) - \beta_1 - \beta_2 * M_s^2/2 - \beta_3 * M_e^2/2 \tag{6.12}$$

其中，t 表示物流园区的委托方会利用物流园区从事具有商业性质的园区经营活动的偏好度，$0 \leqslant t \leqslant 1$；$k_s$ 表示物流园区的代理人通过做出具有公益性质的经营活动而给社会带来贡献度，$k_s > 0$；k_e 表示物流园区的代理人通过做出具有商业性质的经营活动而给社会带来贡献度，$k_e > 0$；γ_1 和 γ_2 表示其他因素可能带来的影响，是一个常数；α_2 和 α_3 表示经营者因物流园区的社会效益和经济效益所分别获得的报酬比率，$\alpha_2 > 0$，$\alpha_3 > 0$；α_1 表示物流园区经营方的稳定收入，为常数；β_2 和 β_3 分别表示经营者每增加一单位公益性活动和商业性活动其成本的增长率，β_1 是代理人的固定成本，$\beta_2 > 0$，$\beta_3 > 0$。

将式（6.8）、式（6.9）和式（6.10）代入式（6.7），可得到物流园区所有者的期望效用函数：

$$EU_0 = (1-t) * k_s * (M_s) + t * m * k_e * (M_e) + (1-m) k_e * (M_e) - \alpha_1 - \alpha_2 * k_s * (M_s) - \alpha_3 * k_e * (M_e) \tag{6.13}$$

将式（5.8）和式（5.9）代入式（5.12），可得到物流园区经营者的期望效用函数：

$$EU_M = EMI = \alpha_1 + \alpha_2 * k_s * (M_s) + \alpha_3 * k_e * (M_e) - \beta_1 - \beta_2 * M_s^2/2 - \beta_3 * M_e^2/2 \tag{6.14}$$

再由约束条件（M_s，M_e）$\in \text{argmax} EU_M$，将式（6.14）代入该约束条件，可得：

$$(M_s, M_e) \in \text{argmax}\ (\alpha_1 + \alpha_2 * k_s * (M_s) + \alpha_3 * k_e * (M_e) - \beta_1 - \beta_2 * M_s^2/2 - \beta_3 * M_e^2/2) \tag{6.15}$$

分别对 M_s 和 M_e 求导，并令其一阶导数等于零，约束条件可简化为：

$$\alpha_2 = \frac{\beta_2 * (M_s)}{k_s} \tag{6.16}$$

$$\alpha_3 = \frac{\beta_3 * (M_e)}{k_e} \tag{6.17}$$

将式（6.16）和式（6.17）代入式（6.13），并分别对 M_s 和 M_e 求导，并令一阶导数等于零，可得：

$$M_s = \frac{(1-t) * k_s}{2\beta_2} \tag{6.18}$$

$$M_e \frac{t * m * k_e + (1-m) k_e}{2\beta_3} = \frac{(t * m + 1 - m) * k_e}{2\beta_3} \tag{6.19}$$

将求得的式（6.16）和式（6.17）分别代入式（6.18）和式（6.19），可得：

$$E(SB) = \frac{(1-t) * k_s^2}{2\beta_2} \tag{6.20}$$

$$E(EB) = \frac{t * m + (1-m)}{2\beta_3} k_e^2 = \frac{1 + (t-1) * m}{2\beta_3} k_e^2 \tag{6.21}$$

4. 模型的结论

由式（6.20）和式（6.21）可以看出，物流园区的期望经济效益取决于物流园区经营者对园区经营过程中的经济效益偏好 t、政府在物流园区中所占的股权比例 m、物流园区经营者通过做出具有商业性质的经营活动而给社会带来的贡献率 k_e、经营者每增加一单位商业性活动其成本的增长率 β_3，下面是根据模型所得出的相关结论。

结论 1：在保持其他相关因素不变的条件下，物流园区的期望经济效益与物流园区经营者对园区经营过程中的经济效益偏好 t 是正向相关的，当园区经营者只关注经济效益时，$E(EB) = \frac{1}{2\beta_3} k_e^2$，当园区经营者只关注社会效益时，$E(EB) = \frac{1-m}{2\beta_3} k_e^2$。

结论 2：在保持其他相关因素不变的条件下，物流园区的期望经济效益与政府在物流园区中所占的股权比例 m 成反比，即政府投资者在园区股权中的占比越高，园区的期望经济效益越小。这表明增加非政府投资者的投资比例（股权比例）可以提高园区的期望经济效益。

结论 3：在保持其他相关因素不变的条件下，物流园区的期望经济效益与物流园区经营者通过做出具有商业性质的经营活动而给社会带来的贡献率 k_e 具有正相关关系，即园区经营者所做出的商业性经营活动的效率越高、效果越好，对社会的贡献越大，园区的期望经济效益就越高。这表明对物流园区经营者给予适当激励可以提高园区的期望经济效益。

结论 4：在保持其他相关因素不变的条件下，物流园区的期望经济效益与经营者每增加一单位商业性活动其成本的增长率 β_3 具有负相关关系。这表明应该对物流园区经营者的商业性经营行为做有效的监督以降低其商业性活动边际成本的增长率。

从结论 1 可以看出，物流园区经营者对经济效益的偏好越大，则园区的期望经济效益越好。物流园区作为一个企业，以盈利为主要目的，但政府部门设立物流园区管理委员会来经营物流园区，通过一些行政化手段管理物流园区，推动物流园区兼顾社会效益，为社会提供一些公益性活动。在没有其他产权主体形式存在，或是其他产权主体所占有的股权比例过小的前提下，政府有可能过多地考虑社会效益。由此看来，政府作为物流园区唯一的或主导性的产权主体存在一些缺陷。从结论 2 可以看出，政府在物流园区中所占的股权比例越大，则物流园区的期望经济效益越小，说明政府作为物流园区的主要产权主体形式不利于物流园区经济效益最大化目标的实现。从结论 1 和结论 2 可以看出，对政府主导开发建设的物流园区进行产权结构改革很有必要。

从结论 3 和结论 4 可以知道，要提高物流园区的期望经济效益，需要对物流园区经营者给予适当激励，还应对物流园区经营者的商业性经营行为进行有效监督，以降低商业性活动边际成本的增长率。

6.4 物流园区产权改革的路径研究

对物流园区委托—代理关系的分析，一方面可以指导物流园区如何优化委托—代理关系，另一方面也为物流园区的产权改革提出建议。从本书对物流园区委托—代理关系模型研究所得出的四个结论可以看出，一方面，政府作为物流园区最大的投资者并非有利于物流园区经济效益最大化目标的实现；另一方面，物流园区需要采取相关措施来激励与监督经营者，避免机会主义的产生。为了降低国有资产在物流园区中的比例，同时对经营人员建立有效的激励约束机制，本书提出对物流园区进行股份制改革，通过股份制改革吸收其他类型的产权主体，扩大资金来源，并建立激励约束机制。因此，基于本书对物流园区委托—代理关系，对物流园区在产权制度方面存在的问题及必须进行产权改革的原因的分析，下面就产权制度改革过程中股份制改革的路径问题进行详细论述。

6.4.1 股份制改革过程中的阶段性产权制度模式选择

东欧国家经济转轨过程中的私有化过程告诉我们，在私有化进程中，单纯追求“迅速”是不可取的，不考虑国家的实际情况进行私有化，并且过度追求私有化的转变速度不仅不会使国家的经济效率迅速或大幅度提高，反而会使经济产生不稳定。所以，我国物流园区进行股份制改革，不可能实现从股权高度集中向股权相对分散的一步到位的转变。另外，借鉴发达国家的公司治理经验，股权相对分散的情况下，需要有良好的公司治理结构、保障投资者利益的完备法律体系等，但现阶段，我国物流园区尚未建立完善的公司治理结构，许多物流园区通过政府设立的物流园区管理委员会来管理，并且由于物流园区在我国出现的时间较晚，发展时间较短，相关法律法规还未健全，这些问题的存在使得物流园区股份制改革需要按照分步走的思路进行。

我国经济体制的改革一般遵循渐进性原则，不追求一步到位，而是在一段过程中的不同阶段设立不同的改革目标。物流园区的股份制改革也是如此。“股份制”作为企业经济组织形式之一，已经拥有了非常完善、稳定的理论基础，但现实中各个企业的情况都是不同的，所以在对企业进行股份制改革时，不能仅仅以股份制改革的相关理论为指导，或是完全模仿别的企业，而是需要在理论的指导下结合企业自身的实际情况来采取改革措施。物流园区的股份制改革需要结合国家关于物流的相关政策法规及园区自身的特殊性，分阶段进行，并设立阶段性的目标来稳步推进改革，最终达到产权改革的终极目标。

所以，为了保证物流园区产权改革的有序进行，不同阶段的产权制度模式的选择可按照“国有独资→国有绝对控股→国有相对控股→国有参股”的顺序进行，在短期内实现国有相对控股，在长期内实现国有参股，逐步降低物流园区中的国有股份比例，实现股权结构多元化。

6.4.2 阶段性产权制度模式的实现路径

我国物流园区股份制改革过程中不同阶段的产权制度模式的选择可按照“国有独资→国有绝对控股→国有相对控股→国有参股”的顺序进行，这其实就是国有股份逐步减持的过程，但如何实现国有股份有序减持、国有资产保值增值，如何引进其他类型的投资者以保证物流园区拥有充足的发展资金和先进的管理技术及经验，股东采取什么措施来激励和监督物流园区经营者，都是本书需要解决的问题。

1. 有序减持国有股

政府持有物流园区较多股权，就会产生过度干预的问题，政府作为非专业化企业管理者并不能保证有效运营物流园区资产，其所进行的主要是行政化管理。另外，在国有资产控股的情况下，政府对物流园区的话语权过大，物流园区的经营管理人员一般是以行政任命的方式产生，兼有多重角色，这些情况决定了政府作为物流园区的绝对控股方并不合理。国有股的有序减持可以丰富物流园区产权主体，降低政府的经营管理权，实现在尊重市场规律的前提下有效经营物流园区的目标。

在国有股减持比例上，可以参考英国政府的做法。英国政府在减持国有股时是逐步推进的，例如，当时的英国电信公司在减持国有股时，分几个阶段逐步降低国有股比例，最终，英国政府不再持有英国电信公司的股权，而英国电信公司的利润和行业竞争力也不断增强。所以，我国在对物流园区进行国有股减持时，也可以考虑逐步推进，保证整个过程的平稳性。

国有股的减持需要有序进行，借鉴德国国有企业国有资产退出路径，对于未上市的物流园区，本书提出物流园区的国有产权的减少可按以下路径进行：在减持国有股之前，国有资产监督管理委员会需要制定相关政策，再由政府选择和派遣证券、法律、金融、财务等方面的专家组成国有资产审计小组，对待出售的国有资产及其运行状况进行评估，力争在市场上为国有股争取到最合理的价格。为了防止国有资产流失，相关审计机构在国有股出售的前后都要进行审计。对于已上市的物流园区，其股权定价可以直接依据证券市场的股票价格来确定。国有股权的出售方式有很多，例如协议转让、股权置换。

2. 引进非政府型战略投资者

物流园区投资开发的资金需求量巨大，而国有资产在投资开发物流园区方面已体现出了一些“惰性”，物流园区需要积极引进其他战略投资者来保障园区有充足的发展资金。

要注意的是，物流园区要引进的是战略型投资者，而不是战术型投资者，这两者最明显的区别就是，战略投资者是与物流园区建立长期战略合作关系的投资者，注重的是其投资物流园区的长期收益，而战术投资者仅关心其投资物流园区的短期收益，并不会向物流园区输送先进的管理经验、技术等，带有投机取向。所以在引进投资者之前，需要弄清楚投资者的投资目的，规避那些想通过短期投资套取巨额利益的投资者们。

不同类型的战略投资者对物流园区的经营效益是有不同影响的，应根据物流园区的发展目标来确定要引进的投资者类型。战略投资者可分为三种，其中，竞争型战略投资者是与物流园区所服务的对象、物流服务的内容、服务活动所覆盖的范围等相同或相似，与物流园区在业务上存在竞争的其他物流园区；互补型战略投资者是与物流园区处于同一网络链条中的上下游、有业务往来的其他物流园区；无关型战略投资者是与物流园区所处行业不同、没有业务联系的、投资范围非常广泛的投资人或投资机构。当引入战略投资者的目的是获得先进技术、物流园区管理经验时，物流园区可以引进竞争型或互补型战略投资者，因为这些投资者所从事的行业与物流园区管理相同或相似，并且可能是本行业的佼佼者，会拥有先进的技术或管理经验；当物流园区仅仅是想获得发展资金，可以选择无关型战略投资者；当物流园区想扩大市场覆盖范围或避免自身资源被侵占，可以选择互补型或无关型战略投资者。另外，对于竞争型战略投资者，应该避免让其进入董事会，因为这类投资者可能会为了避免市场竞争而损害本物流园区利益；对于互补型战略投资者，应鼓励其进入董事会，因为两者业务互补，物流园区经营情况的好坏与该投资者的收益密切相关；对于无关型战略投资者，则应尽量避免让其进入董事会，因为投资者本身可能对物流园区的业务等不熟悉，很难为园区发展提出正确的意见，反而可能干预或误导园区的发展。

此外，由于物流园区是物流产业的集聚区，有很多企业在其中入驻，所以可以鼓励入驻物流园区的企业入股物流园区，使入驻的企业既是物流园区的所有者，又是物流园区的服务对象。这种情况下，园区可以更好地了解入驻企业的想法，从而提供更切合需求的服务，同时企业也能切实从园区角度出发思考问题，减少与园区的矛盾和冲突。

3. 设置黄金股

在欧洲国有企业私有化的进程中，国有股权比例的降低让政府在企业中的权力越来越小，政府为保证对企业拥有一定的控制权，防止企业在未得到政府同意的情况下就向外国公司或个人出售大宗资产，使国有资产流失，便设置了黄金股，其首先被用于英国国企的私有化改革。黄金股又被称作“特权优先股”，是一种保证政府特权的股份，在欧洲国有企业私有化进程中发挥了重要作用。

黄金股股东与普通股和优先股股东的权利是不一样的，普通股股东有知情权、收益权和事前表决权，优先股股东有知情权和收益权，没有表决权，黄金股股东有知情权和事后否决权。具体说来，黄金股只有一股，仅限于政府持有，该类股东完全不拥有对企业的财产性权利，即持有黄金股不能分享企业的经济收益，只拥有知情权和一票否决权，企业可以应股东要求收回黄金股或是将黄金股转化为其他股份。所以设置黄金股，不仅可以避免政府对企业经营管理活动的过度干预，让企业充分参与市场竞争，引入其他社会资本，实现产权主体多元化，还可以使政府保留对企业一些重大经营决策的知情权，并在企业经营决策会造成国有资产损失时行使一票否决权，防止企业行为损害社会公众的利益；此外，政府还能在有需要的时候随时退出。

本书提出物流园区股份制改革过程中不同阶段的产权制度模式选择为“国有独资→国家绝对控股→国家相对控股→国家参股”，为了保证政府在不同阶段在国有股减持的同时都能对物流园区具有控制权，可以利用黄金股、普通股和优先股的不同，组合使用黄金股与普通股、优先股，保证国有资产有序减持。结合本书所提出的有序减持国有股过程中不同阶段的产权制度模式选择以及黄金股的引进，每个物流园区可以根据不同的需要，停留在不同的阶段。在国有股权转变过程中，国有普通股向优先股的转变不仅剥离了政府对物流园区日常经营管理决策的事前表决权，避免了政府对物流园区日常经营管理的不当干预，还保证了政府对物流园区的收益权，政府只参与物流园区的分红，确保国有资产的增值；黄金股的存在则保证了政府对企业经营决策具有控制权。最后，当引入的社会资本足够多时，政府持有黄金股即可。

4. 重新定位政府角色

产权改革是物流园区改革的核心。物流园区由于自身的特殊性，具有社会基础设施的属性，完全脱离政府的市场化很可能导致“市场失灵”，即物流园区要想高效运营，单纯依靠市场机制是不可行的。如何做到尊重物流园区的特殊性，正确地处理市场与政府的关系，是物流园区改革的关键问题所在。

物流园区作为一种大型物流节点，吸引了物流中心、配送中心等相关物流企业在园区集聚，在物流园区的发展建设上，不同国家有不同的方式。从国内外运营成功的物流园区的发展过程来看，物流园区从最初的规划到建设到经营需要有政府的支持与参与。但在市场经济条件下，政府应从“全能政府”转变为“有限政府”，政府的各项权利都需要明确划定范围，避免其对物流园区的过度干预。在物流园区的不同发展阶段，政府都需要重新定位自己的角色。

（1）物流园区发展前期的政府角色

政府作为物流园区快速发展的支持者和推动者，首先要做的就是高效整合各项社会资源。政府可以利用其行政管理职能破除行业壁垒，加强各政府部门的紧密联系，清除制约现代物流快速发展的体制性障碍，制定相关产业政策及人才引进计划，创造公平的市场竞争环境，为物流园区创造一个较高的发展平台。政府还可以为物流园区及园区内企业提供政策上的支持，例如，在园区的土地政策、税收政策等方面给予物流园区投资者及物流园区入驻者一定的政策支持，在园区道路、休闲娱乐、排水排污等基础设施建造及工商、税务、检验检疫等产业链的形成方面做好配套工作。

（2）物流园区运营阶段的政府角色

政府主要承担市场管理者、服务者和监督者的角色。借鉴国外成功物流园区的运营经验，企业对物流园区进行经营管理的效率比政府更高，所以，政府不应该成为物流园区的经营管理方，即使物流园区中有国有资本存在，而是应该委托专业化的公司来代替政府进行管理和运营，这时，政府作为市场的管理者、服务人及监督者而存在，主要负责物流园区经营行为的监督和检查、市场秩序的维护、工作流程的简化、物流行业标准的制定、高端物流人才的引进、政府物流产业发展政策的宣传、物流信息交流平台的搭建等工作，并促进相关政府部门提高服务质量，为物流园区创造良好的外部发展环境。

5. 建立经营者激励约束机制

（1）激励机制

为提高物流园区的期望经济效益，需要对物流园区经营者给予适当激励，让经营者为获得激励而认真履行自己的义务、更加努力地工作，从而提高物流园区的绩效。激励机制的有效性主要取决于经营者目标及股东目标的一致性。如果目标一致，则经营者会从物流园区股东的角度出发去经营物流园区，在实现物流园区股东利益最大化的同时，也能实现经营者自身的目标；如果经营者与物流园区股东的目标不一致，经营者为实现自身效用最大化而忽略股东目标，甚至是通过牺牲股东利益来满足自身利益最大化，就会导致股东无法实现股权价值最大化。

为使激励机制发挥作用，需要使物流园区经营者及园区股东的目标保持一致，为使双方目标保持一致，可以采取股权激励的方式，让物流园区的经营者拥有部分股权，从而拥有物流园区的剩余索取权。经营者成为物流园区产权主体的一部分，将物流园区经营者收益、物流园区经济效益、其他股东利益等统一起来，产权主体之间形成牵制，从而解决委托—代理问题，降低代理成本。这种制度设计，能让园区的经营者成为园区的主人，从而为创造更多的利润更加努力工作。股权激励的方式有很多种，较为常见的包括股票期权、限制性股票、股票增值权、业绩股票、虚拟股票等。在进行股权激励过程中，为了防止经营者短期行为、投机性行为的出现，在授予其股权之前需要先制定相关的约束性条款，例如，如果经营者想要出售手中持有的股票，不可以一次性全部抛售，需要将股票分成几部分并分批次抛售，这样可以避免经营者利用自己的权力操纵物流园区股票，使股价在短期内猛涨，从而获取私利。在现阶段，很多公司在给予管理层股权激励时，一般采取“限制性股票+分红权”的模式，对于赠予的分红权，经营者仅享受产权的收益权，不享有其他权利。“限制性股票+分红权”模式的优点在于，一方面，限制性股票既让经营者获得激励，又对经营者在抛售股票等方面有一定的约束；另一方面，分红权实现的前提是，要么物流园区的亏损已弥补，要么园区近年连续盈利，这就激励经营者制定各项决策要真正从实现物流园区盈利的角度出发。没有上市的物流园区可以采取账面价值增值的方式，这种方式具体可以分为两种：一是购买型，即经营者在期初按每股净资产值购买园区股份，在期末回售给园区；二是虚拟型，即经营者不需要真正购买股份，园区给予经营者一定的名义上的股份并在期末给予经营者收益。

（2）约束机制

为了防止代理人为了自身利益而损害物流园区股东的利益，需要建立相应的约束机制。这种约束机制可以依托于相关法律法规来运行，但目前代理人多以行政任命方式产生，这制约着约束机制效用的发挥。由此可见，只有在市场竞争的条件下选聘代理人，在明确的绩效考核指标体系下考核经理人，才能顺利实现物流园区的内部治理机制。

所以，为了使约束机制能真正产生作用，一方面，需要建立管理人员选聘机制，在选用物流园区的经营人员时，杜绝行政任命方式，而采用市场化的选聘方式，让有能力者担当大任；另一方面，在明确经营人责任方面，需要建立物流园区经营人员责任担当制度，保证物流园区经营者的权力与责任是对等的，从物流园区的董事到经理到监事再到基层负责人，不管是哪一层的人员，只要在工作过程中出现不应出现的失误，都应该追究其责任。可以采取多种惩罚措施，例如行政处罚、行政处分、刑事处罚等。关于物流园区经营人员绩效考核指标的设立，指标体系既要包括园区的经济绩效指标，也要包括园区的社会效益指标，经济绩效主要通过相关财务数据来考核，社会绩效可以从园区的人才引进情况、对区域经济发展的带动等方面进行考核。如果经营人员在经营园区期间没有达到预设的目标，则要对其采取相应的处罚措施，例如辞退、降职等。

6.5　物流园区内部治理机制优化研究

6.5.1　物流园区内部治理机制的现状及问题

在对物流园区的委托—代理关系进行优化后，为了使代理人更好地履行义务，需要建立完善的物流园区内部治理机制。物流园区内部治理机制是对物流园区进行管理、控制的体系，是为了实现园区利益最大化而对园区的股东、董事会、监事会及经营层进行职责划分，并在这四者之间建立制衡机制，优化公司管理体系，提高公司的管理效率。

政府主导开发建设的物流园区，因为其主体是政府，一般设立物流园区管理委员会负责经营管理，管委会的成员由政府部门选择并委派，是一种行政任命；管委会的主要职责是负责物流园区招商、规划建设，并为园区的入驻企业提供配套服务。管委会中的部门主要是根据业务发展的需要来设置，例如，设置综合办公室来负责园区整体工作的安排，设置招商投资部门来专门负责园区的招商引资工作，设置企业管理服务中心来负责园区基础设施建设等相关配套服务工作，缺乏企业内部治理结构。管委会的管理人员在企业经营管理方面经验不足，所以管理效率相对低下。不利用物流园区管委会进行管理的少部分物流园区，虽然有较为专业的经营管理主体，但经营管理人员的经营策略过分追求园区的经济效益，可能会产生损害园区社会效益的问题。此外，如果政府利用自己的行政管理职能以及大股东的身份，过分干预园区股东会、董事会、监事会和经理层的各项决策，就会违背聘用专业管理团队来管理园区的初衷，导致园区不能切实遵照市场规律来运营管理。

从以上分析可以看出，物流园区进行产权改革后，其产权主体形式更加丰富，产权安排更加合理，在产权安排合理的前提条件下，为了提高产权运行的效率，即管理效率，需要建立和优化物流园区的内部治理机制。物流园区的内部治理机制是园区治理机制的基础，依赖园区的法人治理结构发挥作用，主要由四个部分组成，分别为物流园区股东会、物流园区董事会、物流园区监事会和物流园区经理层。只有建立完善的物流园区内部治理机制，明确以上四个组成部分各自的权利和义务，才能实现各个权利主体的相互制衡，实现园区利益最大化。关于这四个组成部分应该如何组建、组建成功后要如何发挥作用，本书将分别进行分析，但对于经营层的激励约束机制，由于本书在前面已有详细论述，本章不再赘述。

6.5.2　物流园区内部治理机制的优化措施

1. 规范股东会运行机制

物流园区股东会作为物流园区的最高管理部门，是由园区的所有股东组成的，其主要职责就是对园区的各项重大经营事项做出决策，决定董事会董事的选聘和解聘。股东的权利由其投资金额占总投资额的比例，即股权比例决定。如果物流园区的股东会不能规范运行，那么其下的董事会、监事会、经理层都将不能实现高效运作。物流园区在进行产权改革后，真正实现了产权主体多元化，在产权主体多元化的前提下，物流园区股东会的组成成员将更加丰富。如何保证在做出物流园区重大经营决策时各类型股东的合法权益，防止大股东恶意欺瞒中小股东行为的出现，是保证股东会规范运行首先要考虑的内容。同时也要注意避免股东会做出的决策被政府的行政管理职能所干预。

为保证股东会规范运行，应该明确物流园区股东会在讨论各项重大事项时的规则、股东会运行的程序等，确保股东会各项事务运行的清晰透明。同时，为了保证物流园区小股东的权益，避免股东会形同虚设，需要让众多的小股东也加入园区股东会，对股东会权利的界定和分配应该更多地向小股东倾斜，例如可以赋予小股东对股东会重大事项决策的质疑权，在小股东向股东会提出质疑时，股东会必须做出合理的解释，当小股东无法接受决策时，决策应被视为无效。

如果政府为物流园区的股东之一，其对园区的经营决策权必须与其持有的股权相匹配。

2. 丰富董事会的组成

在物流园区的非股东大会期间，董事会就是园区的最高决策机构。董事会成员是由股东会选举产生，并执行来自股东会的决议。董事一般分为执行董事和非执行董事，执行董事不仅是董事，还是园区的股东，还要担当园区中具体岗位负责人，负责园区相关业务的展开。随着股权逐步分散，中小股东在行使自身的监督权利时越来越困难，执行董事很可能利用自身的权利实现对整个董事会的控制，此时物流园区的各项重大经营决策都由执行董事做出，会导致董事会无法充分发挥其作用，形成内部人控制的现象。此时，物流园区需要采取相应措施，来规范执行董事的行为，避免其损害其他股东及员工的合法权益。

在此方面，本书提出两点建议。

一是设立独立董事。这类董事由不在物流园区内任职的、与园区及园区经营者没有利益关系的、对园区各项经营决策能做出独立判断的人担任。独立董事代表的是社会大众的利益，能充分实现对经营管理人员经营决策行为的监督，减少内部人控制现象。在选聘独立董事时要注意几点，首先是考察其道德素质，避免引入道德素质低下的人，影响物流园区的风气，其次是考察其专业技能，例如是否具备丰富的理论知识和行业经验，避免引入能力不足者，影响物流园区的发展。此外，为充分保障独立董事的权利，增强其对董事会的影响，要赋予其一定的经营决策权，强化其监督作用。

二是在董事会的基础上再设立其他委员会，例如审计委员会、执行委员会等，并直接由董事长领导，设立这些委员会的目的在于提高董事会决策制定的专业化程度，例如设立审计委员会可以帮助物流园区的董事会成员更加了解与园区经营相关的法律法规及内部审计知识，并引导独立董事关注物流园区在财务方面的问题，加强对财务管理行为的监督，让财务管理发挥其应有的作用。在丰富董事会组成的基础上，必须明确董事会的职责，针对董事建立责任追究制度，对董事职责履行情况的考评可以由监事会来进行，并由监事会向股东会汇报。

此外，针对物流园区的特殊性，为了保证入驻企业的利益，让物流园区的经营管理方向更符合入驻企业的需求，可以由入驻企业选出代表，将其安排在物流园区董事会中。这类董事存在的目的有两个：一是向上汇报园区入驻企业对园区经营管理的想法、园区在基础设施方面的问题，向下传达园区经营管理层对园区经营的策略；二是为园区入驻企业争取到更多的利益，保证园区内企业经营管理活动的顺利进行。

3. 强化监事会监督机制

物流园区监事会的成员一般由两个不同的主体选举产生：一是园区的股东会；二是园区的职工。监事会与董事会处于相同的等级上，其主要职责就是对董事会和经理层的经营决策行为进行监督，防止其损害物流园区股东及园区工作人员的利益。因此，监事会对董事会及经理层的监督活动是极其重要的。监事会需要具有独立性、法定性和专门性，但现阶段，不少企业的监事会成员产生于企业内部，而内部人员在薪酬、奖金等方面又受制于经理层、董事长等，因此可能对经理层、董事会的一些损害园区及园区股东和员工利益的行为视而不见，此时的监事会并没有实现其独立性，形同虚设，完全没有行使其监督职能。

为了需要充分保障监事会在行使监督职能时的独立性，具体可以采取以下措施：一是保证监事会成员工资体系的独立性，即其收入不受经理层和董事会的制约，可以直接由股东会商定，这样可以避免董事会及经理层限制监事会成员履行监督职能；二是扩大监事会的权利，例如可随时对物流园区财务状况进行审核，避免相关责任人篡改财务数据；三是扩大监事会成员的选择范围，监事会的成员不再仅仅选用园区员工，还应该选聘与物流园区没有任何利害关系的人员，避免监事会受制于人；四是监事会的监事长，以及非园区职工监事不能由董事会、经理层任命，而是需要通过股东会来选举，同时职工监事也必须由园区的职工通过公开选举产生；五是可以选聘具有财务、法律等相关专业知识的人员担任园区的监事，这样可以提高监事会的监督效率。

以上对股东会、董事会及监事会的分析及制度优化建议的提出，对建立合理高效的物流园区内部治理机制将起到重要作用，有助于提高物流园区的经营管理效率。

6.6 实例分析

本书在研究了产业转型升级背景下物流园区产权所存在的问题的基础上，

提出了我国物流园区产权改革的路径，并通过委托—代理关系模型进行了进一步研究，在这些研究的基础上提出了一系列改革措施。本书以南京都市圈中的 B 物流基地为研究对象，在分析其产权现状的基础上，研究其需要采取的产权改革措施。

6.6.1 B 物流基地简介

B 物流基地地处南京都市圈中，总占地面积 7.36 平方千米，距离主城区 30 千米。基地以集装箱多式联运为载体，能实现水路、公路、铁路三种运输方式的便捷转换，是一个集分拨、储运、中转及增值服务等为一体的综合型物流园区。

B 物流基地具有多方面的竞争优势，例如，基地所依托的港口距离长江口 374 千米，是长江万吨级航道的终端，具有深水航道的优势；此外，港口作为长江三角洲地区最西部的江海型枢纽港，具有内陆运输距离短的独特优势；再有，从长江三角洲地区和长江流域地区集装箱运输未来发展格局来看，上海大洋山港区和小洋山港区建成，B 物流基地作为上海国际航运中心的核心港区，能接纳第五、六代集装箱，并主要为洲际班轮远洋主干线服务。

根据区位优势、未来的发展规划等，目前，B 物流基地设定了六大目标客户，分别是集装箱运营商、国际和国内贸易商及生产企业、第三方物流运营商、临港工业企业、信息服务商和服务业。设定六大目标客户的原因在于：B 物流基地本就是依托南京港某集装箱港区而产生，所以需要有集装箱运营商存在；水路、公路、铁路三种运输方式之间的便捷转换，保证了高效的交通运输及干支转换和低廉的运输成本，有利于第三方物流企业的发展；B 物流基地规划建立四种不同种类的展览中心和交易市场，有利于其发展成规模大、辐射范围广的批发交易集聚区；基地内的各类物流企业及其他企业要想实现高效运作，需要有现代化的信息系统来支撑，信息服务商的存在对建立完善边界的信息系统将起到非常大的作用；为了提升基地的基础设施建设水平并方便入驻企业的各项生产经营活动，金融、保险、超市、加油站的存在都是必不可少的。

6.6.2 B 物流基地产权机制现状及问题

1. B 物流基地产权机制现状分析

B 物流基地实行企业化运作，由 B 物流基地开发有限公司具体负责园区的开发建设、经营管理等，公司类型为有限责任公司，基地公司的经营范围包括土地批租、转让，CFS，公共保税，报关，货代，运输，仓储，配送，物流设施出租，包公设施出租，商业设施出租，信息咨询服务等。

B 物流基地由 B 物流基地管理委员会进行日常管理，行使基地的管理权，管理人员主要来自政府部门，由政府部门人员组成。B 物流基地开发有限公司由交通建设投资控股（集团）有限责任公司、港务管理集团、区国有资产投资中心投资组建，其中交通建设投资控股（集团）有限责任公司是政府授权范围内国有资产的经营管理主体，肩负交通基础设施相关项目的融资、投资、建设和运营管理任务；港务管理集团是长江干线最大的公共码头经营者，是国有独资企业，属于国资委监管的企业；区国有资产投资中心由区政府委托，负责管理、经营区属国有经营性资产。B 物流基地开发有限公司的产权结构如表 6.1 所示，各股东的股权比例如图 6.2 所示。

表 6.1　B 物流基地开发有限公司产权结构

股东名称	出资方式	认缴出资额（万元）	股权比例
交通建设投资控股（集团）有限责任公司	货币资金	16000	40%
港务管理集团	货币资金	12000	30%
区国有资产投资中心	货币资金	12000	30%

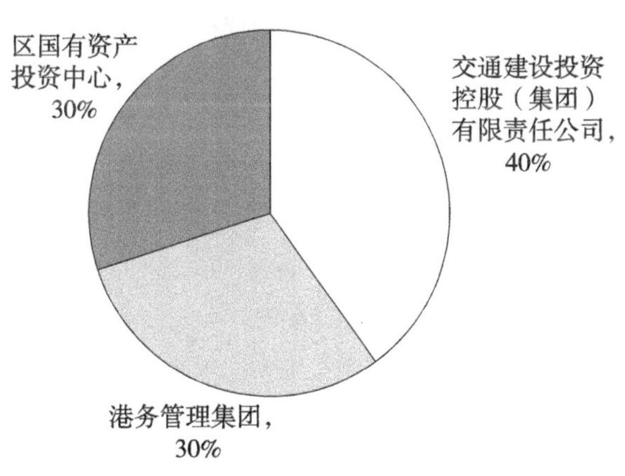

图 6.2　B 物流基地开发有限公司产权结构

2. 基于委托—代理模型的 B 物流基地产权机制问题分析

由本书对物流园区委托—代理关系模型的研究所得到的物流园区期望经

济效益与期望社会效益的模型结果，即 $E(SB)=\frac{(1-t)*k_s^2}{2\beta_2}$，$E(EB)=\frac{t*m+(1-m)}{2\beta_3}k_e^2=\frac{1+(t-1)*m}{2\beta_3}k_e^2$ 可以看出，B 物流基地的效益主要由四个因素决定，每个因素对 B 物流基地的期望经济效益和期望社会效益的影响如下：B 物流基地的期望经济效益与园区经营者对园区经营过程中的经济效益偏好 t 成正比，与政府在物流园区中所占的股权比例 m 成反比，与物流园区经营者通过做出具有商业性质的经营活动而给社会带来的贡献率 k_e 成正比，与经营者每增加一单位商业性活动其成本的增长率 β_3 成反比。根据以上结论，要提高 B 物流基地的期望经济效益，应该在经营团队中多增加注重基地经济效益的管理者，降低政府在 B 物流基地的股权比例，提高经营者经营活动的效率。以下将从 B 物流基地的经营者经济效益偏好及经营效率的高低、政府在基地中占有的股权比例这两个方面来分析其在产权结构上存在的问题。

（1）政府股权比例分析

由图6.2 可以看出，B 物流基地开发有限公司的股东包括三个，分别为交通建设投资控股（集团）有限责任公司、港务管理集团、国有资产投资中心，股权比例分别为 40%、30%、30%，作为发起人的上述三个国有法人持有 B 物流基地总注册资本的 100%，国有股权占比为 100%，国有 100% 控股，不存在其他类型的产权主体，如社会公众股、其他法人股。

根据本书对物流园区委托—代理关系的研究所得出的结论，在保持其他相关因素不变的条件下，物流园区的期望经济效益与政府在物流园区中所占的股权比例成反比，即政府投资者股权占比越高，园区的期望经济效益越小。国有股权占 B 物流基地股权的 100%，这会对基地的经济效益产生一些负面影响。所以，需要丰富 B 物流基地的产权主体形式，建立不同类型股东间的制衡机制。

（2）经营者经营活动效率及经济效益偏好分析

B 物流基地的经营管理者是 B 物流基地管理委员会和 B 物流基地开发有限公司。B 物流基地所有权与经营权的状况是以行政授权任命而不是以资本授权为基础，职业经理人不是通过内部选举或公开招聘的方式产生，作为管理主体的管理委员会主要由政府委派人员组建而成，对上要作为政府的职能部门执行来自政府的命令，行使其行政管理职责，对下要负责物流园区具体的管理活动，且主要的管理活动就是具体的物业管理活动。在这种情况下，物流基地运用的不是企业化的管理模式，管理效率低下。B 物流基地开发有限公司主要负责基地的开发建设活动，其产权主体均为政府部门，因为不同产权主体间缺乏相互制衡以及行政化管理现象严重，同样存在开发建设效率低下的问题。此外，政府作为 B 物流基地的产权主体和经营者，会十分注重 B 物流基地的社会效益，如果没有其他类型产权主体的存在，就会发生过度注重社会效益而忽视基地经济效益的问题，这违背了 B 物流基地作为一个企业而存在的初衷。所以，B 物流基地需要采取措施改变经营管理主体，减少政府的行政干预，同时要建立对经营者的激励约束机制，提高经营管理效率。

通过以上两点分析可以看出，B 物流基地在产权结构方面存在的问题有两个，一是产权结构单一，具体表现为 100% 国有资产投资；二是产权的分配遵从行政级别划分，存在行政化管理现象，具体表现就是以管委会作为基地的管理主体。为了解决 B 物流园区在产权方面存在的问题，本书给出了产权优化的方案。

6.6.3 B 物流基地产权机制优化

1. B 物流基地产权机制优化目标

面对 B 物流基地现存的产权问题，如产权结构单一、产权的分配遵从行政级别划分、行政化管理现象比较严重等，需要对基地进行产权改革。

对物流园区进行产权调整必然会影响到第三产业及整个社会经济的稳定发展，改革单纯追求“迅速”是不可取的。不考虑物流园区的实际情况就进行产权改革，不仅不会使物流园区经营效率大幅度提高，反倒会对国有资产的保值增值产生不利的影响。所以，B 物流基地的产权改革需要在有积极准备的前提条件下稳妥地推进，逐步实现阶段性的产权结构优化目标，可以按照“国有独资→国有绝对控股→国有相对控股→国家参股”的产权改革顺序进行，B 物流基地的国有股权设置可以按以下顺序进行，即“100% 控股→50% 以上普通股 + 黄金股→30%～50% 普通股 + 黄金股→优先股 + 黄金股→黄金股”，逐步降低物流基地中的国有股比例，实现股权结构多元化。

（1）近期目标

国有相对控股。在国有相对控股阶段，国有股权可设置为 30%～50% 普通股 + 黄金股。此时，B 物流基地可以存在几个持有一定数量股份的股东且股权结构相对分散，各股东之间有不同的利益追求和目标；为保证政府对物流园区保有一定的控制权，可设置黄金股，让政府拥有对 B 物流基地的知情权和事后否决权，但不分享企业的经济收益。国有相对控股，一方面能让B物流基地保持其“国有”性质，适应现阶段“构建高水平社会主义市场经济体制”的要求，并使其充分享受政府的各项优惠政策，保持基地近期的发展活力，快速提高经济效益；另一方面能避免B物流基地因产权调整而发生巨大动荡，保证基地的稳定发展。

（2）远期目标

国家参股（股权多元化、民营化）。在国家参股阶段，国有股权可设置为30%以下优先股+黄金股，产权主体极大丰富，吸引众多境内外战略投资者，如社会公众及境内外机构参股。此时需要政府积极招商引资，引进更多的个人及机构参股，进一步分散B物流基地的股权，逐渐将基地改造成国家参股的多元化、民营化物流基地。

2. B物流基地产权机制优化方案

（1）明确三大股东身份及职责

交通建设投资控股（集团）有限责任公司、港务管理集团、国有资产投资中心作为B物流基地的三大投资方，其身份只是基地的股东，而不是基地的经营管理者。所以，这三大股东所应该做的就是按照公司章程履行股东义务，例如参加股东大会、入驻董事会等，并行使相应的权利，严防国有资产流失，保证国有资产的保值增值，不干预B物流基地的经营管理活动。

（2）逐步减持国有股，并引入黄金股

国有股权比例的减少不能仅追求速度，必须逐步减持、稳步推进。为实现B物流基地产权结构多元化，基地的原三大股东可以在保证国有资产不流失的前提下，向战略投资者，如个人或相关机构分阶段转让国有股权。在股权转让过程中，为保证国有资产出资人对B物流基地的控制权，可以引入黄金股，保证政府拥有对B物流基地董事会和股东大会所做决策的知情权和事后一票否决权，有效防止国有资产流失。

另外，由于港务管理集团与众多生产企业、商贸企业都建立了战略性的合作关系，对物资的流动去向、流量大小等都有充分的了解，所以为了依托港务管理集团已拥有的客户关系、物资流动信息，在现阶段，可适当保持港务管理集团的股权，先降低另外两大股东的股权比例。

（3）准确评估并积极引进境内外战略投资者

在引进战略投资者的过程中，首先要明确现阶段B物流基地的业务发展方向和面临的问题，确定是引进竞争型还是互补型还是无关型战略投资者，然后要对各潜在战略投资者进行准确的评估，弄清其资本、技术、管理等方面的实力及业务范围。无论是境内还是境外战略投资者，只要拥有先进的技术、管理经验或资金实力，都可以引入，但在综合评定后实力相似的情况下要优先引入境内战略投资者。

现阶段B物流基地设定了六大目标客户，集装箱运营商、国际和国内贸易商及生产企业、第三方物流运营商、临港工业企业、信息服务商，基地的战略投资者也可以从目标客户中选择。这种做法的优点在于，B物流基地的入驻方兼为股东，这类股东的企业因为身处物流基地，对基地的基础设施状况、政府的政策落实情况、产业链的衔接情况、配套服务水平等都有切身体会，可以向经营者准确反映这些情况，提高B物流基地的效率。再有，这类股东因为考虑到入驻企业的利益，一般不会从事短期投机行为。

（4）政府角色安排

因为政府是物流园区快速发展的支持者和推动者，所以，为了B物流基地的健康快速发展，需要发挥政府行政管理职能，加强B物流基地与工商、税务、检验检疫等相关部门的紧密联系，简化手续，提高办事效率。为了给B物流基地创造良好的发展环境，政府应该注重创造公平的市场竞争环境，出台相关支持性政策，还应该制定相关的人才引进策略，为B物流基地提供人才支持。政府还应该充当B物流基地的监督者，避免园区违规行为的产生，并为基地内的企业解决在生产经营过程中遇到的一些具体问题。

（5）引进职业经理人

职业经理人是在物流基地实现所有权与经营权分离时，作为经营权的代理人来保证物流基地资产保值增值的人。职业经理人需要有丰富的物流基地经营管理理论知识和实践经验。B物流基地职业经理人主要职责是负责B物流基地的经营管理活动，保证B物流基地资产的保值增值。

此外，基地必须建立职业经理人责任追究制度。在基地经营不善时，基地可以追究经理人的责任，并让其承担相应的后果，例如辞退、降薪，基地损失严重时还应让其承担相应的刑事责任。

（6）建立完善的内部治理机制

在完善B物流基地产权结构的基础上，为了让基地代理人更好地履行其义务，需要建立完善的B物流基地内部治理机制，并在股东会、董事会、监事会、经理层之间形成相互促进和制约的机制。在B物流基地股东会方面，需要明确股东会的职责、股东会运行的程序，保证各项决策的透明，保证小股东的权益；在B物流基地董事会方面，应该引进独立董事，并确保独立董事与物流园区经营层等没有利益关系，同时还应该在董事会下设立其他委员会，让董事对与物流基地相关的法律法规等更加了解；在监事会方面，应该确保监事会成员不受董事会和经营层的干预，保证监事会切实履行其监督职能，保证园区股东及园区员工的利益。

第7章　结论与展望

7.1　主要研究结论

本书首先对国内外文献进行综述，对相关理论进行阐述，明确本书研究的目的和意义；其次界定产业园区、物流园区以及产业转型升级的概念；通过对物流园区与产业园区空间协同布局、物流园区功能定位、物流园区产权改革等重点内容的研究，结合典型物流园区的实例分析，得到了一些研究结论。本书主要研究结论包括：

①产业转型升级迫切要求中小企业外包物流业务，并通过集群提升竞争优势。中小企业迫于资源有限，难以独自承担产业链上过多价值创造环节的业务，需要尽量将非核心业务外包给专业的服务提供商，聚焦主业，在产业链部分环节上做精做专，同时也需要与类似企业或产业链上下游企业“集中—集聚—集群”，共同发挥规模优势和技术溢出效应，才能提升竞争优势。

②企业集聚形成产业园区以及物流公司集聚形成物流园区有利于顺应产业“四化”的发展趋势，促进区域发展。产业转型升级背景下，产业的“四化”发展趋势包括结构高级化、布局合理化、发展集约化和竞争力高端化，而产业园区是相关企业和产业链上下游企业的集聚地，可以满足产业发展趋势的要求。同时，在产业的“四化”发展趋势下，物流业也朝着规模化、合作化、绿色化、专业化的方向发展，而物流园区是诸多物流企业以及服务型企业的集聚地，也可以满足物流业发展趋势的要求。因此，产业园区和物流园区的建立有利于促进区域经济的发展。

③产业转型升级背景下，物流园区和产业园区的协同选址，促进区域产业协同发展。本书分别从产业类型、产业分工以及产业空间布局的角度对物流园区和产业园区之间的关系进行界定，认为在产业分类上物流园区属于产业园区；在产业分工上物流园区和产业园区承担着不同的产业分工，并且相

辅相成；在产业空间布局上，物流园区和产业园区存在空间协同效应，两者不应相距太远，但并不意味着物流园区和产业园区之间一定是一对一的服务关系。因此，物流园区和产业园区之间存在很强的产业协同效应，两者的协同选址能够很好地促进区域产业协同发展，进而提升区域产业竞争力，保障产业转型升级的顺利进行。

④通过构建产业园区与物流园区功能联动的系统动力学模型，发现产业园区与物流园区在微观功能上具有联动发展趋势。在产业转型升级背景下，产业园区的某些指标发生改变时，通过仿真模拟发现物流园区服务额也在发生相应的变化，因此，产业园区服务功能的发展趋势影响着物流园区服务功能的发展趋势。

⑤我国物流园区服务功能发展趋势与产业园区服务功能发展趋势大体一致，本书认为物流园区服务功能具有“互联网+”、跨境化以及配套化的创新发展趋势。

⑥不同性质的物流园区应该进行不同的物流服务功能创新。具体说来，货运枢纽型物流园区的创新服务功能主要包括“互联网+货运供求”服务功能、“互联网+跨境物流”服务功能，此外还有服务配套创新功能，包括海外仓的建设、产权维护中心的建设以及先进的金融支持功能等。生产服务型物流园区的创新服务功能主要包括“互联网+需求定制”服务功能、“互联网+供应链”服务功能，此外还有服务配套创新功能，包括多功能会展服务配套、物流金融服务配套以及供应链金融服务配套等。商贸服务型物流园区的创新服务功能主要包括“互联网+众筹”服务功能、“互联网+商贸”服务功能，此外还有服务配套创新功能，包括物流金融服务配套以及供应链金融服务配套等。口岸服务型物流园区的创新服务功能主要包括“互联网+通关”服务功能、“互联网+跨境贸易”服务功能，此外还有服务配套创新功能，包括物流地产服务功能配套、物流金融服务配套以及供应链金融服务配套等。综合服务型物流园区的创新服务功能主要体现为综合服务信息平台功能，此外还有服务配套创新功能，包括物流金融服务配套以及供应链金融服务配套等。

⑦受产业转型升级的直接影响和物流园区转型升级的间接影响，物流金融的融资主体、服务对象、业务模式以及管理方式发生了相应的变化。物流金融的融资主体向多元化方向发展，服务对象范围更广，业务模式需要不断创新，以满足融资企业的差异化融资需求。产业转型升级与物流园区开展物流金融二者之间是一种双向的、相互影响的关系，一方面，物流园区要在产

业转型升级背景下创新开展物流金融融资模式；另一方面，物流金融有助于解决资金配置问题，从而促进产业转型升级。

⑧根据产业转型升级背景下物流金融发展新趋势，本书结合互联网技术、大数据、电子商务以及互联网金融等，在现有模式的基础上，对物流园区开展物流金融进行模式创新，提出了 B2B 网贷模式、众筹模式、企业集合资产证券化模式、融资租赁债权转让模式。这四种模式参与主体较多、服务对象范围更广，在物流园区的主导下拓宽了企业的融资渠道，并且降低了融资成本。此外，平台化的线上融资模式使融资企业的信息更加透明化，也为各参与主体节省了时间成本，有利于降低业务风险、提高融资效率。当然，每种融资模式中也存在诸多风险因素，主要有质押物和基础资产价值损失风险、平台的操作风险和监管风险、借款企业违约风险、物流园区的道德风险等。

⑨Stackelberg 博弈论分析可以使每种融资模式中各参与主体达到均衡状态。在物流园区物流金融系统下，各参与主体不仅要根据自己的收益函数，而且要根据其他参与者的收益函数进行策略选择，各方良好的竞争与合作关系以及更加透明的信息，使系统中的参与主体获得了“集体理性”，达到了更优的经济状态，实现多方共赢，体现出园区在开展物流金融方面具有整体优势。另外，博弈论分析也得出了每种融资模式中影响参与者决策的关键因素，设定合理的数值来控制关键变量，有利于制约各方的融资行为，调节与均衡各方收益，从而降低融资风险，提高物流金融融资效率。

⑩构建了产权安排与委托—代理关系的逻辑关系图，提出物流园区的产权安排直接决定其委托—代理关系，而物流园区的委托—代理关系又能反作用于其产权安排，所以应将两者作为一个整体来进行研究；建立了产业转型升级与物流园区转型升级的理论关系图，证明了两者之间存在相互影响，提出在产业转型升级这个大背景下，物流园区要想健康稳定发展，需要相应地进行转型升级；因为产权制度是现代企业制度的基础，所以结合我国物流园区产权机制的现存问题，提出现阶段我国物流园区转型升级的首要选择是产权改革。

⑪建立了物流园区委托—代理关系模型，通过对模型变量的改变优化了物流园区委托—代理关系，并根据模型结果提出物流园区产权改革的必要性；为保证不同阶段物流园区股份制改革的有序进行，本书给出了阶段性产权制度模式的选择顺序。

7.2 研究的局限性

因写作时间及研究能力所限，本书尚存在以下不足：

①对特定产业来说，转型升级可能会有特定的内涵、路径和表现特征，比如对于电子商务产业来说，由于信息传递非常便捷，不同地区的企业协作也会很容易，这种情况下企业并不一定需要地理上的集聚。本书所研究的产业转型升级是对一般性产业的研究，并未对特定产业的物流需求模式和园区选址问题进行研究。

②本书只是对产业园区和物流园区协同选址方案进行了基础性研究，未深入探讨存在竞争情况下的园区选址问题。

③在构建产业园区与物流园区功能联动的系统动力学模型时，由于无法得到具体产业园区以及为其提供服务的物流园区的数据，本书采用的是宏观数据，且部分数据通过分析计算得到，有可能不十分精确。

④由于时间、资金等的限制，研究所用的数据具有一定的地域性和局限性，加上数据的误差和客观事物的变化，数据结果可能跟实际情况存在偏差。

⑤本书对物流园区服务功能创新的研究停留在比较浅显的层面。本书中提到的每一项功能创新都可以进一步深入研究。

⑥本书具体分析了每种物流金融模式的运作流程、特点以及风险，但没有从定量角度分析各种融资模式中关键环节的变量设置标准和数值大小，如质押物价值、担保比率、保证金数额、投资回报率、资产组合比例、租金数额等。

⑦由于目前开展物流金融业务的物流园区数量较少，相关的统计数据不足，本书没有测度各种融资模式降低融资成本和风险、提高融资效益的效果。

⑧在企业融资策略选择分析方面，本书运用了完全信息博弈模型，而现实情况中存在信息不对称问题，各参与主体间的信息不对称，参与者的收益函数、策略选择、影响决策的关键因素等都会发生变化。

⑨由于物流园区产权方面的研究文献较少，而将物流园区产权与产业转型升级相结合进行研究的成果更少，所以本书这部分研究在适用性等方面可能存在不足。同时，由于物流园区在我国发展时间不长，已上市的物流园区较少，且一些已经上市的物流园区其上市时间也相对较短，所以这方面的研究缺乏数据支持，更多地通过理论进行分析。

⑩由于研究物流园区产权的文献较少，本书对于物流园区产权改革的建议基本都是在结合我国物流园区实际情况的基础上参照其他类型的企业产权改革措施提出的，可能存在一定的不适用性。

7.3 未来研究方向

为弥补本书存在的局限性，未来可以进一步研究的领域包括：

①考虑特定细分产业的经营特性，分析特定产业转型升级背景下产业的发展趋势以及特定产业转型升级对物流服务需求方式的改变，并对备选地点的评价指标体系和物流园区的选址模型进行调整，使其能够更加适应特定产业的实际情况。

②考虑区域范围内已存某些产业园区或物流园区的条件下，如何对选址模型进行修改和完善，一方面充分利用现有资源，另一方面也要考虑竞争环境中的园区选址问题。

③在构建产业园区与物流园区服务功能联动的系统动力学模型时，由于能力有限，选取的指标因素可能有遗漏的地方，今后的研究中可以思考是否有其他重要指标因素可以融入整个模型的构建中，并探讨功能联动的其他机制。

④在构建产业园区与物流园区服务功能联动的系统动力学模型时，由于数据不易收集，采用的是宏观数据，探讨产业系统与物流系统功能的宏观联动关系。在今后的研究中可以通过实地调研搜集有关产业园区与为之提供服务的物流园区的数据，进行更加精确的模型建设。

⑤在探讨产业转型升级背景下物流园区服务功能创新时，结合了“互联网+”发展趋势，但随着社会经济的发展，会出现一些新的因素促使产业转型升级，因此在今后的研究中可以挖掘更多的物流园区创新服务功能。

⑥考虑信息不完全情形下各参与主体间的博弈行为，重新选择博弈模型、构建支付矩阵、计算期望收益函数、求解均衡策略。通过对比分析信息完全和信息不完全两种情况下影响参与者决策的关键因素，优化融资模式、合理分配收益、有效控制风险、提高融资效率。

⑦考虑就某种物流金融模式展开具体研究，研究各个环节中的成本、收益、风险控制变量等数值大小、比例设置，以及参与主体间的利益分配问题，以此保证各方利益主体收益，降低和分散风险。

⑧随着产权改革的推进，未来物流园区的国有股权一定会从绝对控股向相对控股甚至是仅以黄金股存在的方向转变，在转变过程中，政府相关的政策制定和制度安排都要随之发生变化，所以，未来的研究需要对产权改革过程中的政府政策及制度安排等进行研究。

⑨随着产权改革的不断进行，会产生其他适应未来社会环境的阶段性产权制度模式的实现路径，需要在未来的研究中对其进行探索。

参考文献

[1] Abdelmegid M. A., Shawki K. M., Abdel – Khalek. GA Optimization Model for Solving Tower Crane Location Problem in Construction Sites [J]. AEJ – Alexandria Engineering Journal, 2015, 109 (3): 519 –526.

[2] Albert R. Koch. Economic Aspects of Inventory and Receivable Financing [J]. Law and Contemporary Problems, 1948, 13 (4): 566 –578.

[3] Allen N. Berger, Gregory F. Udeel. A More Complete Conceptual Framework for SEM Finance [J]. World Bank Conference on Small and Medium Enterprises: Overcoming Growth Constraints, 2004 (10): 14 –15.

[4] Alp O., Erkip N. K., Güllü R.. Outsourcing Logistics: Designing Transportation Contracts Between a Manufacturer and a Transporter [J]. Transportation Science, 2003, 37 (1): 23 –39.

[5] Al – Shihabi S., Arafeh M., Barghash M.. An Improved Hybrid Algorithm for the Set Covering Problem [J]. Computers & Industrial Engineering, 2015 (85): 328 –334.

[6] Angerhofer B. J., Angelides. System Dynamics Modeling in Supply Chain Management: Research Review [J]. Proceedings of the Winter Simulation Conference, 2000 (1): 342 –351.

[7] Anthony M. Santomero, Jonh J. Seater. Is there an Optimal Size for the Financial Sector [J]. Journal of Bank & Finance, 2000, 24 (6): 945 –965.

[8] Ardjmand E., Ii W., Weckman G. R., et al. Applying Genetic Algorithm to a New Bi – objective Stochastic Model for Transportation, Location and Allocation of Hazardous Materials [J]. Expert Systems with Applications, 2016 (51): 49 –58.

[9] Averbakh I., Berman O.. Minimax Regret P – center Location on a Network with Demand Uncertainty [J]. Location Science, 1997, 5 (4): 247 –254.

[10] Averbakh I.. Computing and Minimizing the Relative Regret in Combinatorial Optimization with Interval Data [J]. Discrete Optimization, 2005, 2 (4): 273 -287.

[11] Aykin T.. Lagrangian Relaxation-based Approaches to Capacitated Hub - And - Spoke Network Design Problem [J]. European Journal of Operational Research, 1994, 79 (3): 501 -523.

[12] B. Holmstrom. Moral Hazard in Teams [J]. Bell Journal of Economics, 1982, 12 (04): 324 -340.

[13] Barbaros C. Tansel, Timothy J. Lowe. Location on Networks: A Survey Part 1: The P - Center and P - Median Problems [J]. Management Science, 1983, 29 (4): 482 -497.

[14] Beasley J. E. Lagrangean Heuristics for Location Problems [J]. European Journal of Operational Research, 1993, 65 (3): 383 -399.

[15] Beck T., Demirgue - Kunt A., Maksimovic V.. Financial and Legal Constraints to Growth: Does Firm Size Matter? [J]. Journal of Finance, 2004, 60 (1): 137 - 177.

[16] Beckmann M. J., Mcguire C. B., Winsten C. B., et al. Studies in the Economics of Transportation [J]. Economic Journal, 1956, 26 (1): 820 -821.

[17] Bell M., Albu M., Knowledge Systems and Technological Dynamism in Industrial Clusters in Developing Countries [J]. World Development, 1999, 27 (9): 1715 -1734.

[18] Ben - Shahar, D. Feldman. Signaling - screening Equilibrium in the Mortgage Market [J]. Reviews of Financial Studies, 2003, 28 (11): 246 -252.

[19] Bhattacharya B. B., Nandy S. C.. New Variations of the Maximum Coverage Facility Location Problem [J]. European Journal of Operational Research, 2013, 224 (3): 477 -485.

[20] Brennan, Michael. Corporate Finance Over the Past 25 Years [J]. Financial Management, 1995, 24 (02): 9 -22.

[21] Brimberg J., Drezner Z., Mladenović N., et al. A New Local Search for Continuous Location Problems [J]. European Journal of Operational Research, 2014, 232 (2): 256 -265.

[22] Buriol L. S., Resende M. G. C., Ribeiro C. C., et al. A Hybrid Ge-

netic Algorithm for the Weight Setting Problem in OSPF/IS – IS Routing [J]. Networks, 2005, 46 (1): 36 –56.

[23] Ceselli A. , Damiani E. , Vimercati, et al. Modeling and Assessing Inference Exposure in Encrypted Databases [J]. ACM Transactions on Information & System Security, 2005, 8 (1): 119 –152.

[24] Cheng M. , Lin B. , Wei M. , How Does the Relationship Between Multiple Large Shareholders Affect Corporate Valuations? Evidence from China [J]. Journal of Economics and Business, 2013 (70): 43 –70.

[25] China 2030: Building a Modern, Harmonious and Creative High – Income Socity [OL]. http: //www. shihang. org.

[26] Colin J. Butler. Changes in Industry Structure and Competition: the Use of Strategic Alliances by UK Defence Manufacturing Firms [J]. Strategic Change, 2005, 14 (1): 15 –24.

[27] Constanza R. , Voinov A. . Modeling Ecological and Economics in Systems With STELLA: Part III [J]. Ecological Modeling, 2001 (143): 1 –7

[28] Cooper K. G. , Naval Ship Production: A Claim Settled and a Framework Built [J]. Interfaces, 1980, 10 (6): 20 –36

[29] Correa E. S. , Steiner M. T. A. , Freitas A. A. , et al. A Genetic Algorithm for Solving a Capacitated P – Median Problem [J]. Numerical Algorithms, 2004, 35 (2): 373 –388.

[30] Cossin, Hricko. A Structural Analysis of Credit Risk Collateral [J]. Economic Notes, 2003, 32 (2): 243 –282.

[31] Dallas. Competitive Strategies and Performance in the European Union High – tech Industries: An Empirical Study [A]. Hangzhou, China: The Third International Conference on Management of Innovation and Technology (ICMIT2002), 2002.

[32] Daly M. C. , An Approximation to a Geographical Multiplier [J]. Economic Journal, 1940, 50 (198): 248 –258.

[33] Dantrakul S. , Likasiri C. , Pongvuthithum R. . Applied P – median and P – center Algorithms for Facility Location Problems [J]. Expert Systems with Applications, 2014, 41 (8): 3596 –3604.

[34] Daskin M. S. . Network and Discrete Location Theory [J]. Journal of the

Operational Research Society, 1995 (48): 763 - 763.

[35] Derbel H., Jarboui B., Hanafi S., et al. Genetic Algorithm with Iterated Local Search for Solving a Location - routing Problem [J]. Expert Systems with Applications, 2012, 39 (39): 2865 - 2871.

[36] Diamond P., J. Mirrlees. Optimal Taxation and Public Production I: Production Efficiency [J]. American Economic Review, 1971 (61): 8 - 27.

[37] Dixon R. J., Thirlwall A. P.. A Model of Regional Growth - rate Differences on Kaldorian Lines [J]. Oxford Economic Papers, 1975, 27 (2): 201 - 214.

[38] Drewin Neher V.. Staged financing: An Agency Perspective [J]. The Review of Economics and Statistics, 1999, 66 (2): 326 - 332.

[39] Drezner T., Drezner Z., Kalczynski P.. A Leader - follower Model for Discrete Competitive Facility Location [J]. Computers & Operations Research, 2015 (64): 51 - 59.

[40] Drezner Z.. Facility location: A Survey of Applications and Methods [M]. Springer - Verlag, 1995.

[41] Duarte A. E., Sarache W. A., Costa Y. J.. A Facility - location Model for Biofuel Plants: Applications in the Colombian Context [J]. Energy, 2014, 72 (7): 476 - 483.

[42] Dubois, Prade. A Heuristic Methodology of Modeling Enterprise Logistics Networks [D]. Texas: University of Texas, 1999.

[43] Duffie, Singleton. Modeling Term Structure of Defaultable Bonds [J]. Reviews of Financial Studies, 1999, 12 (4): 687 - 720.

[44] Dunham A.. Inventory and Accounts Receivable Financing [J]. Harvard Law Review, 1949, 62 (4): 588 - 615.

[45] Eisenstadt M.. A Finance Company′s Approach to Warehouse Receipt Loans [J]. New York Certified Public Accountant, 1966 (36): 661 - 670.

[46] Etemadnia H., Goetz S. J., Canning P., et al. Optimal Wholesale Facilities Location Within the Fruit and Vegetables Supply Chain with Bimodal Transportation Options: An LP - MIP Heuristic Approach [J]. European Journal of Operational Research, 2015, 244 (2): 648 - 661.

[47] Fenmore E.. Making Purchase - oder Financing Working for you [J].

The Secured Lender 2004, 6 (2): 20 -24.

[48] Stefan Fiedler. Managing Resistance in an Organizational Transformation: A Case Study from a Mobile Operator Company [J]. International Journal of Project Management, 2010, 28 (4): 370 -383.

[49] Forrester J. W.. Industrial Dynamics [M]. Cambridge, UK: MIT Press, 1961 (12): 1037 -1041.

[50] Forrester J. W.. Industrial Dynamics: A Major Breakthrough for Decision makers [J]. Harvard Business Review, 1958, 36 (4): 37 -66.

[51] Forrester J. W.. The System Dynamics National Model: Macro Behavior from Microstructure Modeling Growth Strategy in a Biotechnology Startup Firm [J]. System Dynamic Review, 1989, 7 (2): 93 -116

[52] G. Schmidt, Wilbert E. Wilhelm. Strategic, Tactical and Operational Decisions in Multi - national Logistics Networks: A Review and Discussion of Modelling Issues [J]. International Journal of Production Research, 2000, 38 (7): 1501 -1523.

[53] Garcia S., Landete M., Marin A.. New Formulation and a Branch - and - Cut Algorithm for the Multiple Allocation P - hub Median Problem [J]. European Journal of Operational Research, 2012, 220 (1): 48 -57.

[54] Gereffi G., Memodovic O.. The Global Apparel Value Chain: What Prospects for Upgrading by Developing Countries? [A]. United Nations Industrial Development organization sectoral studies series [C]. 2003 (11) .

[55] Gereffi G., Olga Memedovic. The Global Apparel Value Chain: What Prospects for Upgrading by Developing Countries [M]. Social Science Electronic Publishing, 2003.

[56] Gereffi G.. International Trade and Industrial Upgrading in the Apparel Commodity Chain [J]. Journal of International Economics, 1999, 48 (01): 37 - 70.

[57] Gereffi G.. The Governance of Global Value Chains [J]. Review of International Political Economy, 2005, 12 (01): 78 -104.

[58] Goldman A. J.. Optimal Center Location in Simple Networks [J]. Transportation Science, 1971, 5 (2): 212 -221.

[59] Gollowitzer S., Gouveia L., Ljubic I.. A Node Splitting Technique for

Two Level Network Design Problems with Transition Nodes [C]. International Conference on Network Optimization. Springer - Verlag, 2011 (12): 57 -70.

[60] Grossman S., O. D. Hart. An Analysis of the Principal - Agent Problem [J]. Econometrics, 1983, 51 (01): 7 -46.

[61] H. Demsetz. Toward a Theory Rights [J]. American Economic Review, 1967 (57): 347 -359.

[62] Haezendonck, E. Verbeke, Coeck. Strategic Positioning Analysis for Seaports [J]. Research in Transportation Economics, 2006 (16): 141 -169.

[63] Hansen P., Oguz C., Mladenovic N.. Variable Neighbourhood Search for Minimum Cost Berth Allocation [J]. European Journal of Operational Research, 1997, 24 (11): 1097 -1100.

[64] Hartijasti Y., Toar G. H.. Assessing Cultural Transformation from Local to Global Company: Evidence from Indonesian PR Company [J]. Procedia - Social and Behavioral Sciences, 2015 (172): 177 -183.

[65] Hashino T., Otsuka K.. Cluster - based Industrial Development in Contemporary Developing Countries and Modern Japanese Economic History [J]. Journal of the Japanese and International Economies, 2013 (30): 19 -32.

[66] He Y., Li Y., Wu T., et al. An Energy - responsive Optimization Method for Machine Tool Selection and Operation Sequence in Flexible Machining Job Shops [J]. Journal of Cleaner Production, 2015, 87 (1): 245 -254.

[67] Holmstrom B.. Moral Hazard and Observability [J]. Bell Journal of Economics, 1979, 10 (01): 74 -91.

[68] Hribar M., Daskin M. S.. A Dynamic Programming Heuristic for the P - median Problem [J]. European Journal of Operational Research, 1997, 101 (3): 499 -508.

[69] Huang S., Batta R., Nagi R.. Simultaneous Siting and Sizing of Distribution Centers on a Plane [J]. Annals of Operations Research, 2009, 167 (1): 157 -170.

[70] Humphrey J., Schmitz H.. Governance and Upgrading: Linking Industrial Cluster and Global Value Chain Research [R]. Brighton: Institute of Development Studies, 2004 (6).

[71] Humphrey J., Schmitz. How Does Insertion in Global Value Chains Af-

fect Upgrading in Industrial Clusters [J]. Regional Studies, 2002, 36 (9): 1017 - 1027.

[72] Humphrey J.. Industrial Organization and Manufacturing Competitiveness in Developing Countries [J]. Special Issue of World Development, 1995, 23 (01): 1 -7.

[73] James W. E., S. Naya, G. M. Meier. Asian Development: Economic Success and Policy Lessons [M]. Madison: University of Wisconsin, 1989.

[74] Jarrow R., D. Lando, S. Turnbull. A Markov Model for the Term Structure of Credit Risk Spreads [J]. Review of Financial Studies, 1997, 10 (3): 308 -311.

[75] Jena S. D., Cordeau J. F., Gendron B.. Solving a Dynamic Facility Location Problem with Partial Closing and Reopening [J]. Computers & Operations Research, 2016 (67): 143 -154.

[76] Jensen. Agency Costs of Free Cash Flow, Corporate Finance, and Takeovers [J]. American Economic Review, 1986 (76): 323 - 329.

[77] J. F. Wright, W. G. Hoffmann, W. O. Henderson, et al. The Growth of Industrial Economics [J]. Economica, 1959, 12 (2): 12 -13.

[78] Jones C. N., Grieder P., Rakovic S. V.. Technical Communique: A logarithmic - time Solution to the Point Location Problem for Parametric Linear Programming [J]. Automatica, 2006, 42 (12): 2215 -2218.

[79] K. Vitola, G. Davidsons. Structural Transformation of Exports in a Product Space Model [J]. Working Papers, 2008 (4): 2 -24.

[80] Kaldor N.. Capital Accumulation and Economic Growth [M]. New York: St. Martin' s Press, 1961: 177 -222.

[81] Kaldor N. Capital Accumulation and Economic Growth [M]. New York: St. Martin's Press, 1961.

[82] Kaldor N. The Case for Regional Policies [J]. Scottish Journal of Political Economy, 1970, 17 (3): 337 -348.

[83] Kariv O., Hakimi S. L.. An Algorithmic Approach to Network Location Problems. I: The P - Centers [J]. Siam Journal on Applied Mathematics, 1979, 37 (3): 539 -560.

[84] Kaynak R., Tuğer A. T.. Coordination and Collaboration Functions of

Disaster Coordination Centers for Humanitarian Logistics [J]. Procedia – Social and Behavioral Sciences, 2014, 109 (2): 432 –437.

[85] Kratica J., Dugošija D., Savić A.. A New Mixed Integer Linear Programming Model for the Multi Level Uncapacitated Facility Location Problem [J]. Applied Mathematical Modelling, 2014, 38 (s 7 –8): 2118 –2129.

[86] Krugman P.. Globalization and the Inequality of Nations [J]. Quarterly Journal of Economics, 1995 (4): 857 –880

[87] Kuai P., Li W., Cheng R., et al. An application of System Dynamics for Evaluating Planning Alternatives to Guide a Green Industrial Transformation in a Resource – based City [J]. Journal of Cleaner Production, 2015 (104): 403 – 412.

[88] Kuznets Simon. Modern Economic Growth: Findings and Reflections [J]. American Economic Review, 1973, 63 (3): 829 –846.

[89] La Porta R., Lopez – de – Silances F., Shleifer A., et al. Law and Finance [J]. Journal of Political Economy, 1998, 106 (06): 1113 –1155.

[90] Leora Klapper. The Role of Reverse Factoring II in Supplier Financing of Smalland Medium Sized Enterprises [J]. World Bank, 2004 (9): 102 –103.

[91] Levine R, Zervos S.. Stock markets, banks and economic growth [J]. American Economic Review, 1998, 88 (88): 537 – 558.

[92] LeXington. Technology Management and Competitiveness: Is There any Relationship [A]. Hangzhou, China: The Third International Conference on Management of Innovation and Technology (ICMIT2002), 2002.

[93] Li S., Huang Y.. Heuristic Approaches for the Flow – based Set Covering Problem with Deviation Paths [J]. Transportation Research Part E Logistics & Transportation Review, 2014 (72): 144 –158.

[94] Li X., Zhu L., Yang A., et al. Calcineurin – NFAT Signaling Critically Regulates Early Lineage Specification in Mouse Embryonic Stem Cells and Embryos [J]. Cell Stem Cell, 2011, 8 (1): 46 –58.

[95] Li Y., Hu G., Wright M. M.. An Optimization Model for Sequential Fast Pyrolysis Facility Location – allocation Under Renewable Fuel Standard [J]. Energy, 2015 (93): 1165 –1172.

[96] Liao C. N., Kao H. P.. An Evaluation Approach to Logistics Service

Using Fuzzy Theory, Quality Functions Development and Goal Programming [J]. Computers & Industrial Engineering, 2014 (68): 54 -64.

[97] M. C. Jensen, W. H. Meckling. Theory of Firm Managerial Behavior, Agency Costs and Ownership Structure [J]. Journal of Financial Economics, 1976, 30 (04): 308 -309.

[98] Marianov V. , Eiselt H. A.. Transmitter Location for Maximum Coverage and Constructive - destructive Interference Management [J]. Computers & Operations Research, 2012, 39 (7): 1441 -1449.

[99] Matisziw T. C. , Murray A. T.. Area Coverage Maximization in Service Facility Siting [J]. Journal of Geographical Systems, 2009, 11 (2): 175 -189.

[100] Maury B. , Pajuste A.. Multiple Large Shareholders and Firm Value [J]. Social Science Electronic Publishing, 2005, 29 (07): 1813 -1834.

[101] Mcgarvey R. G. , Cavalier T. M.. Constrained Location of Competitive Facilities in the Plane [J]. Computers & Operations Research, 2005, 32 (2): 359 -378.

[102] Merino E. D. , Muñoz - Pérez J. , Jerez - Aragonés J. M.. Neural Network Algorithms for the P - Median Problem [A]. ESANN 2003, European Symposium on Artificial Neural Networks, Bruges, Belgium, April 23 - 25, 2003, Proceedings, 2003.

[103] Michael Lamoureux. A Supply Chain Finance Prime [J]. Supply Chain Finance, 2007 (4): 34 -48.

[104] Michael Porter. Conditions of the Formation of High - Tech Industries Clusters [A]. Hangzhou, China: The Third International Conference on Management of Innovation and Technology (ICMIT2002), 2002.

[105] Mu Yang, Michael Siam. The Flying Geese Model [M]. Global Financial Crisis and Challenges for China, 2012.

[106] Murray A. T. , Church R. L.. Analyzing Cliques for Imposing Adjacency Restrictions in Forest Models [J]. Forest Science, 1996, 42 (2): 166 -175 (10) .

[107] Nie P. , Sun P.. Search Costs Generating Industrial Clusters [J]. Cities, 2015 (42): 268 -273.

[108] Noor - E - Alam M. , Mah A. , Doucette J.. Integer Linear Program-

ming Models for Grid – based Light Post Location Problem [J]. European Journal of Operational Research, 2012, 222 (1): 17 – 30.

[109] North D. C.. Location Theory and Regional Economic Growth [J]. Journal of Political Economy, 1955, 63 (3): 243 – 243.

[110] Nunn N., Trefler D.. The Structure of Tariffs and Long – term Growth [J]. American Economic Journal: Macroeconomics, 2010, 2 (04): 158 – 194.

[111] Olson D. L.. Review of Empirical Studies in Multiobjective Mathematical Programming: Subject Reflection of Nonlinear Utility and Learning [J]. Decision Sciences, 1992, 23 (23): 1 – 20.

[112] Orsenigo C.. An Improved Set Covering Problem for Isomap Supervised Landmark Selection [J]. Pattern Recognition Letters, 2014, 49 (49): 131 – 137.

[113] Osaka T.. Regional Economic Development: Comparative Case Studies in the US and Finland [A] Cambridge, UK: 2002 IEEE International Engineering Management Conference (IEMC2002), 2002.

[114] Ozgen D., Gulsun B.. Combining Possibilistic Linear Programming and Fuzzy AHP for Solving the Multi – objective Capacitated Multi – facility Location Problem [J]. Information Sciences, 2014, 268 (6): 185 – 201.

[115] Pacheco J. A., Casado S.. Solving Two Location Models with Few Facilities by Using a Hybrid Heuristic: a Real Health Resources Case [J]. Computers & Operations Research, 2005, 32 (12): 3075 – 3091.

[116] Pagano M., Roell A.. The Choice of Stock Ownership Structure: Agency Costs, Monitoring and the Decision to Go Public [J]. Quarterly Journal of Economics, 1998, 113 (01): 187 – 225.

[117] Pang M. B., Ma N.. Research into Merchant Logistics Center Scale Determining Based on Supply Chain Management [C]. IEEE International Conference on Management of Innovation and Technology. IEEE, 2006 (12): 323 – 346.

[118] Park G., Lee Y., Han J.. A Two – level Location – allocation Problem in Designing Local Access Fiber Optic Networks [J]. Computers & Operations Research, 2014, 51 (51): 52 – 63.

[119] Peng Kuai, Li W., et al. An Application of System Dynamics for Evaluating Planning Alternatives to Guide a Green Industrial Transformation in a Resource – based City [J]. Journal of Cleaner Production, 2015 (45): 78 – 91

[120] Pirkul H., Schilling D. A.. The Maximal Covering Location Problem with Capacities on Total Workload [J]. Management Science, 1991, 37 (2): 233 - 248.

[121] Puerto J., Ramos A. B., Rodriguez - Chia A. M.. A Specialized Branch & Bound & Cut for Single - Allocation Ordered Median Hub Location Problems [J]. Discrete Applied Mathematics, 2013, 161 (16 - 17): 2624 - 2646.

[122] Raphael Kaplinsky, Mike Morris. A Handbook for Value Chain Research [R]. Canada: International Development Research Center, 2002.

[123] Raymond W. Burman. Practical Aspects of Inventory and Receivables Financing [J]. Law and Contemporary Problems, 1948, 13 (4): 555 - 565.

[124] Ribeiro D.. Hodges S.. A Two - factor model for commodity prices and futures valuation [J]. Reviews of Financial Studies 2004, 32 (7): 326 - 334.

[125] Robinson R.. Ports as Elements in Value - Driven Chain Systems: The New Paradigm [J]. Maritime Policy & Management, 2002, 29 (3): 241 - 255.

[126] Rolland E., Pirkul H., Glover F.. Tabu Search for Graph Partitioning [J]. Annals of Operations Research, 1996, 63 (2): 209 - 232.

[127] Rosa V. D., Hartmann E., Gebhard M., et al. Robust Capacitated Facility Location Model for Acquisitions Under Uncertainty [J]. Computers & Industrial Engineering, 2014, 72 (1): 206 - 216.

[128] Rosing K. E., Revelle C. S., Schilling D. A.. Gamma Heuristic for the P - median Problem [J]. European Journal of Operational Research, 1999, 117 (3): 522 - 532.

[129] Ross S.. The Economic Theory of Agency: The Principals′ Problem [J]. American Economic Review, 1973 (63): 134 - 139.

[130] Roy W.. shin, Alfred Industrial Transformation: Interactive Decision - making Process in Creating a Global Industry (Korea' s Electronic Industry) [J]. Public Administration Quarterly, 1997, 21 (2): 143 - 175.

[131] Saeed K.. The Dynamics of Economic Growth and Political Instability in the Developing Countries [J]. System Dynamic Review, 1986, 2 (1): 20 - 35

[132] Samarakoon H. M.. A Mixed Integer Linear Programming Model for Transmission Expansion Planning with Generation Location Selection [J]. International Journal of Electrical Power & Energy Systems, 2001, 23 (4): 285 - 293.

[133] Sapkota N. , Reilly C. H. . Simulating Realistic Set Covering Problems with Known Optimal Solutions [J]. Computers & Industrial Engineering, 2011, 61 (1): 39 -47.

[134] Schmitz H. . Local Upgrading in Global Chains: Recent Findings [R]. Sussex: Institute of Development Studies Sussex, 2004.

[135] Schutz P. , Stougie L. , Tomasgard A. . Stochastic Facility Location with General Long - run Costs and Convex Short - run Costs [J]. Computers & Operations Research, 2008, 35 (9): 2988 -3000.

[136] Senne E. L. F. , Lorena L. A. N. , Pereira M. A. . A Branch - and - price Approach to P - median Location Problems [J]. Computers & Operations Research, 2005, 32 (6): 1655 -1664.

[137] Shleifer A. , Vishny R. W. . A Survey of Corporate Government [J]. Journal of Finance, 1997, 52 (02): 737 -783.

[138] Shleifer A. , Vishny R. W. . The Grabbing Hand: Government Pathologies and Their Cures [M]. Cambridge: Harvard University Press, 1998.

[139] Shleifer A. , Vishny R. W. . Politicians and Firm [J]. Quarterly Journal of Economics, 1994, 109 (4): 995 -1025.

[140] Sidney Rutberg. Financing the Supply Chain by Piggy - backing on the Massive Distribution Clout of United Parcel Service [J]. The Secured lender, 2002 (6): 40 -46.

[141] Slack B. . Intermodal Transportation in North America and the Development of Inland Load Centers. [J]. Professional Geographer, 1990, 42 (1): 72 - 83.

[142] Sohal S. , Millen R. , Moss S. . A Comparison of the Use of Third - Party Logistics Services by Australian Firms Between 1995 and 1999 [J]. International Journal of Physical Distribution and Logistics Management 2002, 32 (1): 231 - 236.

[143] Soosay Claudine A. , Paul W. . Driving Innovation in Logistics: Case Studies in Distribution Centers [J]. Creativity & Innovation Management, 2004, 13 (1): 41 -51.

[144] Spence M. , Zeckhauser R. . Insurance, Information and Individual Action [J]. American Economic Review, 1971 (62): 552 -579.

[145] Srinivasa Raghavn, Vinit Kumar Mishra. Short - term Financing in a Cash - constrained Supply Chain [J]. International Journal of Production Economics 2011, 134 (2): 407 -412.

[146] Sterman J. D.. A Behavioral Model of the Economic Long Wave [J]. Journal of Economic Behavior and Organization, 1985, 16 (6): 17 -53.

[147] Sterman J. D.. Deterministic Chaos in an Experimental Economic System [J]. Journal of Economic Behavior and Organization, 1989, 12 (1): 1 -28

[148] Sterman J. D.. Modeling Managerial Behavior: Misperceptions of Feedback in Dynamic Decision Making Experiment [J]. Management Science, 1989, 35 (3): 321 -339.

[149] Sterman J. D.. The Economic Long Wave: Theory and Evidence [J]. System Dynamic Review, 1986, 2 (2): 87 -125.

[150] Stulz, Johnson. An Analysis of Secured Debt [J]. Journal of Financial Economics 1985, 14 (4): 501 -521.

[151] Sun W.. Business Models and Solution Architectures for SMB Financing in a Supply Chain Ecosystem [J]. Reviews of Financial Studies 2004, 34 (6): 412 -418.

[152] Suzuki A., Drezner Z.. The P - center Location Problem in an Area [J]. Location Science, 1996, 4 (1): 69 -82.

[153] Taniguchi E., Noritake M., Yamada T., et al. Optimal Size and Location Planning of Public Logistics Terminals [J]. Transportation Research Part E Logistics & Transportation Review, 1999, 35 (3): 207 -222.

[154] The World Bank. World Development Report [R]. New York: Oxford University Press, 1994.

[155] Topcuoglu H., Corut F., Ermis M., et al. Solving the Uncapacitated Hub location Problem Using Genetic Algorithms [J]. Computers & Operations Research, 2005, 32 (4): 967 -984.

[156] Vatsa A. K., Jayaswal S. A.. New Formulation and Benders′Decomposition for Multi - period Facility Location Problem with Server Uncertainty [J]. European Journal of Operational Research, 2015, 251 (2): 404 -418.

[157] Verter V.. An Integrated Model for Facility Location and Technology Acquisition [J]. Computers & Operations Research, 2002, 29 (6): 583 -592.

[158] Weber A.. Theory of Location of Industries [J]. Mat. sb, 1929, 9 (3).

[159] Weisun. Business Models and Solution Architectures for SMB Financing in a Supply Chain Ecosystem [J]. Management Science, 2004 (8): 130 - 133.

[160] Wilson R.. The Structure of Incentives for Decentralization Under Uncertainty [J]. La Decision, 1969 (3): 171 - 178.

[161] W. L. Megginson, J. M. Netter. From State to Market: a Survey of Empirical Studies on Privatization [J]. Journal of Economic Literature, 2001, 39 (2): 321 - 389.

[162] World Bank. China 2030: Building a Modern, Harmonious and Creative High - Income Society [EB/OL]. http://shihang.org, 2012 - 2 - 27.

[163] Yang D., Pu Y., Zhu L., et al. Forecasting of Logistics Park Scale Based on System Dynamics Theory [C]. International Conference of Logistics Engineering and Management. 2015: 3180 - 3187.

[164] Yao Z., Lee L. H., Jaruphongsa W., et al. Multi - source Facility Location - allocation and Inventory Problem [J]. European Journal of Operational Research, 2010, 207 (2): 750 - 762.

[165] Zelinka. Medians and Peripherians of Trees [J]. Arch Math, 1968.

[166] Zhang R., Sun K., Delgado, et al. Productivity in China's High Technology Industry: Regional Heterogeneity and R&D [J]. Technological Forecasting & Social Change, 2012 (79): 127 - 141.

[167] 亚当·斯密．国民财富的性质和原因的研究（下卷）[M]．北京：商务印书馆，1981.

[168] 陈淮．关于物资银行的设想 [J]．中国工业经济，1987（3）：75 - 76.

[169] 庄世坚．港口工程选址的多目标灰色局势决策 [J]．系统工程理论与实践，1988（4）：59 - 66.

[170] 苏懋康．系统动力学原理及应用 [M]．上海：上海交通大学出版社，1988.

[171] 西蒙·库兹涅茨．现代经济增长 [M]．北京：北京经济学院出版社，1989.

[172] 陈新华．对我国财政支出政策与产业结构调整优化的几点思考

[J]. 财政研究，1990（10）：11－18.

［173］罗纳德·H. 科斯. 企业、市场与法律［M］. 上海：格致出版社，上海三联书店，上海人民出版社，1990.

［174］吴敬琏. 大中型企业改革：建立现代企业制度［M］. 天津：天津人民出版社，1993.

［175］德姆塞茨. 关于产权的理论［A］. 见：财产权利与制度变迁［C］. 上海：上海三联书店，1994：97.

［176］菲吕博腾，配杰威齐. 产权与经济理论：近期文献的一个综述［A］. 见：财产权利与制度变迁［C］. 上海：上海三联书店，1994：204.

［177］陈守煜，熊德琪，赵瑛琪. 多目标有约束模糊关系优选决策理论及在港口工程选址中的应用［J］. 系统工程理论与实践，1995，15（2）：41－48.

［178］王其藩. 高级系统动力学［M］. 北京：清华大学出版社，1995.

［179］刘小玄. 现代企业的激励机制：剩余索取权［J］. 经济研究，1996（5）：3－11.

［180］思拉恩·埃格特森. 新制度经济学［M］. 北京：商务印书馆，1996.

［181］胡玉奎，韩于羹，曹铮韵. 系统动力学模型的进化［J］. 系统工程理论与实践，1997（10）：132－136.

［182］马良. 多目标平面选址问题的模拟退火算法［J］. 系统工程理论与实践，1997，17（3）：70－73.

［183］迈克尔·波特. 竞争优势［M］. 北京：华夏出版社，1997.

［184］张平祥，韩旭杰. 粮棉油贷款仓单质押的意义与建议［J］. 山东金融，1997（6）：45－46.

［185］王其藩. 复杂大系统综合动态分析与模型体系［J］. 管理科学学报，1999，2（2）：15－19.

［186］刘金海. 股份制是促进物流事业发展的一条有效途径［J］. 物流技术，1998（6）.

［187］张维迎. 企业理论与中国企业改革［M］. 北京：北京大学出版社，1999.

［188］刘志彪，王建优. 制造业的产能过剩与产业升级战略［J］. 经济学家，2000，01（01）：64－69.

［189］鲁晓春，詹荷生. 关于配送中心重心法选址的研究［J］. 北方交

通大学学报，2000，24（6）：108－110.

［190］黄群慧．企业家激励约束与国有企业改革［M］．北京：中国人民大学出版社，2000.

［191］刘小玄．中国工业企业的所有制结构对效率差异的影响——1995年全国工业企业普查数据的实证分析［J］．经济研究，2000（2）：17－25.

［192］聂华林，赵超．我国区际产业转移对西部产业发展的影响［J］．兰州大学学报（社会科学版），2000（5）：11－15.

［193］张秀生，陈先勇．论中国资源型城市产业发展的现状、困境与对策［J］．经济评论，2001（6）：96－99.

［194］罗宏．国外工业园区的环境管理［J］．环境导报，2001（1）：48－50.

［195］王战权，杨东援，汪超．配送中心选址的遗传算法研究［J］．物流技术，2001（3）：11－14.

［196］李国平，王立明，杨开忠．深圳与珠江三角洲区域经济联系的测度及分析［J］．经济地理，2001（1）：33－37.

［197］加里·D. 利贝卡普．产权的缔约分析［M］．北京：中国社会科学出版社，2001.

［198］司金銮．中国企业技术创新的发展对策［J］．管理世界，2001（4）：209－211.

［199］汤骏．国有商业银行委托—代理模型研究［J］．经济体制改革，2001（4）：152－154.

［200］牛慧恩，陈璟．物流用地与物流园区［J］．规划师，2001，17（2）：18－20.

［201］李寿德．高新技术产业带的性质、类型与时空演化机理［J］．经济理论与经济管理，2002（10）：28－32.

［202］胡平，吴志平．中外用高新技术改造传统产业的分析［J］．科技进步与对策，2002（4）：63－64.

［203］贺一，刘光远．基于变异方法的禁忌搜索［J］．计算机科学，2002，29（5）：115－116.

［204］孙会君，高自友．一类有竞争的物流配送中心选址模型［J］．交通运输工程学报，2002，2（4）：54－57.

［205］郑胜利．复制群居链——台商在大陆投资的“集群”特征分析

[J]. 经济评论，2002 (5)：71 -76.

[206] 庄志晖. 高技术改造传统产业的效果评价模型 [J]. 科学管理研究，2002，20 (5)：43 -45.

[207] 罗齐，朱道立，陈伯铭. 第三方物流服务创新：融通仓及其运作模式初探 [J]. 中国流通经济，2002，16 (2)：11 -14.

[208] 杨公朴，夏大慰. 产业经济学教程 [M]. 上海：上海财经大学出版社，2002.

[209] 袁桂秋. 资产证券化市场的博弈分析 [J]. 商业经济与管理，2002 (5)：61 -63.

[210] 姜大立，杨西龙. 易腐物品配送中心连续选址模型及其遗传算法 [J]. 系统工程理论与实践，2003，23 (2)：62 -67.

[211] 鲁成秀. 生态工业园区规划建设理论与方法研究 [D]. 长春：东北师范大学，2003.

[212] 徐利民，马良成，方芳. 仓储中心的动态规划选址及应用 [J]. 武汉理工大学学报（交通科学与工程版），2003，27 (2)：256 -259.

[213] 于洋，冯耕中. 物资银行业务运作模式及风险控制研究 [J]. 管理评论. 2003，15 (9)：45 -50.

[214] 凌勇. 股份制经济学对我国当前物流业发展的几点启示 [J]. 商品储运与养护，2003 (6)：4 -5.

[215] 许道涛，蒋绍忠. 物流中心 VS 配送中心 [J]. 技术经济与管理研究，2004 (2)：54 -55.

[216] 任文超. 物资“银行”的构思与操作 [J]. 物流技术与应用，2004，9 (10)：92 -94.

[217] 藤田昌久，雅克·弗朗科斯·蒂斯. 集聚经济学——城市、产业区位与区域增长 [M]. 成都：西南财经大学出版社，2004.

[218] 丁斌. 物流园区管理模式研究 [J]. 华东经济管理，2004 (6)：146 -149.

[219] 刘小玄. 民营化改制对中国产业效率的效果分析——2001 年全国工业普查数据的分析 [J]. 经济研究，2004 (8)：16 -26.

[220] 谭劲，郑国坚. 产权安排、治理机制、政企关系与企业效率 [J]. 管理世界，2004 (2)：104 -114.

[221] 张志哲. 物流市场细分方法在区域物流规划中的应用 [J]. 交通

科技与经济，2004，6（1）：53－55.

［222］李玉民，李旭宏，毛海军，等．物流园区规划建设规模确定方法［J］．交通运输工程学报，2004，4（2）：76－79.

［223］钟蕾，王立海．物流园区开发建设与经营管理模式分析［J］．森林工程，2004（6）：31－33.

［224］程世东，刘小明．时空消耗法求解物流园区规模［J］．公路交通科技，2005，22（8）：142－144.

［225］刘小玄．企业产权变革的效率分析［J］．中国社会科学，2005（2）：4－16.

［226］宋立刚，姚洋．改制对企业绩效的影响［J］．中国社会科学，2005（2）：17－32.

［227］刘小玄，李利英．改制对企业绩效影响的实证分析［J］．中国工业经济，2005（3）：5－12.

［228］郝雅风．企业技术改造投融资决策研究［D］．武汉：华中科技大学，2005.

［229］梅丽霞，聂鸣，蔡铂．全球价值链与地方产业集群的升级［J］．科技进步与对策，2005（4）：260－262.

［230］郜振华，陈森发，黄鹂等．基于灰色综合评价的物流中心选址方法［J］．公路交通科技，2005，22（9）：159－162.

［231］王威，赵福军，郑金忠．基于 AHP 方法的物流中心选址研究［J］．物流技术，2005（8）：58－59.

［232］张得志，谢如鹤，李双艳．组合评价法在物流园区选址中的应用［J］．武汉理工大学学报（交通科学与工程版），2005，29（5）：762－765.

［233］高更君，林国龙，祝炳发．长三角物流产业联动发展对策［J］．上海海事大学学报，2006（S1）．

［234］吕涛，聂锐．产业联动的内涵理论依据及表现形式［J］．工业技术经济，2005（7）：2－4.

［235］张力菠，韩玉启，陈杰等．供应链管理的系统动力学研究综述［J］．系统工程，2005，23（6）：8－15.

［236］陈祥锋，石代伦，朱道立．融通仓与物流金融服务创新［J］．科技导报，2005，23（9）：30－33.

［237］唐少艺．物流金融实务研究［J］．中国物流与采购，2005（5）：

18 - 21.

［238］杨绍辉．从商业银行的业务模式看供应链融资服务［J］．物流技术，2005（10）：179 - 182.

［239］陈雪英．新制度经济学视角下的中国国企产权改革［J］．科技创业月刊，2005（2）：20 - 21.

［240］宋立刚，姚洋．改制对企业绩效的影响［J］．中国社会科学，2005（2）：17 - 32.

［241］曹群．产业集群的升级：基于动态能力的观点［J］．学术交流，2006（9）：121 - 123.

［242］高燕．产业升级的测定及制约因素分析［J］．统计研究，2006（4）：47 - 49.

［243］苏玲利．物流园区空间类型及服务功能研究［D］．长沙：长沙理工大学，2006.

［244］毛丽娜．湛江港集团物流园区规划研究［D］．武汉：武汉理工大学，2006.

［245］王影．成都物流园区功能定位研究［J］．乐山师范学院学报，2006，21（1）：104 - 107.

［246］耿勇，鞠颂东．物流园区用地规模的规划方法［C］．第五次中国物流学术年会．2006.

［247］张席洲，尹石磊．物流配送中心规模优化的探讨［J］．交通运输系统工程与信息，2006，6（5）：95 - 97.

［248］胡大立．产业关联、产业协同与集群竞争优势的关联机理［J］．管理学报，2006（6）．

［249］马云峰，刘勇，杨超．基于时间满意的集覆盖问题及若干贪婪算法应用研究［J］．武汉科技大学学报，2006，29（6）：631 - 635.

［250］张得志．物流园区演化机理与布局优化方法的研究［D］．长沙：中南大学，2006.

［251］郭利平．南京龙潭物流园区的发展现状和路径选择［J］．区域经济，2006（9）：80 - 81.

［252］唐海燕，程新章．企业升级的路径选择——以温州打火机企业为例［J］．科技管理研究，2006（12）：113 - 116.

［253］喆儒．产业升级：开放条件下的中国的政策选择［M］．北京：中

国经济出版社，2006.

[254] 郑鑫，蔡晓云．融通仓及其运作模式分析——中小企业融资方式再创新［J］．科技创业月刊，2006（12）：40－41.

[255] 中国投入产出协会课题组．我国目前产业关联度分析——2002 年投入产出表系列分析报告之一［J］．统计研究，2006.

[256] 白重恩，路江涌，陶志刚．国有企业改制效果的实证研究［J］．经济研究，2006（8）：4－14.

[257] 丁焕峰．技术扩散与产业结构优化的理论关系分析［J］．工业技术经济，2006（5）：95－98.

[258] 胡一帆，宋敏，郑红亮．所有制结构改革对中国企业绩效的影响［J］．中国社会科学，2006（4）：50－64.

[259] 胡一帆，宋敏，张俊喜．中国国有企业民营化绩效研究［J］．经济研究，2006（7）：49－60.

[260] 林俊龙，何晨．基于集合覆盖和禁忌搜索算法的 WCDMA 基站布局［J］．上海交通大学学报，2007，41（6）：924－928.

[261] 李大颖．基于产业结构理论的物流园区规模与结构的研究［D］．北京：北京交通大学，2007.

[262] 岳意定，刘志仁．物流园区规划建设规模确定的模糊语言多属性群决策模型［J］．系统工程，2007，25（7）：45－47.

[263] 谢静，杨茂盛．基于改进的重心法在配送中心选址中的应用［J］．商场现代化，2007（31）：35－35.

[264] 杨茂盛，李霞．鲍摩－瓦尔夫模型在物流配送中心选址中的应用［J］．铁道运输与经济，2007，29（8）：53－56.

[265] 王岳平，葛岳静．我国产业结构的投入产出关联特征分析［J］．管理世界，2007（2）：61－68.

[266] 陈志宏，柳岳青．信贷资产证券化中的资产选择博弈分析［J］．商业研究，2007（2）：58－59.

[267] 何涛，翟丽．基于供应链的中小企业融资模式分析［J］．物流科技，2007（5）：87－91.

[268] 李毅学，徐渝，冯耕中．国内外物流金融业务比较分析及案例研究［J］．管理评论，2007，19（10）：55－61.

[269] 林涛，谭文柱．区域产业升级理论评价和升级目标层次论建构

[J]. 地域研究与开发，2007，26（5）：16－23.

［270］毛蕴诗，汪建成．基于产品升级的自主创新路径研究［J］．管理世界，2006（5）．

［271］王婵．基于供应链金融的中小企业融资模式研究［D］．天津：天津财经大学，2007.

［272］王开勇，王丰，彭良涛．金融物流在国际结算中的运作模式研究［J］．中国储运，2007（2）：118－120.

［273］闫俊宏，许祥秦．基于供应链金融的中小企业融资模式分析［J］．上海金融，2007（2）：14－16.

［274］闫琨．供应链金融：银行中小企业金融产品的经营模式［J］．农业发展与金融，2007（5）：52－54.

［275］杨春生．广东省加工贸易产业转型升级战略［J］．特区经济，2007（3）：37－39.

［276］张敏丽，杨雅如．民营经济对产业结构调整的推动力分析［J］．商业时代，2007（21）：8－9.

［277］赵志敏．我国民营经济对产业结构调整的贡献分析［J］．商场现代化，2007（18）：186－188.

［278］王靖，高爱国．政府在物流园区发展中的角色定位［J］．商场现代化，2007（9）：138－139.

［279］李江涛，孟元博．当前产业升级的困境与对策［J］．国家行政学院学报，2008（5）：81－84

［280］石桥．现代物流网络理论研究的创新性成果——鞠颂东教授《物流网络：物流资源的整合与共享》评介［J］．中国流通经济，2008，22（10）：80－80.

［281］王静．基于产业集群的供应链组织与物流园区发展模式［J］．西北农林科技大学学报（社会科学版），2008，8（3）：54－57.

［282］李佳．基于区域经济发展的临港物流园区建设研究［D］．北京：北京交通大学，2008.

［283］聂锐，吕涛，张炎治等．产业联动：西部能源可持续开发利用的战略选择［J］．中国国土资源经济，2008（1）：12－14.

［284］彭连清．我国区域间产业关联的实证分析［J］．产业经济研究，2008（4）：16－21.

[285] 何国华. 城市总体规划中物流园的用地规模问题 [J]. 规划师, 2008, 24 (3): 63-66.

[286] 赵锋, 史欣向. 现代物流园区的合理规模问题研究 [J]. 经济师, 2008 (6): 283-283.

[287] 陈丹. 创意产业与珠三角产业转型升级研究 [D]. 广州: 暨南大学, 2008.

[288] 冯瑶. 供应链金融: 实现多方共赢的金融创新服务 [J]. 新金融, 2008 (2): 60-63.

[289] 赵道致, 白马鹏. 解析基于应收票据管理的 NRF-LC 物流金融模式 [J]. 西安电子科技大学学报 (社会科学版), 2008 (2): 45-52.

[290] 戴宏伟, 王云平. 产业转移与区域产业结构调整的关系分析 [J]. 当代财经, 2008 (2): 93-98.

[291] 刘美平, 吴良平. "拟市场化" 主导的产业结构升级动力研究 [J]. 当代财经, 2008 (12): 87-90.

[292] 道格拉斯·C. 诺斯. 制度、制度变迁与经济绩效 [M]. 上海: 格致出版社, 2008.

[293] 孙军. 需求因素、技术创新与产业结构演变 [J]. 南开经济研究, 2008 (5): 58-71.

[294] 宋洁, 李斌锋, 杨尧等. 基于线性规划方法的城市社区卫生服务机构选址研究 [J]. 中国卫生资源, 2009, 12 (2): 86-88.

[295] 苏成, 张虹, 毕方明等. 网格环境中基于 P-中值选址的副本放置算法 [J]. 中国矿业大学学报, 2009, 38 (3): 433-438.

[296] 陈洪涛. 新兴产业发展中政府作用机制研究 [D]. 杭州: 浙江大学, 2009.

[297] 鲁志辉, 蔡立辉, 陈剑英. 非线性规划和 Hopfield 在物流选址中的应用 [J]. 湖南商学院学报, 2009, 16 (1): 111-115.

[298] 张燕, 胡贤满, 李珍萍. 重心法和模糊层次分析相结合的配送中心选址方法 [J]. 物流技术, 2009, 28 (10): 56-58.

[299] 曾海川, 王岳丽. 城市物流设施用地规模控制研究 [J]. 城市交通, 2009, 7 (5): 8-11.

[300] 吴琳, 沈德熙, 等. 城市规划视野下的物流园区规模预测——以济南市为例 [J]. 现代城市研究, 2009 (7): 33-38.

［301］冯广超．物流中心功能区规模确定方法研究［D］．长春：吉林大学，2009.

［302］车冰清，朱传耿，杜艳，沈正平．基于产业联动的区域经济合作潜力研究——以淮海经济区为例［J］．地域研究与开发，2009（4）：46－51.

［303］陈航．港城互动的理论与实证研究［D］．大连：大连海事大学，2009.

［304］顾睿．浅析南京龙潭港现代物流发展状况［J］．经济纵横，2009（9）：71－72.

［305］贺彩霞，冉茂盛，廖成林．基于系统动力学的区域社会经济系统模型［J］．管理世界，2009（3）：170－171.

［306］王继毅．港口物流中心功能及定位分析［J］．中国集体经济．2009（3）：112－113.

［307］叶菁．物流园区服务功能研究［D］．北京：北京交通大学，2009.

［308］陈建国．专业市场制度创新引领传统产业转型升级——基于全国两大专业市场制度发展的比较研究［J］．学术交流，2009（11）：86－89.

［309］胡跃飞，黄少卿．供应链金融：背景、创新与概念界定［J］．金融研究，2009（8）：76－82.

［310］骆宗伟．跨境金融物流服务创新及保税物流园区个案分析［J］．计算机系统应用，2009，18（6）：168－174.

［311］吴家曦，李华桑．浙江省中小企业转型升级调查报告［J］．管理世界，2009（8）：1－5.

［312］谢春山，魏巍．辽宁省旅游产业转型升级对策研究［J］．财经问题研究，2009（12）：133－137.

［313］王之泰．物流园区发展与创新探讨［J］．中国流通经济，2009（5）：4－6.

［314］张少军，刘志彪．全球价值链模式的产业转移［J］．中国工业经济，2009（11）：5－15.

［315］周宗安．中国国有商业银行产权制度改革研究［D］．哈尔滨：哈尔滨工业大学学位论文，2009.

［316］陈海涛．基于模糊综合评价模型和最大覆盖模型的中国战略石油储备基地选址［J］．科技管理研究，2010，30（20）：222－227.

［317］刘波．蚁群算法改进及应用研究［D］．秦皇岛：燕山大学，2010.

[318] 刘萌伟，黎夏．基于 Pareto 多目标遗传算法的公共服务设施优化选址研究——以深圳市医院选址为例［J］．热带地理，2010，30（6）：650－655.

[319] 任志刚，冯祖仁，张兆军．多优解更新信息素的混合行为蚁群算法［J］．控制理论与应用，2010，27（9）：1201－1206.

[320] 涂国前，刘峰．制衡股东性质与制衡效果——来自中国民营化上市公司的经验证据［J］．管理世界，2010（11）：132－142.

[321] 赵涛，黄彦斌，宗玛利．基于灰色综合评价的物流中心建设项目选址研究［J］．项目管理技术，2010，08（11）：38－41.

[322] 邓新峰，张喜．基于 MSFLB 模型的物流园区规划方法的研究［J］．物流技术，2010（13）：97－99.

[323] 何雨漩．供应链金融模式比较选择［J］．财经界，2010（5）：95－96.

[324] 李毅学，汪寿阳，冯耕中．一个新的学科方向——物流金融的实践发展与理论综述［J］．系统工程理论与实践，2010，30（1）：1－10.

[325] 刘世锦，王晓明，袁东明等．我国产业结构升级面临的风险和对策［J］．经济研究参考，2010（13）：1－42.

[326] 陈畴镛，周青．应用物联网技术促进传统产业转型升级研究［J］．杭州电子科技大学学报（社会科学版），2010（10）：25－28.

[327] 丛海彬，高长春．创意产业与区域产业结构转型升级的关系研究［J］．当代财经，2010（7）：85－89.

[328] 刘志彪．我国东部沿海地区外向型经济转型升级与对策思考［J］．中国经济问题，2010（1）：15－22.

[329] 王叶青．物流园区内部功能区布局规划实证研究［D］．杭州：浙江工商大学，2010.

[330] 申海静，韩晓龙．基于禁忌搜索的物流配送中心选址方法研究［J］．物流科技，2011（7）：39－41.

[331] 朱卫平，陈林．产业升级的内涵与模式研究——以广东产业升级为例［J］．经济学家，2011（2）：60－66.

[332] 苏敬勤，刘静．产品升级导向下的自主创新路径选择：理论与案例［J］．科学学与科学技术管理，2011，32（11）：65－71.

[333] 范晓林．中国西部地区现代物流业发展研究［D］．北京：中央民族大学，2011.

[334] 孙久博．临港物流园区战略功能定位下的业务选择研究［D］．大

连：大连海事大学，2011.

［335］高雯雯，彭圣钦．物流园区选址影响因素的 ISM 分析［J］．物流技术，2011，30（21）：38－41.

［336］蒋建林，徐进澎，文杰．基于单亲遗传模拟退火算法的顶点 p－中心问题［J］．系统工程学报，2011，26（3）：414－420.

［337］李梦觉，曹伟，谢小良．基于混合整数规划法的农产品物流配送中心选址模型［J］．统计与决策，2011（8）：62－64.

［338］顾乃华．我国城市生产性服务业集聚对工业的外溢效应及其区域边界——基于 HLM 模型的实证研究［J］．财贸经济，2011（5）：115－122.

［339］卢为民，马祖琦．土地政策与产业转型升级路径研究［J］．浙江学刊，2011（6）：171－175.

［340］易雪辉，周宗放．双重 Stackelberg 博弈的存货质押融资银行信贷决策机制［J］．系统工程，2011（12）：1－6.

［341］陶侃，娄钰华，王振．地方商会在推进产业转型升级中的作用机制研究——以中国轻纺城商会为例［J］．企业经济，2011（11）：30－33.

［342］严广乐．供应链金融融资模式博弈分析［J］．企业经济，2011（4）：5－9.

［343］张春野．中国资源型城市产业转型升级中政府职能研究［D］．武汉：武汉理工大学，2011.

［344］张慧瑶．物流园区金融业务发展研究［J］．黑龙江对外经贸，2011（4）：92－93.

［345］赵玲玲．珠三角产业转型升级问题研究［J］．学术研究，2011（8）：71－75.

［346］中国人民银行杭州中心支行课题组．金融创新与产业集群转型升级研究——以浙江为例［J］．浙江金融，2011（5）：9－16.

［347］朱虹．现代物流金融模式创新探究［J］．商业时代，2011（26）：29－30.

［348］黄颖．产业转型升级的方向、途径和思路［J］．中国经贸导刊，2011（22）：21－22.

［349］徐传谌，闫俊伍．国有企业委托—代理问题研究［J］．经济纵横，2011（1）：92－95.

［350］杨丹辉．全球竞争格局变化与中国产业转型升级——基于新型国

际分工视角［J］．国际贸易，2011（11）：12－18.

［351］张艳霞，张倩．物流园区用地规模测算方法研究［J］．上海管理科学，2012，34（1）：12－14.

［352］程东全，顾锋，陈国庆．集装箱港口物流园区建设规模预测方法［J］．上海交通大学学报，2012（12）：2024－2028.

［353］曹勇锋，荣宏伟，张可方等．结合重心法和层次分析法研究垃圾转运站选址［J］．环境科学与技术，2012，35（6）：118－121.

［354］冯超，周步祥，林楠等．Delphi 和 GAHP 集成的综合评价方法在电动汽车充电站选址最优决策中的应用［J］．电力自动化设备，2012，32（9）：25－29.

［355］韩济海．基于线性规划运输问题的仓库选址研究［J］．山西焦煤科技，2012（1）：57－59.

［356］郑健壮，徐寅杰．产业转型升级及其路径研究［J］．浙江树人大学学报，2012，12（4）：50－53.

［357］贾建忠．产业转型升级的群效应研究［J］．华南理工大学学报（社会科学版），2012，14（1）：20－29.

［358］周伟．世界城市产业发展规律探析［J］．商业时代，2012（28）：107－109.

［359］陈志卷，基于经济发展关联机制的区域物流园区规划方法研究［D］．天津：南开大学，2012.

［360］胡钊涵．物流园区空间类型及功能定位的实证研究［J］．山西财经大学学报，2012（11）：11－12.

［361］朱苍晖．基于改进 SLP 的物流园区功能区布局方法研究［A］．第十五届中国科协年会第 11 分会场：综合交通与物流发展研讨会论文集［C］．2013.

［362］何娟，沈迎红．基于第三方电子交易平台的供应链金融服务创新——云仓及其运作模式初探［J］．商业经济与管理，2012（7）：5－13.

［363］孔伟杰．制造业企业转型升级影响因素研究——基于浙江省制造业企业大样本问卷调查的实证研究［J］．管理世界，2012（9）：120－131.

［364］廉子英．基于中小企业融资视角的供应链金融研究［D］．西安：西安电子科技大学，2012.

［365］罗跃龙，陈泰光．基于物流金融服务创新的“融 e 仓”模式研究

[J]. 经济问题探索，2012（1）：155－162.

[366] 石永强，熊小婷，张智勇，杨磊. 物流园区发展物流金融的模式研究 [J]. 物流技术，2012，31（23）：41－44.

[367] 徐从才，盛朝迅. 大型零售商主导产业链：中国产业转型升级新方向 [J]. 财贸经济，2012（1）：71－77.

[368] 张汉东，赵景. 基于创新绩效的杭州市出口优势产业转型升级研究 [J]. 国际贸易问题，2012（3）：53－63.

[369] 章睿，王越，孙武军. 区域经济转型升级的金融支持研究 [J]. 软科学，2012，26（8）：68－72.

[370] 高向军，董菊卉. 促进产业转型升级的用地政策评析：基于沪浙闽地区的调研 [J]. 中国土地科学，2012（5）：4－8.

[371] 卢现祥，朱巧玲. 新制度经济学（第二版）[M]. 北京：北京大学出版社，2012.

[372] 谭晶荣. 长三角地区产业转型升级特征、路径与实施方略 [J]. 企业经济，2012（9）：5－8.

[373] 汪炜，李甫伟. 促进产业转型升级的用地政策评析：基于沪浙闽地区的调研 [J]. 中国土地科学，2012（5）：4－8.

[374] 王军. 金融支持陕西产业结构优化升级研究 [J]. 西安财经学院学报，2012，25（03）：105－109.

[375] 于文婷. 基于产业发展的城市物流园区发展研究——以西安市为例 [J]. 物流技术，2012（23）：63－64.

[376] 洪增林，翟国涛，刘冰砚. 城市老工业区产业转型研究进展与评述 [J]. 西安工业大学学报，2013，33（11）：861－865.

[377] 毕娅，李文锋. 基于约束的集合覆盖选址—分配问题 [J]. 上海交通大学学报，2013，47（3）：495－499.

[378] 王海灵. 物流节点选址的三层动态规划模型 [J]. 中国物流与采购，2013（8）：68－69.

[379] 吴文征，鞠颂东. 物流园区网络协同运作研究 [J]. 北京交通大学学报（社会科学版），2013，12（2）：34－40.

[380] 闫志远，孙文彬，周长江等. 基于并行分散搜索的 p－中心定位算法 [J]. 地理与地理信息科学，2013，29（4）：39－42.

[381] 杨坚. 山东海洋产业转型升级研究 [D]. 兰州：兰州大学，2013.

[382] 张银银，邓玲. 创新驱动传统产业向战略性新兴产业转型升级：机理与路径 [J]. 经济体制改革，2013 (5)：97 - 101.

[383] 程艳. 长江经济带物流产业联动发展研究 [D]. 上海：华东师范大学，2013.

[384] 金京，戴翔，张二震. 全球要素分工背景下的中国产业转型升级 [J]. 中国工业经济，2013 (11)：57 - 69.

[385] 赖红波，丁伟，程建新. 基于"帕累托改进"视角的本土企业转型突破与网络关系升级研究——以江苏宝应传统产业升级为例 [J]. 科技进步与对策，2013，22 (30)：105 - 109.

[386] 李景海. 以"分利联盟"推动区域产业转型升级：理论思考与政策改进 [J]. 暨南学报（哲学社会科学版），2013 (7)：47 - 54.

[387] 曹文彬，马翠香. 基于供应链金融的应收账款融资博弈分析 [J]. 商业研究，2013 (3)：168 - 173.

[388] 郭琳. 物联网环境下物流园区金融业务创新研究 [J]. 物流工程与管理，2013，35 (5)：82 - 83.

[389] 何南，孟宪军. 依托民营经济的产业结构升级探究 [J]. 衡阳师范学院学报，2013，34 (2)：65 - 68.

[390] 刘穗生. 以金融服务创新推动产业转型升级——以广东顺德白色家电产业为例 [J]. 南方金融，2013 (9)：85 - 87.

[391] 钱巨炎. 推动民营经济转型升级的财税政策研究 [J]. 财政研究，2013 (8)：59 - 63.

[392] 王立华. 企业主体对产业转型升级影响的分析——基于复杂适应系统理论角度 [J]. 宏观经济研究，2013 (2)：105 - 111.

[393] 王宇熹. 物流金融 [M]. 上海：上海交通大学出版社，2013.

[394] 薛继亮. 技术选择与产业结构转型升级 [J]. 产业经济研究，2013 (6)：29 - 37.

[395] 张荣海. 新兴产业金融支持效率的实证分析 [J]. 统计与决策，2013 (21)：102 - 105.

[396] 周大鹏. 制造业服务化对产业转型升级的影响 [J]. 世界经济研究，2013 (9)：17 - 22.

[397] 多淑杰. 城镇化对产业转型升级的作用机理及实证分析——基于我国283个地级市横截面数据的分析 [J]. 企业经济，2013 (6)：131 - 134.

［398］高蓓，高汉．国有股比例与管理授权——基于混合寡占模型的研究［J］．世界经济文汇，2013（6）：14－27.

［399］蓝庆新，陈超凡．新型城镇化推动产业结构升级了吗？——基于中国省级面板数据的空间计量研究［J］．财经研究，2013（12）：57－70.

［400］刘斌．促进发达地区产业转型升级的调查［J］．经济纵横，2013（3）：110－113.

［401］刘宗明．生产要素使用效率与中国宏观经济波动［J］．统计研究，2013（12）：48－55.

［402］吕春成．略论国际化是产业转型的关键［J］．经济问题，2013（1）：78－81.

［403］戚聿东，刘健．深化国有企业改革的方向和路径——“深化国有企业改革研讨会”观点综述［J］．中国工业经济，2013（12）：31－38.

［404］戚聿东，张航燕．所有制、产权程度及其财务绩效——兼论国有企业产权改革的方向［J］．经济与管理研究，2013（12）：23－29.

［405］唐承丽．湖南省级产业园区转型升级提质的顶层设计［J］．经济地理，2013（1）：112－118.

［406］易开刚，林肖肖．企业能力提升视角下资源型产业转型升级的路径选择［J］．中国矿业，2013（7）：29－32.

［407］张德鹏，张凤华，陈晓燕．广东产业转型升级的倒逼机制构建及路径选择［J］．科技管理研究，2013（17）：29－33.

［408］张少军，刘志彪．国内价值链是否对接了全球价值链——基于联立方程模型的经验分析［J］．国际贸易问题，2013（2）：14－27.

［409］曹德胜，吕靖，艾云飞等．VTS 雷达站选址问题优化模型［J］．北京航空航天大学学报，2014，40（6）：727－731.

［410］谢伟峰．湖南地区工业转型升级的测度及金融支持研究［D］．长沙：中南大学，2014.

［411］荆帅．山西资源型产业转型升级的技术创新研究［D］．临汾：山西师范大学，2014.

［412］张妍妍．产品空间结构演化与产业升级研究［D］．长春：吉林大学，2014.

［413］陈明．基于空间连续需求的最大覆盖选址模型及应用［J］．物流技术，2014（3）：169－172.

[414] 戴航，张培林，孙孝文. 基于 AHP - 模糊综合评价法的物流园区选址研究 [J]. 物流技术，2014，33（7）：98 - 100.

[415] 付德强，王旭，张伟. 基于 NSGA - Ⅱ 的应急储备库多目标选址决策模型及算法研究 [J]. 运筹与管理，2014（4）：64 - 69.

[416] 张彩庆，赵璐. 基于 P - 中值模型的电网检修公司分部选址模型 [J]. 系统管理学报，2014（4）：501 - 506.

[417] 程永伟，龚英. 我国物流业的产业联动发展研究 [J]. 北京交通大学学报（社会科学版），2014（1）：1 - 7.

[418] 王凯风. 西部空港物流园区功能定位研究 [D]. 北京：首都经济贸易大学，2014.

[419] 张卓元.《决定》提出了哪些需要认真研究的问题 [J]. 经济研究，2014（1）：6 - 8.

[420] 陈林，唐杨柳. 混合所有制改革与国有企业政策性负担——基于早期国企产权改革大数据的实证研究 [J]. 经济学家，2014（11）：13 - 23.

[421] 姬新龙，马宁. 混合所有制改革、产权性质与企业风险变化 [J]. 北京理工大学学报（社会科学版），2019，21（2）：107 - 115.

[422] 宋方敏. 我国国有企业产权制度改革的探索与风险 [J]. 政治经济学评论，2019，10（1）：126 - 150.

[423] 孙焰，魏威，郑文家. 物流园区用地规模计算方法研究 [J]. 物流科技，2014，37（6）：72 - 76.

[424] 欧瑞秋，李捷瑜，李广众，李杰. 部分民营化与国有企业定位 [J]. 世界经济，2014（5）：112 - 134.

[425] 常多. 郑州市 Z 物流园区项目功能定位研究 [D]. 昆明：昆明理工大学，2014.

[426] 安同信，范跃进，刘祥霞. 日本战后产业政策促进产业转型升级的经验及启示研究 [J]. 东岳论丛，2014，35（10）：132 - 136.

[427] 仇荣国. 中小企业存货质押供应链金融博弈及数值分析 [J]. 企业经济，2014（3）：102 - 105.

[428] 冯耕中，何娟，李毅学，汪寿阳. 物流金融创新：运作与管理 [M]. 北京：科学出版社，2014.

[429] 李娟，万璐，唐珮菡. 产业转型升级、贸易开放与中国劳动市场波动 [J]. 中国人口资源与环境，2014，24（1）：140 - 147.

［430］李敏．金融集聚对产业转型升级的影响研究——基于浙江的实证分析［J］．浙江金融，2014（12）：54－58.

［431］郭凯明．人工智能发展、产业结构转型升级与劳动收入份额变动［J］．管理世界，2019，35（07）：60－77.

［432］赵玉林，裴承晨．技术创新、产业融合与制造业转型升级［J］．科技进步与对策，2019，36（11）：70－76.

［433］李占雷．供应链应收账款质押融资的双重 Stackelberg 博弈分析［J］．物流技术，2014，37（2）：24－27.

［434］梁帅，韩学广．民间投资影响产业转型升级：作用、机理及实证分析［J］．上海经济研究，2014（11）：54－61.

［435］刘斌，胡俊峰．基于科技创新溢出效应的产业转型升级模型及对策研究——以南通市为例［J］．资源开发与市场，2014，30（4）：397－400.

［436］邵平桢．论突破当前我国产业转型升级瓶颈的途径［J］．西南金融，2014（10）：51－53.

［437］盛丰．生产性服务业集聚与制造业升级：机制与经验——来自230个城市数据的空间计量分析［J］．产业经济研究，2014（2）：32－39.

［438］熊花．资源型城市产业转型升级中的政府职能转变研究［J］．江西社会科学，2014（6）：75－80.

［439］熊勇清，侯玲玲．传统产业转型升级的政策变迁及实施效果——中国纺织产业的个案研究［J］．统计与信息论坛，2014，29（1）：51－56.

［440］闫慧敏，刘俊华．论物流金融服务模式在物流园区的创新应用［J］．无锡商业职业技术学院学报，2014，14（4）：37－40.

［441］朱晓琴．第三方物流金融服务模式及风险控制［J］．商业时代，2014（6）：89－90.

［442］刘晓丽．物流金融存货质押融资风险应对研究——基于博弈分析理论［J］．技术经济与管理研究，2019（5）：86－90.

［443］计春阳，晏雨晴．互联网背景下港口企业供应链金融模式演化及创新趋势研究［J］．软科学，2019，33（5）：22－28.

［444］曹贤忠，曾刚．基于熵权 TOPSIS 法的经济技术开发区产业转型升级模式选择研究——以芜湖市为例［J］．经济地理，2014，34（04）：13－18.

［445］康凌翔．我国地方政府产业政策与地方产业转型研究［D］．北京：首都经济贸易大学，2014.

[446] 刘红光，王云平，季璐．中国区域间产业转移特征、机理与模式研究［J］．经济地理，2014，34（1）：102－108.

[447] 盛宇华，祖君．不同类型战略投资者对上市公司绩效影响的实证研究［J］．投资研究，2014（2）：120－129.

[448] 王荣．国有股权行使模式研究［D］．长春：吉林大学，2014.

[449] 张德秀．对广东区域产业转型升级的认识与思考［J］．轻工科技，2015（3）：59－60.

[450] 刘娜娜．现代空港经济区的产业选择与空间布局模式研究［J］．企业技术开发，2015，34（6）：117－118.

[451] 丁小丽，朱军，刘昶．等待时间受限的 HFSP 及其拉格朗日松弛算法［J］．制造业自动化，2015，37（13）：67－70.

[452] 李箭飞，丁寿颐．物流项目用地规划建设标准的评价与优化——以广州市为例［J］．城市规划学刊，2015（6）：38－45.

[453] 徐春秋，李冰．一种基于货运吞吐量的物流园区用地规模测算方法［J］．科技管理研究，2011，31（17）：203－205.

[454] 邹欣，汲昌霖．区域物流园区建设规模预测分析［J］．铁道运输与经济，2015，37（10）：11－16.

[455] 唐德才．物流园区建设规划的提升研究——以苏州物流园区为例［J］．物流科技，2015（4）：26－52.

[456] 李跃平．回归企业本质——国企混合所有制改革的路径选择［J］．经济理论与经济管理，2015（1）：22－25.

[457] 董冲．物流园区的成长及其对区域经济发展的影响研究［D］．武汉：华中科技大学，2015.

[458] 李绍斌，杨西龙，李耀庭等．基于遗传算法的多军事物流配送中心选址决策［J］．物流技术，2015，34（21）：213－215.

[459] 沈默，戴冰洁．物流配送中心重心法选址解析——以苏宁为例［J］．物流技术，2015（4）：192－194.

[460] 陶经辉，郭小伟．基于总成本和碳减排的物流园区与产业园区协同选址［J］．中国管理科学，2018，26（12）：124－134.

[461] 吴晓，方宇，王慧，何彦．江苏省物流园区的发展和选址初探［J］．城市规划，2018，42（10）：23－33.

[462] 许俊波，严广乐．基于 AHP－TOPSIS 模型的电子商务企业配送中

心选址综合评价［J］．农村经济与科技，2015（3）：92－95．

［463］罗文丽．“互联网＋”开启物流园升级版［N］．中国物流与采购，2015（5）．

［464］潘爱民，刘友金，向国成．产业转型升级与产能过剩治理研究——“中国工业经济学会2014年年会”学术观点综述［J］．中国工业经济，2015（1）：89－94．

［465］李易香．众筹融资模式的博弈分析［J］．河北企业，2015（11）：60－61．

［466］刘建民，杨华．财政支出与产业转型升级的实证分析——以湖南省为例［J］．会计之友，2015（1）：88－90．

［467］刘英基，杜传忠，刘忠京．走向新常态的新兴经济体产业转型升级路径分析［J］．经济体制改革，2015（1）：117－121．

［468］罗宇佳．基于物流园区发展物流金融模式的研究［J］．物流工程与管理，2015，37（2）：43－44．

［469］宋华．供应链金融［M］．北京：中国人民大学出版社，2015．

［470］张连起，刘建．基于物流金融的国有控股物流企业融资模式研究［J］．理论与现代化，2015（2）：90－95．

［471］高铂睿，李珊珊．现代金融体系支持产业转型升级的时间序列分析——以广州市为例［J］．经济地理，2015，35（03）：115－119．

［472］马连福，王丽丽，张琦．混合所有制的优序选择：市场的逻辑［J］．中国工业经济，2015（7）：5－20．

［473］陆冰，石岿然．信息不对称下众筹平台发展策略的信号博弈分析［J］．企业经济，2016（6）：49－53．

［474］彭思远，杨梅．信息博弈与监管：我国资产证券化中的信息不对称风险分析［J］．中国社会科学院研究生院学报，2016（2）：67－72．

［475］唐小鸿，晏永刚．基于货运量预测的物流园区用地规模研究［J］．物流科技，2016，39（5）：8－11．

［476］殷军，皮建才，杨德才．国有企业混合所有制的内在机制和最优比例研究［J］．南开经济研究，2016（1）：18－32．

后记

物流业作为国民经济的基础性、战略性产业，在改善社会民生、衔接生产供需、推动经济发展、保障社会平稳等方面发挥着重要作用。物流业的创新发展是其适应中国经济发展新常态的内在要求，也是中国经济高质量发展的重要组成部分和推动力量。物流园区作为物流企业集聚发展的载体，是物流业创新发展的重要平台，产业地位突出。物流园区的发展对于推动物流业乃至我国经济的创新发展具有重要的作用。因此，物流园区的创新发展理论和方法研究具有一定的理论意义和现实意义。

课题负责人陶经辉教授负责本课题研究的总体框架设计，并提出了专著出版的总体思路。课题组成员郭小伟参与了第 2 章、第 3 章、第 4 章的写作，王陈玉、黄娟参与了第 1 章、第 2 章、第 3 章、第 5 章的写作，史美玲参与了第 2 章、第 3 章、第 6 章、第 7 章的写作。

本书写作和出版得到了南京财经大学营销与物流管理学院的支持和帮助，同时也得到了企业管理出版社编辑的支持和帮助，在此表示衷心的感谢！

陶经辉

2021 年 4 月于南京